21世纪高等院校旅游管理类创新型应用人才培养规划教材

旅游服务礼仪

徐兆寿 主编

张 萌 张亚芳 副主编

北京大学出版社
PEKING UNIVERSITY PRESS

内 容 简 介

本书共分为 9 章，较为详细地介绍了旅游服务礼仪总论、旅游从业人员的职业形象设计、行为仪态规范、礼貌语言规范，并以酒店、旅行社、旅游景区等旅游相关机构的岗位礼仪综合应用，最后讲述了我国旅游行业主要客源国和所涉及不同宗教的特殊服务礼仪。

本书立足旅游服务礼仪，在体例上有所创新，其特点就是坚持学以致用的原则，突出案例分析和实践锻炼环节，增强了实用性、可操作性，在理论知识够用的基础上，注重模拟训练。

本书不仅适用于旅游院校本专科的学生，也适用于热爱、从事旅游服务行业的相关人员。

图书在版编目(CIP)数据

旅游服务礼仪/徐兆寿主编. —北京：北京大学出版社，2013.7
（21 世纪高等院校旅游管理类创新型应用人才培养规划教材）
ISBN 978-7-301-22940-8

Ⅰ. ①旅… Ⅱ. ①徐… Ⅲ. ①旅游服务—礼仪—高等学校—教材 Ⅳ. ①F590.63

中国版本图书馆 CIP 数据核字(2013)第 170018 号

书　　　名：	旅游服务礼仪
著作责任者：	徐兆寿　主编
策划编辑：	刘　蜀
责任编辑：	刘　蜀
标准书号：	ISBN 978-7-301-22940-8/C · 0925
出版发行：	北京大学出版社
地　　　址：	北京市海淀区成府路 205 号　100871
网　　　址：	http://www.pup.cn　新浪官方微博：@北京大学出版社
电子信箱：	pup_6@163.com
电　　　话：	邮购部 010-62752015　发行部 010-62750672　编辑部 010-62750667
印　刷　者：	北京虎彩文化传播有限公司
经　销　者：	新华书店
	787 毫米×1092 毫米　16 开本　14.25 印张　342 千字
	2013 年 7 月第 1 版　2021 年 8 月第 9 次印刷
定　　　价：	36.00 元

未经许可，不得以任何方式复制或抄袭本书之部分或全部内容。

版权所有，侵权必究

举报电话：010-62752024　电子信箱：fd@pup.pku.edu.cn

前　言

礼仪是人类文明的一个重要组成部分，也是世界进步的重要标志。我国具有五千年文明史，素有"礼仪之邦"的美称，礼仪作为中华文化的精髓，在中华民族的传统中占有重要的地位，自古以来就是衡量个人品德的重要标尺。

随着时代的更迭和全球国际化的步伐加快，礼仪更成为人们社会生活中不可缺少的内容。礼仪不仅关系到个人的素质修养和生活幸福，更关系到一个行业，乃至一个民族、国家的精神风貌。

旅游业是 21 世纪以来发展极为迅速的行业，旅游业所涉及的人员和地区涵盖了整个世界。伴随旅游业的发展，旅游人员在交往和活动中的服务礼仪成为人们的行为准则和制胜关键。旅游服务礼仪是一门教会旅游从业者具备基本素质、提高服务质量的一门传播礼仪知识的课程，也是培养学生认识旅游行业各部门，学会如何处理人际关系、对客服务的一门学问。孔子曰："不学礼，无以立。"在经济迅猛发展、旅游事业突飞猛进的今天，旅游服务礼仪所包含的内容和种类越来越丰富。学习好旅游服务礼仪，不仅可以提高自身的言谈举止，也能通过频繁的待人接物，塑造良好的职业形象，增进与各地、各国人民之间的沟通和互信，从而不断加深友谊。

随着我国高等教育改革步伐的不断加大，为培养出高质量的实用型旅游行业从业人才，编者通过不断学习探索、多方咨询调研，在探索实践教学改革方法、积累礼仪教学经验的基础上，确定了本书的框架和内容。本书根据旅游服务行业对从业人员综合素质的要求，以及出版社对普通高等教育"十二五"规划教材的编写要求，为适应行业发展，迎合市场对管理类创新型应用人才的需求，采用了全新的设计编排，突出了服务案例和情景模拟实训的环节，强化了学生的实践能力；还安排了简短、生动的阅读材料，有助于学生自学和知识扩展。同时，选取了与本书内容相辅相成的图片，增强了教材内容的可视性，图文并茂，使教学更加生动形象。

本书根据旅游各个主要行业、岗位的具体需求选取内容，接近了旅游职业岗位要求，实用周到。本书从礼仪的起源开始，不仅涉及个人形象、仪态、语言等基本礼仪元素，还分析了良好礼仪养成的途径；重点对具体旅游服务岗位礼仪进行了详细介绍，规范了工作中的服务应用。同时，本书较为详细地介绍了我国主要客源国和世界四大宗教的礼仪、禁忌。本书重实践，但不缺理论，是一本内容丰富精准、通俗易懂的专业图书，对旅游服务行业具有一定的指导和规范作用，重点服务一线的工作人员和即将踏入一线的旅游专业学子。

本书由西北师范大学传媒学院院长徐兆寿教授担任主编，西北师范大学旅游学院张亚芳、洛阳师范学院历史文化学院张萌任副主编。参编人员及编写章节具体为：徐兆寿编写第 1 章，张亚芳编写第 2、4、6、8、9 章，张萌编写第 3、5、7 章。

在本书的编写过程中，由于时间仓促、水平有限、经验不足，不足之处在所难免，恳请诸位专家学者和广大读者不吝赐教，以便此书今后不断完善。

编　者
2013 年 3 月

目 录

第1章 旅游服务礼仪总论 1

1.1 礼仪的含义及构成要素 2
- 1.1.1 礼仪的含义 2
- 1.1.2 礼仪的构成要素 4

1.2 礼仪的渊源、特性及原则 6
- 1.2.1 礼仪的渊源 6
- 1.2.2 礼仪的特性 9
- 1.2.3 礼仪的原则 11

1.3 旅游服务礼仪概述 12
- 1.3.1 旅游服务礼仪的基本原则 13
- 1.3.2 旅游接待人员的基本素质要求 14

第2章 旅游从业人员的职业形象设计 19

2.1 职业形象设计内涵和原则 20
2.2 旅游从业人员的仪容礼仪 21
- 2.2.1 面容修饰 21
- 2.2.2 化妆修饰 22
- 2.2.3 化妆的礼规 23
- 2.2.4 旅游工作者化妆的注意事项 24
- 2.2.5 发部修饰 24
- 2.2.6 其他肢部修饰 26

2.3 旅游从业人员的仪表礼仪 27
- 2.3.1 服饰的基本原则 27
- 2.3.2 旅游服务人员着装礼仪 29
- 2.3.3 旅游行业制服礼仪规范 33
- 2.3.4 饰品礼仪 34

第3章 旅游从业人员的行为仪态规范 41

3.1 旅游从业人员的静止仪态规范 42
- 3.1.1 站立姿态 42
- 3.1.2 坐的姿态 44
- 3.1.3 蹲的姿态 45

3.2 旅游从业人员的行进仪态规范 46
- 3.2.1 基本走姿 47
- 3.2.2 工作中的行进特例 48
- 3.2.3 工作中行进姿态的风度要求 51

3.3 旅游从业人员的手臂姿态规范 51
- 3.3.1 工作中的常用手势 52
- 3.3.2 手势使用禁忌 53

3.4 旅游从业人员的表情神态规范 54

第4章 旅游从业人员的礼貌语言规范 65

4.1 旅游服务用语的特点、原则及要求 66
- 4.1.1 旅游服务用语的特点 66
- 4.1.2 旅游服务用语的原则 67
- 4.1.3 旅游服务用语的要求 68

4.2 旅游服务礼貌用语的分类 69
- 4.2.1 从用法上分类 69
- 4.2.2 从旅游行业上分类 73

4.3 培养良好礼貌用语习惯的途径及禁忌 75
- 4.3.1 培养良好礼貌用语习惯的途径 75
- 4.3.2 服务禁忌用语 78

4.4 倾听礼仪 79

第5章 酒店主要岗位礼仪综合应用 85

5.1 酒店前厅接待服务礼仪 86
- 5.1.1 迎宾接待服务中礼仪要点及训练 86
- 5.1.2 总台接待服务中礼仪要点及训练 88
- 5.1.3 大堂副理接待服务中礼仪要点及训练 94

5.2 酒店客房接待服务礼仪规范 96

	5.2.1	迎客接待服务中礼仪要点及训练	97
	5.2.2	住宿接待服务中礼仪要点及训练	98
5.3	酒店餐厅接待服务礼仪规范		101
	5.3.1	餐厅领位服务礼仪	101
	5.3.2	值台服务礼仪	102
	5.3.3	西餐服务礼仪	105
5.4	康乐接待服务礼仪		107
	5.4.1	康乐部通用服务礼仪	107
	5.4.2	游泳场所服务礼仪	108
	5.4.3	健身教练服务礼仪	109
	5.4.4	桑拿浴服务礼仪	109

第6章 旅行社主要岗位礼仪综合应用 ... 117

- 6.1 旅行社办公室接待礼仪 ... 118
  - 6.1.1 办公室接待礼仪 ... 119
  - 6.1.2 电话接待礼仪 ... 119
- 6.2 旅行社导游服务礼仪 ... 121
  - 6.2.1 导游人员的基本礼仪规范 ... 121
  - 6.2.2 导游的准备工作礼仪 ... 122
  - 6.2.3 导游的迎送接待礼仪 ... 123

第7章 旅游景区主要岗位礼仪综合应用 ... 131

- 7.1 旅游景区接待服务礼仪 ... 132
  - 7.1.1 景区员工的素质要求 ... 133
  - 7.1.2 景区接待礼仪与训练 ... 134
  - 7.1.3 景区接待礼仪程序与训练 ... 136
- 7.2 旅游景区环境解说礼仪 ... 137
  - 7.2.1 景区讲解的目的 ... 137
  - 7.2.2 讲解服务的方法 ... 138
  - 7.2.3 人员讲解礼仪与训练 ... 139
- 7.3 旅游景区质量服务礼仪 ... 143
  - 7.3.1 旅游景区环境质量 ... 143
  - 7.3.2 旅游景区服务质量 ... 144
- 7.4 对游客失礼行为的管理 ... 147

第8章 我国主要客源国的习俗礼仪 ... 153

- 8.1 亚洲主要国家和地区习俗礼仪 ... 154
  - 8.1.1 日本 ... 154
  - 8.1.2 韩国 ... 157
  - 8.1.3 泰国 ... 159
  - 8.1.4 新加坡 ... 161
  - 8.1.5 印度 ... 163
- 8.2 欧洲主要国家和地区礼俗礼仪 ... 166
  - 8.2.1 英国 ... 166
  - 8.2.2 法国 ... 169
  - 8.2.3 德国 ... 171
  - 8.2.4 意大利 ... 173
  - 8.2.5 俄罗斯 ... 175
- 8.3 美洲主要国家和地区礼俗礼仪 ... 177
  - 8.3.1 美国 ... 177
  - 8.3.2 加拿大 ... 181
- 8.4 大洋洲主要国家和地区礼俗礼仪 ... 182
  - 8.4.1 澳大利亚 ... 182
  - 8.4.2 新西兰 ... 184
- 8.5 非洲主要国家和地区礼俗礼仪 ... 185
  - 8.5.1 埃及 ... 185
  - 8.5.2 南非 ... 188

第9章 宗教礼仪 ... 193

- 9.1 宗教的起源、形成和发展 ... 194
- 9.2 佛教 ... 194
  - 9.2.1 佛教的起源和在中国的传播 ... 194
  - 9.2.2 佛教的经典、教义和偶像 ... 196
  - 9.2.3 佛教的节日与习俗 ... 197
  - 9.2.4 佛教礼仪 ... 198
- 9.3 基督教 ... 202
  - 9.3.1 基督教的起源和在中国的传播 ... 202
  - 9.3.2 基督教的经典、教义和偶像 ... 202
  - 9.3.3 基督教的节日与习俗 ... 203

	9.3.4 基督教礼仪 203		9.4.4 伊斯兰教礼仪 209
9.4	伊斯兰教 206	9.5	道教 212
	9.4.1 伊斯兰教的起源和在中国的传播 206		9.5.1 道教的起源与发展 212
			9.5.2 道教的经典、教义和偶像 212
	9.4.2 伊斯兰教的经典、教义和偶像 207		9.5.3 道教的节日与习俗 212
			9.5.4 道教礼仪 213
	9.4.3 伊斯兰教的节日与习俗 208		

参考文献 218

第1章 旅游服务礼仪总论

教学要点

知识要点	掌握程度	相关知识
礼仪的概念、特点和原则	重点掌握	明确礼、礼貌、礼节和礼仪的概念,掌握相应的礼仪特点,便于在服务场合灵活使用
中外礼仪的起源和发展	了解	了解历史,更好地认识当今礼仪
旅游服务礼仪的基本原则和对服务人员的礼仪素质要求	重点掌握	明确了旅游行业各岗位服务人员对礼仪的认识要求

导入案例

孟子休妻

战国时期的思想家、政治家和教育家孟子(图 1.1),是继孔子之后儒家学派的主要代表人物。

图 1.1 孟子

孟子一生的成就,与他的母亲从小对他的教育是分不开的。孟母是一位集慈爱、严格、智慧于一身的伟大母亲,早在孟子幼年时便为后人留下了"孟母三迁"、"孟母断织"等富有深刻教育意义的故事。孟子成年娶妻后,孟母仍不断利用处理家庭生活的琐事等去启发、教育他,帮助他进一步完善人格。

有一次，孟子的妻子在房间里休息，因为是独自一个人，便无所顾忌地将两腿叉开坐着。这时，孟子推门进来，一看见妻子这样坐着，非常生气。原来，古人称这种双腿向前叉开坐为箕踞，箕踞向人是非常不礼貌的。孟子一声不吭就走出去，看到孟母，便说："我要把妻子休回娘家去。"孟母问他："这是为什么？"孟子说："她既不懂礼貌，又没有仪态。"孟母又问："因为什么而认为她没礼貌呢？""她双腿叉开坐着，箕踞向人，所以要休她。"孟子回道。"那你又是如何知道的呢？"孟母问。孟子便把刚才的一幕说给孟母听，孟母听完后说："那么没礼貌的人应该是你，而不是你妻子。难道你忘了《礼记》上是怎么教人的？进屋前要先问一下里面是谁；上厅堂时要高声说话；为避免看见别人的隐私，进房后，眼睛应向下看。你想想，卧室是休息的地方，你不出声、不低头就闯了进去，已经先失了礼，怎么能责备别人没礼貌呢？没礼貌的人是你自己呀！"

一席话说得孟子心服口服，再也没提什么休妻的话了。

(资料来源：金文. 校园礼仪宝典[M]. 成都：四川文艺出版社，2009)

人类的发展史，从一定意义上来说就是一部人类交往关系史。人与人之间的交际应酬不仅是一种出自本能的需要，也是适应社会发展、实现自我价值和最终达到自由之境的一种必不可少的途径。我国伟大的教育家孔子早在两千多年前就说过："不学礼，无以立"。那时的"礼"不仅仅是一种人与人交往的礼仪、规矩，而且是整个社会、家庭和个人的伦理法则，是个体精神世界的经纬。慢慢地，在社会伦理、法则、制度逐渐完善的过程中，"礼"开始分化到各种生活中，同时，"礼"在很多时候也简约为"礼仪"，成为一种仪式。尤其是到现代社会，"礼"便成为一种人与人交往的方式。

在现代社会里，随着人们交际范围的不断扩展、交际关系的日趋复杂、交际频率的逐步加快，礼仪更突显出了它的重要性。具有较强交际能力已经成为现代人立足于社会并求得发展的重要条件，因此学习礼仪、应用礼仪已经成为大势所趋。

我国素有"礼仪之邦"的美誉，礼仪文化源远流长，并且有着完备的礼仪体系。这是我们中华民族的骄傲，应发扬光大。

1.1 礼仪的含义及构成要素

1.1.1 礼仪的含义

礼仪是由"礼"和"仪"两个词组合起来的合成词。"礼"和"仪"这两个词在我国古代分别表示两个虽有联系却不尽相同的两个概念。

什么是"礼"？"礼"字的繁体为"禮"。《说文·示部》解释为："礼，履也，所以事神致福也"。"礼"字古时候通"履"字，意为鞋子。人穿上了鞋才能更好走路。但鞋子大了不行，小了也不行，因此"礼"一定要适度，正所谓"礼贵从宜，事难论古"。

《辞海》中对礼的解释是：本谓敬神，引申为表示敬意的通称。由于"礼"的活动都有一定的规矩仪式，于是又有了"礼节"、"仪式"的概念。进入文明社会后，人们逐渐把这种礼仪活动由祈神转向敬人，所以"礼"成了表示敬意的通称，是人们在社会生活中处理人际关系并约束自己的言行以表示尊重他人的准则。

"礼"属于道德的范畴,是社会公德中极为重要的部分。它渗透于人们的日常生活中,体现着人们的道德观念,确定了人们交往的准则,指导着人们的行动。在社会生活中,人人以礼相待并且成为自觉的行动是社会文明进步的表现。

1. 礼貌

礼貌是人们在社会交往过程中相互表示敬重和友好的行为准则,它体现了时代的风尚和人们的道德品质、精神风貌、文化内涵、个人修养和文明程度。它通过人们的言谈、表情、姿态等来表示对他人的尊重和关心,是一个人在待人接物时的外在表现。

礼貌包括礼貌行动和礼貌语言两个部分。礼貌行动是一种无声的语言,如微笑、点头、欠身、鞠躬、握手、双手合十、拥抱、亲吻等;礼貌语言是一种有声的行动,如使用"请您指教"、"欢迎光临"等敬语,"对不起,打扰您了"、"请稍后"、"这边请"等雅语,"我能为您做点什么"、"服务不周,请多指教"等谦语。

现在提倡的礼貌语言为五声十个字,即"您好"、"请"、"谢谢"、"对不起"、"再见",就充分体现了语言文明的基本要求。

2. 礼节

礼节是人们在日常生活,特别是在交际场合,相互问候、致意、祝愿、慰问以及给予必要协助与照料的常用形式。

礼节是礼貌的具体体现。在社会交往活动中,人与人之间的相互尊敬,大都通过不同的礼节形式来表达。礼节的具体表现形式很多,如中国古代的作揖、跪拜,当今世界通行的点头、握手,南亚诸国的双手合十,欧美国家的拥抱、亲吻,少数国家和地区的吻手、吻脚、拍肚皮、碰鼻子等。

礼貌和礼节之间的关系是相辅相成的。有礼貌而不懂礼节,容易失礼。对旅游从业人员来说,要熟知各国、各民族的礼节,要了解各民族的风俗习惯,以避免在实际工作中出现不该发生的错误。礼节往往是本国或本民族对接待服务对象表示尊敬、善意和友好的行为,对一个人来说,是其心灵美的外在表现。如餐厅的引座员在接待客人时,要主动微笑问候客人:"小姐(先生),您好!"、"请问,一共几位?您预订过吗?"在服务过程中,餐厅服务员倒茶、上菜、斟酒、递毛巾等应遵循先主宾后主人、先女宾后男宾等礼遇顺序进行。

3. 礼仪

应用案例(一)

不一般的引领入座服务

玛格丽特是亚特兰大某饭店咖啡厅的引位员。咖啡厅最近比较繁忙。这天午饭期间,玛格丽特刚带几位客人入座回来,就见一位先生走了进来。"中午好,先生。请问您贵姓?"

玛格丽特微笑着问道。"你好，小姐。你不必知道我的名字，我就住在你们饭店。"这位先生漫不经心地回答。"欢迎您光顾这里。不知您愿意坐在吸烟区还是非吸烟区？"玛格丽特礼貌地问道。"我不吸烟。不知你们这里的头盘和主菜有些什么？"先生问道。"我们的头盘有一些沙律、肉碟、熏鱼等，主菜有猪排、牛扒、鸡、鸭、海鲜等。您要感兴趣可以坐下看看菜单。您现在是否准备入座了？如果准备好了，请跟我去找一个餐位。"玛格丽特说道。这位先生看着玛格丽特的倩影和整洁、漂亮的衣饰，欣然同意，跟随她走向餐桌。"不，不，我不想坐在这里。我想坐在靠窗的座位，这样可以欣赏街景。"先生指着窗口的座位对玛格丽特说。"请您先在这里坐一下。等窗口有空位了我再请您过去，好吗？"玛格丽特在征求他的意见，在征得这位先生的同意后，玛格丽特又问他要不要开胃品，这位先生点头表示肯定。玛格丽特对一位服务员交代了几句，便离开了这里。当玛格丽特再次出现在先生面前告诉他窗口有空位时，先生正与同桌的一位年轻女士聊得热火朝天，并示意不换座位，要赶紧点菜。玛格丽特微笑着走开了。

(资料来源：阳光国际服务课堂 http://www.soluxeint.com/2010/0915/164.html)

礼仪是一个复合词语，包括"礼"和"仪"两部分："礼"指"事神致福"的形式(即敬神)；"仪"指"法度标准"。《辞源》把礼仪明确概括为："礼仪，行礼之仪式。"在礼学体系中，礼仪是有形的，它存在于社会交往的一切活动中，其基本形式受物质水平、历史传统、文化心态、民族习俗等众多因素的影响。因此，语言(包括书面和口头的)、行为表情、服饰器物是构成礼仪最基本的三大要素。一般情况下，任何重大典礼活动都需要同时具备这3种要素才能完成。

现在，人们对礼仪比较重视。为表示敬意而隆重举行的仪式，均可称作礼仪。仪式是一种较为正式的礼节形式，它表示对所含内容的重视程度。在举办仪式时要遵循严格的规范和程序。仪式依照举办的目的不同，分为迎送仪式、签字仪式、开幕式、闭幕式、颁奖仪式等。如大型工程、奠基和竣工活动、交易会或展览会的开幕式，轮船下水的剪彩仪式以及迎接国家元首而鸣放礼炮等均属礼仪的范畴。

1.1.2 礼仪的构成要素

礼仪作为协调人际关系的行为规范，广泛涉及社会生活的各个方面，如个人礼仪、社交礼仪、职场礼仪等。但不管是哪种礼仪，都包含4个基本要素，即礼仪主体、礼仪客体、礼仪媒介、礼仪环境。

1. 礼仪主体

礼仪主体是指礼仪活动的实施者和操作者。具体操作和实施礼仪活动的通常是个人或组织，因此，礼仪主体包括个人和组织两种类型。

当礼仪行为或礼仪活动规模较小或较简单时，礼仪的主体通常是个人。如参加同事的婚礼、举办生日宴会时，参加者和举办者的言谈举止所代表的仅仅是其个人。当礼仪行为或礼仪活动规模较大时，礼仪的主体便是某集体组织。如某星级酒店在接待宾客举行餐饮活动或安排住宿时，酒店就是礼仪的主体。

由于组织主体的礼仪行为必须由具体的人来代表该组织进行具体操作和实施，个人在某些特殊情况下也需要委派代表者来实施礼仪活动，因此礼仪主体还有一种特殊情况，即礼仪主体的代表人。礼仪主体的代表人是指代表礼仪主体进行礼仪操作和实施的人。礼仪主体在选代表人时要注意选派的代表要真正代表礼仪主体，并且为礼仪客体所认可，能巩固并发展礼仪主体的良好关系。

2. 礼仪客体

礼仪客体又称礼仪对象，是各种礼仪行为和礼仪活动的指向者和接受者。礼仪客体既可以是具体的，也可以是抽象的；可以是物质的，也可以是精神的；可以是有形的，也可以是无形的；可以是人，也可以是物。如来宾接待活动中，来宾是礼仪客体；升旗仪式中，旗帜是礼仪客体。

礼仪主体和礼仪客体之间的关系不是绝对的，主客体的转化是由礼仪主体决定的。如商场服务员用礼貌语言接待顾客时，服务员是礼仪主体，顾客是礼仪客体；如果顾客也用礼貌语言回应服务员，那么服务员就是礼仪客体了。在人际交往中，为了促进双方关系的巩固和发展，主客体之间都应该自觉地促成这种转换。

3. 礼仪媒介

礼仪媒介是指进行礼仪活动时所依托的媒介。任何礼仪行为和礼仪活动都必须依托一定的媒介才能完成。礼仪媒介的种类是多种多样、千差万别的，但大体上可分为语言媒介、物体媒介、事体媒介等。

语言媒介具体包括口头语言媒介、书面语言媒介、界域语言媒介等，是指以口头语言、书面语言、形体动作及界域形式来传达礼仪信息的媒介。如通过口头问候、邀请信、微笑、礼宾次序等向礼仪客体表示友好时，口头语、邀请信、微笑以及礼宾次序就是礼仪媒介。

物体媒介是指通过物体来传达礼仪信息的媒介，如礼物、纪念品等。

事体媒介是指通过相关事体来传达礼仪信息的媒介，如开业仪式、宴请等。

4. 礼仪环境

礼仪环境是实施礼仪行为和礼仪活动的特定时空条件。礼仪环境的内容十分复杂，大体上可以分为自然环境和社会环境。具体来说，季节气候、地理位置、自然灾害、战争胜负、历史时代等都可以成为特定礼仪的环境。

礼仪环境对礼仪活动有严格的制约作用。《礼记·曲礼》上曾指出："礼从宜，使从俗。"也就是说，礼的实施要从实际出发，出使在外要遵循当地的习俗。这里所说的"宜"和"俗"都是讲礼仪环境的问题。在人际交往中，采用什么样的礼仪要受到具体环境的限制，如何实施礼仪也要由具体环境决定。如在欧美国家，人们习惯用拥抱礼来表示热情友好，但是在许多东南亚国家人们更愿意接受合十礼。再如父女两人在同一公司工作，父亲是总经理，女儿是一般职员，在公司里，他们要按照领导与被领导的关系来规范自己的行为；在家里的时候，则要按照父亲与女儿的关系来规范自己的行为。

在礼仪实施过程中，以上 4 个要素是缺一不可的。没有礼仪主体，礼仪活动就无法进行；没有礼仪客体，礼仪就无从谈起；没有礼仪媒介，礼仪信息就无法传达；不讲究礼仪环境，礼仪就会失去应有的作用。

1.2 礼仪的渊源、特性及原则

1.2.1 礼仪的渊源

人类的文明源远流长，在人类文明历史形成的同时，作为文明的表现形式之一的礼仪也随之出现。"礼"字的造字结构如图1.2所示。现代人类学、考古学的研究成果表明，礼仪起源于人类最原始的两大信仰：①天地信仰；②祖先信仰。这是因为原始社会生产力极其低下，人们无法对种种自然现象作出科学的解释，认为各种自然现象都是有神秘力量支配的，于是就把自然力量人格化，想象出各种神灵，并采用祭祀仪式来崇拜这些神灵以期换取神灵的赐福。另外，对于原始人来说，生存繁衍是他们最强烈的企盼，而粮食则是他们赖以生存的物质基础，所以，"礼仪"是他们为祭祀天地神明，保佑风调雨顺，祈祷祖先显灵、拜求降福免灾而举行的一项敬神拜祖仪式。他们希望通过行礼，逃避天灾人祸，祈求五谷丰登，来年有一个好收成。

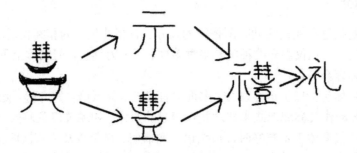

图1.2 "礼"字造字结构

之后，随着社会经济的日趋繁荣和人类文明的日趋进步，人与自然、人与人之间的关系在各个方面、各个层次上不断展开，礼仪仅作为祭祀神灵的形式已经不能达到在社会生活的各个关系中节制人的行为的目的了，于是"礼"的外延逐渐扩大，由敬神转向了敬人。

1. 我国礼仪的起源和演进

我国具有五千年文明史，素有"礼仪之邦"的美称，礼作为中华民族的基础，有着悠久的历史。

1）起源阶段

从仪式上说，礼起源于祭祀，产生于原始社会。原始社会时期，我国的礼仪规范就初具雏形。生活在距今约1.8万年前的北京周口店山顶洞人已经懂得用兽齿、石珠来打扮自己，并且为去世的族人举行仪式；而距今约五千年前的半坡人已经注意到了尊卑有序、男女有别等礼仪问题。

2) 形成阶段

大约在奴隶社会的夏、商、周三代，我国的传统礼仪进入了飞速发展时期。西周时期，我国历史上的第一部记载"礼"的书籍《周礼》产生。随后，又出现了《仪礼》、《礼记》，把人们的行为举止、心理情操等统统纳入到一个尊卑有序的模式中。《周礼》、《仪礼》、《礼记》(简称"三礼")，反映了周代的礼仪制度，这也是被后世称道的"礼学三著作"。"三礼"的出现，标志着"周礼"已达到了系统、完备的阶段。礼仪的内涵，也有单纯祭祀天地、鬼神、祖先的形式，进入了全面制约人们行为的其他领域，而周公提出所谓"礼仪三百"，"威仪三千"则更是将礼推崇到了高于一切的地步。奴隶社会的礼仪旨在不断的强化人们的尊卑意识，以维护统治阶级的利益，巩固其统治地位。当然，不容否认，"三礼"，特别是《周礼》，对后世在治国安邦、施政教化、规范人的行为、培养人格等方面起到了不可估量的作用。

春秋战国时期，奴隶社会向封建社会过渡，学术界出现了百家争鸣的局面，我国礼仪也进入到了发展变革阶段。以孔子(图1.3)、孟子为代表的儒家学者们发展并革新了礼仪理论。孔子堪称我国历史上第一位礼仪学专家，他主张"非礼勿视、非礼勿听、非礼勿言、非礼勿动"，要求人们用礼来约束自己的行为。在孔子的弟子和再传弟子们记录其言行的《论语》里有74处都谈到了礼仪问题，其语录阐述了礼和礼仪的本质与功能，把礼仪理论提升到一个新高度。继孔子之后，另一位儒学大师孟子则把"礼"作为基本的道德规范。不仅如此，战国末期的儒学大师荀子更指出如"人无礼则不生，事无礼则不成，国无礼则不宁"。这就不仅把"礼"作为衡量人的贤愚和贵贱的尺度，而且把它和治国联系起来。儒家的这些礼仪思想构成了中国传统礼仪思想的基本精神，对中国礼仪文化产生了深远的影响，奠定了中国礼仪文化的基础。

图1.3　孔子

3) 发展阶段

秦统一"六国"以后，实行中央集权制，奠定了封建体制的基础，中国由此开始了漫长的封建社会时期，中国古代礼仪也随之进入了强化和衰落阶段。奴隶社会的尊君观念在这一时期被演绎为"君权神授说"的完整体系，即"惟天子受命于天，天不变，道亦不变"，并将这种"道"具体化为"三纲五常"。按照儒家学派的说法，天地万物皆由阴阳合成，"阳"总是处于主导地位，而"阴"则总是处于服从地位。君、父、夫是"阳"，臣、子、妻是"阴"；"阴"要永远服从于"阳"，所以必须"君为臣纲"、"父为子纲"、"夫为妻纲"。"五常"即仁、义、礼、智、信，是封建伦理道德的5种准则。

封建礼仪中的"君权神授"夸大、神化了帝王的权力，而"三纲五常"则妨碍了人个性的自由发展，阻碍了人类的平等交往。礼仪在这一时期成为窒息人们思想自由的精神枷锁。

宋代将封建礼仪推向了一个新的高峰，出现了以程颢、程颐和朱熹理学为代表的天理

论。这种理论认为，自然界天地万物无不体现天理，而人性的本质就是天理的体现。

"家礼"的兴盛是宋代礼仪的又一特点。道德和行为规范是这一时期封建礼教强调的中心，"三从四德"成为这一时期妇女的道德礼仪、标准。"三从"即在家从父、出嫁从夫、夫死从子；"四德"是指"妇德"(即一切言行要符合忠、孝、节、义)、"妇言"(即说话要小心谨慎)、"妇容"(即容貌打扮要整齐美观)、"妇功"(即要把服侍公婆和丈夫当做最重要的事情来做)。按照当时封建统治者的设想，只要人人在家尽"孝"，在社会尽"忠"，每个妇女对丈夫尽"节"，那么封建社会各阶层就会"和谐相处"，封建统治就会长治久安。

明、清两代延续了宋代以来的封建礼仪，并有所发展，家庭礼制更进一步严明，将人的行为限制到"非礼勿视、非礼勿听、非礼勿言、非礼勿动"的范畴，从而使封建礼仪更加完善。

4) 中西结合阶段

辛亥革命后，西方文化大量传入中国，中国旧有的礼仪规范和礼仪制度逐渐被抛弃，新的礼仪标准得到推广和传播。新中国成立后，我国的礼仪建设进入了一个崭新的历史阶段，许多落后的封建礼仪，如"三从四德"等被淘汰，而一些优秀的礼仪传统，如"尊老爱幼"、"诚实守信"等则被保存下来，发扬光大。在对中华传统礼仪进行扬弃的基础上，中国现代礼仪还广泛地吸收了西方礼仪，真正做到了"中西合璧"。

2．西方礼仪的起源与演进

西方礼仪对于我国现代礼仪有着明显的影响。人们习惯上说的西方通常是指欧美国家。这些国家的文化源流和宗教信仰都比较相近，尽管由于各种复杂因素的影响而在礼俗方面有所差别，但是共性较多。

西方礼仪的形成及发展非常复杂，有着博采杂收而能协调融合的特点。

爱琴海地区和希腊是西方古典文明的发源地。在古希腊和古罗马时期，一些有关礼仪的问题已经开始引起人们的重视，如古希腊的人们非常注重谦恭有礼、诚实守信。希腊先哲苏格拉底、柏拉图、亚里士多德等人的著作中都有很多关于礼仪的论述，古罗马的思想家教育家们也对一些礼仪问题进行了初步探讨。

西方礼仪形成于17至18世纪的法国，其间深受古希腊、古罗马、法兰西等国文化的影响。统治者极力宣扬世界上的一切都是上帝创造的，上等人统治、下等人服从统治是天经地义的。在这种理论指导下形成了严格的封建等级制度，并进而形成了严格、烦琐的贵族礼仪和宫廷礼仪。

"文艺复兴"以后，西方资产阶级登上历史舞台以后，不仅在经济基础，而且在上层建筑各个领域都进行了伟大的变革。这一时期西方礼仪有了重大的发展，属于少数贵族专利品的封建礼仪习俗，逐步被社会文明规范的礼仪所取代。今天国际上通行的一些外交礼节，绝大部分都是在这个时期形成并延续下来的。如鸣放礼炮礼仪起源于英国。当时英国是世界航海业最发达的国家，英国海军舰队在驶入别国海域之前，为了表示对对方没有敌意，就把军舰上火炮内的炮弹放空；在遇到别国的航船时，也同样把炮内的炮弹放掉，以表示同对方友好。后来鸣放礼炮变成了国际上接待国家元首和政府首脑的礼节。礼炮鸣放多少，要根据受礼人的身份而定。过去战舰的火炮多为7门，鸣炮时放7响，英国最大的战舰有

21门炮，海军司令登舰时鸣21响，海军司令以下的将官登舰时鸣19响。以后，鸣礼炮21响就成了最高规格的致礼礼节，用于国家大典或迎送国家元首的仪式；19响为二级规格，用于迎送外国政府首脑的仪式；17响为三级规格，用于迎送外国政府首脑副职的仪式。

如今，西方礼仪已经在世界众多国家中通行，成为国际礼仪的重要组成部分。

虽然中、西方礼仪植根的文化土壤不同，但它们都植根于文明，并伴随着文明不断发展。因此，尽管西方礼仪与中国礼仪的形式有所不同，但相同之处是很多的，比如都讲究对人彬彬有礼、衣冠整齐、敬老爱幼等。

应用案例 1—2

东西方礼仪的差异

一次，英国一访华观光旅游团下榻北京国际会议中心大厦。一天，翻译小姐陪同客人外出参观，在上电梯的时候，一位英国客人请这位翻译小姐先上，可是这位小姐谦让了半天，执意要让客人先行。事后这些客人抱怨说："他们在中国显示不出绅士风度来，原因是接待他们的女士们都坚持不让他们显示。"比如，上下汽车或进餐厅时，接待他们的女士们坚持让他们先走，弄得他们很不习惯，甚至觉得受了委屈。虽然我方人员解释，中国是"礼仪之邦"，遵循"客人第一"的原则，对此解释他们也表示赞赏，但对自己不能显示绅士风度仍表示遗憾。

1.2.2 礼仪的特性

礼仪虽然与很多学科都有着密切联系，但它作为人的行为规范，有着自身的特性，这主要表现在以下几个方面。

1. 共同性

人是社会的人。只要人类存在着交际活动，就需要有相应的礼仪来表达彼此之间的尊重和友好。因而，尽管各个国家、各个地区人们的种族、民族、生活方式都有所不同，但对于礼仪的需要却是共同的。此外，尽管各国、各地礼仪的具体内容有所不同，但都具有一些共同之处，如敬老爱幼、真诚守信等。这是因为礼仪是文明社会的产物，有其道德要求，而人们对于道德方面的要求有很多都是一致的。

2. 差异性

礼仪的形式和内容都是由文化决定的。不同的文化背景产生不同的礼仪文化。由于各个国家、地区和民族的文化传统、宗教信仰、地理环境、交通条件普遍存在着差异，礼仪也就具有了差异性。如中国人请客时习惯先说没有什么好菜以示谦虚，如果桌子上的食物被客人全部吃光会使主人很没面子，因为这意味着主人准备的饭菜不够；但是西方人请客时，主人习惯自己夸赞食物的精美，而且以菜肴被客人一扫而光为荣，因为那说明菜肴味道极好。

礼仪的差异性除了地域性的差异外，还表现在等级差别上。礼仪规范要求对不同身份地位的对象采用不同的礼仪形式。身份地位高的人一般会受到较高规格的礼遇，而身份低的人所受到的礼遇则相对来说低一些。如师生相遇时，学生应向老师行鞠躬礼，而老师对学生则不必以鞠躬礼相还，只要向学生微笑致意并问候就可以了。

礼仪的这种差异性要求人们在社交和礼仪活动中，既要注意各民族、国家、区域文化的共同之处，又要谨慎地处理相互间文化差异及身份差异。

应用案例 1-3

赠送礼品的禁忌

国内某家专门接待外国游客的旅行社，有一次准备在接待来华的意大利游客时送每人一件小礼品。于是，该旅行社订购制作了一批纯丝手帕，是杭州制作的，还是名厂名产，每个手帕上绣着花草图案，十分美观大方。手帕装在特制的纸盒内，盒上又有旅行社社徽，显得是很像样的小礼品。中国丝织品闻名于世，料想会受到客人的喜欢。

旅游接待人员带着盒装的纯丝手帕，到机场迎接来自意大利的游客。欢迎词致得热情、得体。在车上他代表旅行社赠送给每位游客两盒包装甚好的手帕，作为礼品。

没想到车上一片哗然，议论纷纷，游客显出很不高兴的样子。特别是一位夫人，大声叫喊，表现极为气愤，还有些伤感。旅游接待人员心慌了，好心好意送人家礼物，不但得不到感谢，还出现这般景象。这些外国人怎么了？

原来，在意大利和西方一些国家有这样的习俗：亲朋好友相聚一段时间告别时才会送手帕，取意为"擦掉惜别的眼泪"。在本案例中，意大利游客兴冲冲地刚刚踏上盼望已久的中国大地，准备开始愉快的旅行，你就让人家"擦掉离别的眼泪"，人家当然不高兴，就要议论纷纷。那位大声叫喊而又气愤的夫人，是因为她所得到的手帕上面还绣着菊花图案。菊花在中国是高雅的花卉，但在意大利则是祭奠亡灵的。人家怎不愤怒呢？本案例告诉我们：旅游接待与交际场合，要了解并尊重外国人的风俗习惯，这样做既对他们表示尊重，也不失礼节。

3. 时代性

任何社会行为都要受到时代因素的影响，礼仪也不例外，它总是随着时代的发展而不断变化。如我国古代妇女的社会地位较低，所以人们拜见长辈或平辈的时候都要先问候男人，然后再问候女人。如果反其道行之，就会被视为不懂规矩。唐代的少数民族将领安禄山进京拜见皇帝和贵妃时先向杨贵妃问安，然后才问候皇帝，被当时的人们嘲笑为不懂规矩。但是随着中国步入现代社会，人们受西方文化的影响日益加深，目前在社交场合都是先问候女宾，然后问候男宾。再如，本世纪初，少妇外出遛狗被视为有失风度；但多年后欧美遛狗成风，反而成为最有风度的行为。因而，礼仪必须正确反映时代精神，体现新的社会规范，确立新型的人际关系，并且在实践中不断地更新其内容，改变其形式。

4．继承性

礼仪的产生和完善，是历史发展的产物，一旦形成，通常会长期沿袭，经久不衰。例如，我国古代流传至今的尊老敬贤、父慈子孝、礼尚往来等民族传统美德，代代相传并发扬光大。

1.2.3 礼仪的原则

任何事物都有自己的规则，礼仪也不例外。凝结在礼仪背后的共同理念和宗旨就是礼仪的原则，它是人们在操作每一项礼仪规则的时候应该遵守的共同法则，也是衡量人们在不同场合、不同文化背景下言行是否正确、得体的标准。

1．尊敬原则

孔子对于礼仪曾有一句精辟的概括——"礼者，敬人也"。敬人，就是尊敬他人。这是礼仪的核心与重点。

作为一种社会性的高级动物，人类不仅有满足物质生活的需要，更有获得精神、心理满足的渴求。一般来说，人们对于那些尊重自己的人会产生一种自然的亲和力和认同感。尊敬的原则要求人们在自尊、自爱的同时尊重他人的人格、劳动和价值，以平等的身份与人交往；同时，人们还要尊重他人的爱好和感情。可以说，在与人交往之时，最要紧的就是敬人之心长存。互谦互让、互尊互敬是交际成功的关键。在人际交往中，只要不失敬于人，即使具体做法一时失礼也能够获得对方的谅解。

2．自律原则

礼仪规范是为了维护人与人之间的和谐关系、为了维护社会稳定和发展而存在的，它符合每个社会成员的根本利益要求。作为社会的一员，每个人都应该严格自律，自觉地遵守并执行礼仪规范，以促进人际关系的和谐与社会的稳定。所谓自律，就是自我约束、自我控制、自我反省。

礼仪规范都是由对待自己的要求和对待他人的方法两个部分组成的。对待自己的要求是个人培养礼仪修养的基础和出发点。古人常说："己所不欲，勿施于人。"如果没有对自己的要求，只要求别人如何如何，那么遵守礼仪也就无从谈起。

学习礼仪的目的不仅仅是要了解礼仪的内容，更主要是在社会生活中应用礼仪。任何人，不管其身份如何都应该自觉地应用礼仪，使自己成为一个高尚的、受欢迎的人，否则就极容易受到公众的指责，不但交际很难成功，还会严重损害个人形象，影响其个人发展。因此，在与他人的交往过程中，每个人都要时时注意自我约束、自我反省，避免给他人带来不快。

3．平等原则

礼仪的核心是尊重交往对象。尽管在具体运用礼仪的时候要因人而异，根据不同的交往对象采取不同的具体方法，但是在面对众多各方面相同或相近的交往对象时，必须一视

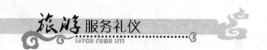

同仁,给予他们同等的礼遇,不能因为交往对象之间存在着年龄、性别、种族、文化、职业等方面的差异而厚此薄彼。如握手时可以先与职位高者握,然后再与职位低者握;也可以先与年老者握手,然后与年轻者握手。但是不能只与职位高者或年纪老者握手而置其他人于不顾。在涉外交往中尤其要注意:不能根据对方所属国家的大小、贫富而区别对待外国人士,那样会破坏彼此间的关系,甚至会产生国际争端。

4. 适度原则

适度是指在实行礼仪的过程中必须熟悉礼仪的准则和规范,把握好人们彼此之间的情感尺度,并据此确定自己的行为尺度,控制好与人交往的距离。只有这样,才能够建立并保持健康、良好、持久的人际关系。

因为凡事过犹不及,运用礼仪时如果做得过了头,或者做的不到位,都不能正确地表达自己的自律、敬人之意,进而影响到交际效果。一般来说,在人际交往过程中如果言行过于拘谨,就难以形成宽松融洽的氛围,影响深入交流;但如果与他人交往时我行我素、目中无人,会走向另一个极端,易招人反感。适度这一原则要求人们在交际中要做到感情适度、谈吐适度、举止适度。既要彬彬有礼,又不能低三下四;既要友好坦率,又不能言过其实;既要优雅得体,又不能夸张做作。要做到这些,就必须注意技巧,把握分寸,在社会交际实践中积极地勤学多练,使礼仪行为成为自己的习惯性行为。

1.3 旅游服务礼仪概述

旅游接待与服务工作的涵盖面极为广泛,旅游的六大功能"吃、住、行、游、购、娱"都包含着接待与服务。不同服务门类的接待与服务工作各有特点,对接待的程序、规格要求也不尽相同。作为旅游接待工作人员,对不同类型的接待程序与服务模式都必须有一定的了解和掌握。

1. 服务礼仪

服务礼仪通常是指服务人员在自己的工作岗位上向服务对象提供服务时标准、正确的做法。旅游服务礼仪主要包括大厅服务礼仪、客房服务礼仪、餐厅服务礼仪、导游员服务礼仪等。

2. 接待礼仪

接待是组织与外界联系的直接途径,接待工作的好坏将直接影响组织形象以及组织与公众的关系。接待礼仪是指工作人员在自己的岗位上向来访客人提供的一系列得体正确的服务。接待礼仪使客人获得热情接待、受到尊重,如接待旅游团时要做好接团准备礼仪(做好迎接的标语,提前到站迎接,事先安排客人食宿及交通工具,分发见面礼,进行自我介绍等)。

接待时,要使每一位来访的客人都感到自己是受尊重的,为此,接待人员要遵循总的礼仪原则：热情周到、一视同仁。同时接待者还要学会耐心倾听、换位思考，尽量给来访的客人提供方便，妥善解决他们的问题。

1.3.1 旅游服务礼仪的基本原则

1．宾客至上原则

宾客至上是服务行业的座右铭、服务宗旨和行动指南。旅游企业的生存与发展离不开旅游者，为客人提供尽善尽美的服务是旅游服务人员的基本意识。只有树立了宾客至上的服务意识，才能真正理解旅游服务的工作价值，同时才能理解客人的要求，自然而然地向客人提供热情、周到、礼貌、快捷的服务，使客人生活在和谐融洽的氛围之中。为此，要求工作人员做到以下两点。

1）不干扰客人

作为工作人员，要避免可能对客人造成干扰的行为。干扰主要表现在声音干扰和空间干扰上。为了避免声音干扰，工作人员在工作期间应做到"三轻"：说话轻、走路轻和操作轻。为避免空间干扰，工作人员不应随意出入客人的私人空间，各种形式的服务都应在客人方便的时间内进行，不能影响客人的正常活动。

2）不冒犯客人

工作人员在工作过程中，绝不能有任何损害客人自尊心的行为，也不能与客人发生争执。如果客人对服务不满意，工作人员应虚心接受，不能为自己"据理力争"；如果客人提出不合理要求，工作人员只能礼貌地予以拒绝，不能无礼对无礼；如果客人行为偏激，工作人员应"以理服人"。

2．热情周到、一视同仁原则

京剧《沙家浜》里有一句著名的唱词，叫做"来的都是客，全凭嘴一张"。我们可以借此来解释接待人员的职业道德规范。接待人员作为服务行业的工作人员，不应该挑剔客人，要做到"来的都是客，接送不走样"。近年来我国旅游业可谓是蓬勃发展，游客贫富有差异，他们在旅游消费上自然也存在着差异，因此在接待工作中不要带有嫌贫爱富的情绪，而应该自始至终本着"来的都是客"的原则做好接待工作，真正做到"一视同仁"。

3．遵时守信原则

我国传统文化讲求"以诚信为本"，提倡"一诺千金"。现代社会节奏加快，遵时守信更为重要，即使你有再正当的理由，失信后也应道歉，绝不可得过且过，或者避而不论，显得若无其事。俗语道："言必行，行必果"，守信就是讲信用，不可言而无信，如接待团队时要提前到达接待地点，不要让客人等待。

4．差异性原则

由于历史、文化、经济、政治的差异，在与国内外游客的交往过程中，接待人员不仅要意识到语言不同，而且更要注意在意识形态方面存在的诸多差异。如价值观不同、行为准则不同、生活方式不同、风俗习惯不同、审美情趣不同等。"进门见礼、出门问忌"等格言都说明了各地风俗的差异性。特别是在对外交往中,如果不懂外国禁忌、不懂民族禁忌,会造成不愉快的后果。

5. 和谐适度原则

人际交往与沟通一定要把握适度性,不同场合对不同对象应不卑不亢,把握分寸。初次见面,适度的礼仪可以表现人们的教养,展现气质与人格魅力,而乱用礼仪则会弄巧成拙。因此使用礼仪一定要具体分析,因人、因事、因时、因地恰当处理。

应用案例 1—4

小动作大损失

一位美国华侨到国内洽谈合资事宜,谈了好几次,都没谈成。最后一次来之前,他曾对朋友说:"这是我最后一次会谈了,我要跟他们的最高领导谈,谈得好,就可以拍板。"过了两个星期,他又回到了美国,朋友问:"谈成了吗?"他说:"没谈成。"朋友问其原因,他回答:"对方很有诚意,进行得也很好,就是跟我谈判的那个领导坐在我的对面,当他跟我谈判时,不时地抖动他的双腿,我觉得还没有跟他合作,我的财就被他给抖掉了。"

1.3.2 旅游接待人员的基本素质要求

旅游服务的对象来自天南海北、四面八方,所以旅游接待人员要有过硬的文化知识、语言功底、组织能力和公关能力,而且还应具备高水准的礼仪服务水平,这样才能使旅游接待工作尽善尽美。

1. 具备良好的思想品德和职业道德

旅游接待人员首先应具有强烈的民族自尊心和个人自尊心,能将全心全意为人民服务的思想和"宾客至上"、"服务至上"的服务宗旨紧密结合起来,热情地为海内外游客服务。认真学习礼仪规则,并严格要求自己,树立高度的法纪观念,以确保旅游接待工作顺利完成。

2. 具有良好的工作态度

良好的工作态度主要表现在:不管在哪个工作岗位,平凡的或重要的,喜欢的或不喜欢的,都应尽心尽力、脚踏实地,对职责范围内的事不推脱、不拖拉,认真地完成每一项任务,这是对职业人的基本要求。对于接待人员而言,良好的工作态度是其所应具备的基本条件。

3. 具有高雅、亲切、自然、和谐的仪态

旅游接待人员在做接待工作时,要面带微笑、充满自信,具体要求如下。

(1) "站如松,行如风"。应给人以挺拔、优美的感觉,而不是疲软、精神不饱满的印象。

(2) 眼神应保持坦然、和善、亲切，以促进人际关系的和谐。"眼睛是心灵的窗户"，从旅游接待与服务人员的目光中，客人可以感受到他的个人修养、职业修养、工作态度等。因此工作人员应合理、恰当地运用眼神，以帮助自己表达情感、促进沟通。

眼神交流时要注意以下几点：不回避正常的目光交流，也不盯着别人，以免造成对方的不适与难堪；忌用冷漠、轻视，甚至狡黠的眼神与客人交流，如不可白眼或斜眼看人、不可上下打量人等。

(3) 手势语言要自然、得体、到位、有力。手势除了在人际沟通时能辅助语言，表达一定的思想内容外，还能表现出接待服务者的职业素质与修养。手势美是一种动态美，在工作中或交际中，要适当运用手势辅助语言传情达意，为交际形象增辉。

4．具有丰富的文化知识和较强的语言表达能力

旅游接待服务是知识密集型、高智能的工作，尤其是导游人员的工作。旅游者总希望他们的导游是一位"万事通"，因此，作为一名导游，知识面要广，拥有的知识越丰富越好，而且能把各种知识融会贯通，这样才能在更大程度上满足游客的要求。

旅游接待人员每天和形形色色的人打交道，每一件工作的完成、每一件事情的处理都必须以语言为沟通媒介，故语言修养是检验旅游接待人员专业素质高低的一个重要标准。事实证明语言能力强的旅游接待人员常常可以在工作中从容应对、游刃有余，让客人满意甚至赏识，可以说在某种程度上旅游接待人员职业素养的高低取决于语言修养的高低。

5．熟悉旅游业务，具有组织接待能力

旅游接待人员要有扎实的业务基础，能够认真履行自身的职责，在服务时间内、工作范围内尽一切可能为客人提供尽善尽美的服务。旅游接待人员要具有协调能力，具有合理安排、组织接待活动的能力，讲究方式、方法并及时掌握变化着的客观情况，灵活地采取相应措施，临危不惧，遇事不乱，有高度的责任感和较强的独立工作能力，以保证接待任务顺利完成。

近年来，接待服务工作的标准越来越高、难度越来越大，旅游业正面临着更为严峻的挑战。每一位爱岗敬业、热心为游客服务的工作人员，都应该把服务无止境和人生追求无止境结合起来，面对竞争与时俱进，不断超越自己，不断取得新的成绩。

本章小结

本章主要介绍了礼仪的产生、发展，明确讲述了礼、礼貌、礼节、礼仪的概念及相互关系，并介绍了中外礼仪的起源、发展，强调了作为个体、旅游服务工作者学习礼仪的重要性和意义，提出了礼仪的特点，指出了人际交往过程中应遵循的礼仪原则及学好礼仪的途径。

复习思考题

一、判断题

1. 古代中国有三礼之说,三礼是指三部关于礼的典籍,它们是《周礼》、《礼仪》和《礼记》。（　　）
2. "人无礼则不生"的提出者是孟子。（　　）
3. 在与人产生矛盾时,一般我们应遵守的礼仪原则是遵守公德。（　　）
4. 现代国际上通行的外交礼仪,大部分都源自中国古代的礼仪。（　　）
5. 一个无礼的人自然会受到法律的制裁。（　　）
6. 良好的礼仪可经过长期有意识地学习、实践和积累而逐步形成。（　　）

二、简答题

1. 什么是礼貌、礼节、礼仪?
2. 礼仪有哪些特点?
3. 你对"中国是礼仪之邦"是怎么认识的?
4. "客随主便"和"主随客意"矛盾吗?你怎样看待这两者之间的关系?

案例分析

香港丽景酒店位于香港湾仔区,紧邻商业区及大型购物中心。酒店外表及大堂没有令人惊喜之处,但房间的质量不错,环境优雅高贵,服务员态度友善,曾被《华尔街日报》评为亚洲区价廉物美的商务型酒店。

香港丽景酒店的礼宾服务在全香港四星级豪华酒店中是数一数二的佼佼者。丽景礼宾部的主管曾经说过:如何关心客人,如何使客人满意和高兴是酒店服务最重要的事情。在1980年丽景开业时就从事礼宾工作的考夫特先生,多年来一直坚持着为客人所想,做客人所需。每个接受过丽景礼宾部服务的客人,无不为他提供的优质服务所折服。

曾经有一次,客人在午夜提出要做头发,考夫特先生和值班的几位酒店员工迅速分头忙着联系美容师,准备汽车,15分钟内就把美容师接到酒店,引入客人房内,客人感动地说这是一个奇迹。

还有一次,一对美国夫妻想到中国内地旅游,但要办理签证,可他们只在动身的前一天才提出来。考夫特先生立即派一名工作人员直奔深圳,顺利地办完手续。他说:"时间这么紧,只有这个办法,因此,再累再苦也得去。"

有人问考夫特先生,如果有人要上等特殊年份的香槟酒,而酒店没有怎么办?考夫特先生说:"毫无疑问,我要找遍全香港。实在满足不了客人,我会记下香槟酒的名称及年份,发传真去法国订购,并向客人保证,他下次再来丽景时,一定能喝上这种香槟酒。"

通过这样的服务,让我们每个人都看到所谓的高级礼宾服务是怎么样的。其实,虽然所有的礼仪惯例都有一定的固有模式，但真正让人感受到温暖的，还是我们服务人员由心而发的真诚，和为客人解决困难的热情。

　　问题：1. 你认为丽景酒店秉持的服务精神是什么？
　　　　　2. 如果你是一位礼宾部的工作人员，你将如何调节自己的心态来满足客人的需求？

实训项目

　　一、老师提出问题："你认为礼仪是从什么时候开始萌芽的？并请举例说明，封建社会礼仪体现在哪些地方。"

　　1. 步骤和要求：学生5人一组，进行问题讨论；每组汇报讨论成果，老师作出点评。
　　2. 实战地点：教室。
　　3. 实训课时：0.5课时。

　　二、老师提出问题"举例说明现代礼仪和传统礼仪的区别"；"你知道哪些关于东方礼仪和西方礼仪的差异"。

　　1. 步骤和要求：学生5人一组，进行问题讨论；每组汇报讨论成果，老师作出点评。
　　2. 实战地点：教室。
　　3. 实训课时：0.5课时。

　　三、学生之间自测。

　　1. 步骤和要求：将学生进行分组，每2人一组；要求每组学生依据导游接待人员的基本素质要求互相评价，使对方认识到自己是否具备一名合格的旅游接待人员所应具备的素质，找出自己的不足，明确今后努力的方向。老师进行随机抽查，检查和验收讨论结果。
　　2. 实战地点：教室。
　　3. 实训课时：0.5课时。

课后阅读

西方礼仪起源

　　西方"礼仪"一词源于法语"Etiquette"，原意是法庭上的通行证。古代法国为了保证法庭中各项程序活动的有序进行，将印有法庭纪律的通告证发给进入法庭的每个人，作为遵守的规矩和行为准则。后来"Etiquette"一词进入英文，演变为"礼仪"含义，成为人们交往中应遵循的规矩和准则。西方的文明史，同样在很大程度上表现着人类对礼仪追求及其演进的历史。人类为了维持与发展血缘亲情以外的各种人际关系，避免"格斗"或"战争"，逐步形成了各种与"格斗"、"战争"有关的动态礼仪。如为了表示自己手里没有武器，

让对方感觉到自己没有恶意而创造了举手礼，后来演进为握手。为了表示自己的友好与尊重，愿在对方面前"丢盔卸甲"，于是创造了脱帽礼等。在古希腊的文献典籍中，如苏格拉底、柏拉图、亚里士多德等先哲的著述中，都有很多关于礼仪的论述。中世纪更是礼仪发展的鼎盛时代。文艺复兴以后，欧美的礼仪有了新的发展，从上层社会对遵循礼节的烦琐要求到 20 世纪中期对优美举止的赞赏，一直到适应社会平等关系的比较简单的礼仪规则。历史发展到今天，传统的礼仪文化不但没有随着市场经济发展和科技现代化而被抛弃，反而更加多姿多彩，国家有国家的礼制，民族有民族独特的礼仪习俗，各行各业都有自己的礼仪规范程式，国际上也有各国共同遵守的礼仪惯例等。

第 2 章　旅游从业人员的职业形象设计

教学要点

知识要点	掌握程度	相关知识
仪容的涵义和仪容修饰的内容	了解	面部修饰的原则、面部化妆和面部修饰的基本程序以及化妆的要点
TPO 原则和整体协调原则	掌握	掌握 TPO 原则及整体协调原则的具体内容、要求,并在日常生活中着重实践
女士、男士着装的基本规范	重点掌握	分别掌握女士与男士的着装知识,根据不同的形体和场合选择适合的服装

技能要点

技能要点	掌握程度	应用方向
仪表着装中的礼仪规范	掌握	女士套裙的选择、选配和正确穿法,男士西服的选择、选配和正确穿法

导入案例

形象设计大师为东航空乘"量身订制"妆容标准

东航的空姐不仅着装举止有标准,服务程序有规范,而且妆容都有了定数。东航为了打造全新乘务员职业形象,改变目前乘务员化妆整体效果参差不齐的现状,推出了"Eastern Lady"的全新形象。近日,东航上海客舱部头等舱乘务员部负责人请来了形象大师毛戈平等专业设计师为乘务员进行形象设计(图 2.1)。

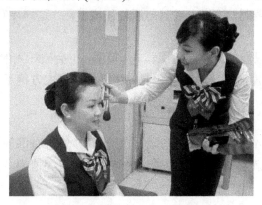

图 2.1　东航乘务员在进行形象打造

形象设计公司的专业人士对乘务部的每位乘务员进行了一对一的专业指导,使每位乘务员拥有了一张自己的彩妆"色卡",并且指导化妆技巧,使她们的妆容职业化,与制服、个人肤色达到高度的和谐一致。在分析了乘务员整体容貌特质后,形象设计公司为东航空姐确定了金棕、紫色、蓝紫3个色系的彩妆模板,分别体现出大气、温柔和贤淑的东方女性的气质。

东航客舱部有关负责人表示,重新进行形象设计后的定妆照将被塞进每个乘务员的行李箱,空姐工作前必须比照"色卡"的标准进行化妆。形象督察小组将根据"色卡"标准来检查空姐妆容,以督促乘务员的形象更规范、更亮丽、更职业化。空姐的形象决定着旅客对她所在航空公司的印象,这也显示了东航服务品牌的内涵和价值。

(资料来源:中国民航报,2007年11月26日)

2.1 职业形象设计内涵和原则

1. 形象设计的内涵

形象是人的精神面貌、性格特征等的具体表现,并以此引起他人的思想或感情活动。每个人都通过自己的形象让他人认识自己,而周围的人也会通过这种形象对你做出认可或不认可的判断。

2. 职业形象设计的原则

1) 保持整洁

整洁是形象设计的首要条件,也是最好的修饰。不管男士或女士,在生活中都应保持干净清新的形象,讲究个人卫生;在工作中,按照相关职业和岗位要求,在保持个人卫生的前提下,进行适当修饰打扮,做到精神焕发,热情而富有朝气。

2) 强调和谐

形象设计是一种整体的美,同时也无法与周围环境割裂开来。真正懂得美的人,就会综合考虑自身的相貌、身材、职业,使其与所处环境相称,这样才有可能塑造出美的形象。

3) 崇尚自然

奇装异服的装扮,只能使人觉得刺眼,产生反感,也会破坏人的自然美。"清水出芙蓉,天然去雕饰"是人们注重自然美的表现。但应注意,自然大方绝不等同于过分随便、不修边幅。

4) 注重修养

真正的美,应该是个人良好内在素养的自然流露。要想有好的仪表,要想在人际交往中给人以良好的印象,就必须从文明礼貌、文化修养、道德情操、知识才能等各方面来不断提高个人修养。

应用案例 2-1

让你看见我的"美"

7月中旬的一天,徐小姐和朋友相约去做一次免费的私人形象咨询体验。短短一小时里,形象顾问根据她的皮肤、发色、瞳孔色等身体特征,结合她的五官、神态等,运用专业的测试工具,为徐小姐进行了个人色彩诊断和个人风格诊断,测试出最适合她的服饰用色范围,以及适合的服装款式、质地、图案等。徐小姐拿到了一份私人形象咨询结果报告,对此她非常满意。"初涉职场,对于从大学生到职业女性形象如何过渡一直很苦恼。常常花了很多时间去逛街,买了一堆自认为很职业,穿上却多数都不适合自己。"谈及来做这个形象咨询的初衷,徐小姐认为自己很有代表性,"进入社会才发现,面临的竞争是全方位的,个人形象是获得社会认可非常重要的一面。我觉得自己在这方面,特别需要专业的指导。"

(资料来源:经济日报,2011年8月2日,第6版)

2.2 旅游从业人员的仪容礼仪

在旅游服务中,旅游服务工作人员的个人仪容是最受顾客重视的部位。服务实践证明,当顾客选择服务单位时,服务人员的个人容貌对其产生重要的心理影响。如果服务人员容貌端庄、秀丽,看上去赏心悦目,往往就会挽留住他,甚至有可能增进其进一步消费的欲望。相反,则很可能令顾客望而却步。旅游业虽然不必要求每一位服务人员都是俊男靓女,但至少应当做到美观、自然、清洁、卫生、得体等。

2.2.1 面容修饰

脸部是仪容之首,是人际交往中他人所注意的重点。整洁、卫生、简约、端庄、大方是面部修饰的基本礼仪要求。面容修饰的原则主要有以下4点。

1. 清洁

服务人员在进行面部修饰时首先必须关注面部洁净问题。面部洁净的标准是使之无灰尘、无泥垢、无汗渍、无分泌物、无其他一切被人们视之为不洁之物的杂质。

2. 卫生

服务人员在进行面部修饰时要注意面部卫生问题,即要认真注意自己面容健康状况。服务人员面部一旦出现了明显的过敏症状,或是长出了痱子、痤疮、疱疹等,务必及时前去医院求治,切勿任其自然发展或自行处理。

3. 美化

在面容修饰时,一方面要突出仪容上最美的部分,使其更加美丽动人;另一方面要掩盖或矫正缺陷或不足的部分。

4. 自然

自然是指要特别注意自己的面容是否呆板。一定要牢记,面部的修饰不仅讲究美观,还要合乎常情。任何标新立异、追求前卫的修饰风格都与服务人员的身份不符,不应尝试。

实用小窍门 2-1

洁面的基本手法

首先用温水拍打面部,再将洁面乳放在手中揉搓起泡后涂在脸上,用手轻轻地由下向上摩洗,让泡沫在肌肤上充分吸取污垢,对额头中心及鼻翼两侧油脂分泌多的地方要仔细清洗。然后用温水冲洗干净,最后再用凉水清洗一遍。记住洗完之后不要擦干脸部的水分,用双手轻按面部肌肤,让水分吸收进去。

2.2.2 化妆修饰

化妆是为了对自己容貌上的某种缺陷加以弥补,以期扬长避短,使自己更加美丽,更为光彩照人。适度得体的妆容可以展现个人风采,礼敬他人的基本化妆是一门技术,也是一门艺术,"美丽自然"是美容化妆的精髓。

女性服务人员面部化妆的操作程序和要求见表2.1,具体操作流程如图2.2、图2.3、图2.4、图2.5 所示。

实用小窍门 2-2

表2.1 女性服务人员面部化妆的操作程序和要求

步骤	目的	操作要求	注意事项
1. 打粉底	调整面部肤色使柔和美化	1. 选择粉底液; 2. 用海绵取适量粉底,涂抹细致均匀	1. 粉底液与肤色反差不宜过大; 2. 一定要在脖子部位打上粉底,以免脖子与面部反差太大
2. 描眉形	突出或改善个人眉形以烘托容貌	1. 修眉,拔除杂乱无序的眉毛; 2. 逐根对眉毛进行描眉形	1. 眉形要具有立体感; 2. 注意两头淡,中间浓;上边浅,下边深
3. 画眼影	强化面部立体感,使双眼明亮传神	1. 选择对个人肤色适中的眼影; 2. 由浅入深,表现出眼影的层次感	1. 眼影色彩不宜过分鲜艳; 2. 工作妆应选择浅咖啡色眼影
4. 画眼线	使眼睛生动有神并更富有光泽	1. 笔法先粗后细,由浓而浅; 2. 上眼线由内眼角向外眼角画; 3. 下眼线由外眼角向内眼角画	1. 一气呵成,生动而不呆板; 2. 上下眼线不可在眼角处交汇
5. 涂睫毛膏	使眼睛大而有神	1. 打开睫毛膏,将睫毛膏慢慢拉出来,在开口处旋转一下将多余的睫毛液去掉; 2. 从睫毛根部由内往外涂睫毛膏	1. 打开睫毛膏时,不要将睫毛刷直接拉出来; 2. 涂睫毛膏不要从睫毛中间开始涂; 3. 涂睫毛膏时不仅要从下往上刷,也要从上往下刷

续表

步骤	目 的	操作要求	注意事项
6. 上腮红	使面颊更加红润，轮廓更加优美，显示健康活力	1. 选择适宜的腮红； 2. 延展晕染腮红； 3. 扑粉定妆	1. 使腮红与眼影或唇膏属于同一色系； 2. 注意腮红与面部肤色过渡自然
7. 涂唇彩	改变不理想唇彩，使双唇更加娇媚	1. 以唇线笔描好唇彩； 2. 涂好唇膏； 3. 用纸巾擦去多余的唇膏	1. 先描上唇，后描下唇，从左右两侧沿唇部轮廓向中间画； 2. 描完后检查一下牙齿上是否有唇膏的痕迹
8. 喷香水	掩盖不雅体味，使之清新宜人	1. 选择适宜的香水类型； 2. 喷涂于腕部、耳后、颌下、膝后等适当之处	1. 切勿使用过量； 2. 香水应用气味淡雅清新型

图 2.2　清洁面部

图 2.3　抹粉底

图 2.4　画眼线

图 2.5　画口红

2.2.3　化妆的礼规

1. 勿当众化妆

化妆，应在无人之处，或是在专用的化妆间进行。当众化妆，有卖弄、表演或吸引异性之嫌，搞不好还会令人觉得身份可疑。

2. 勿在异性面前化妆

聪明的人绝不会在异性面前化妆。对关系亲密者而言，那样做会使其发现自己本来的面目；对关系普通者而言，那样做则有"以色事人"，充当花瓶之嫌。无论如何，都会使自己的形象失色。

3. 勿使化妆妨碍他人

有人将自己的妆化的过浓、过重，香气四溢，令人窒息。此种"过量"的化妆，实际上就是对他人的妨碍。

4. 勿使妆面出现残缺

若妆面出现残缺，应及时避人补妆。若听任不理，往往会让人觉得自己低俗、懒惰。

5. 勿借他人化妆品

众所周知，借用他人的化妆品很不卫生，故应予避免。

6. 勿评论他人的化妆

化妆纯系个人之事，所以对他人的化妆不应自以为是地加以评论或非议。

2.2.4 旅游工作者化妆的注意事项

化妆能起到修饰容貌的作用，但也需要掌握相关的要求和常识，否则就可能产生适得其反的不良效果。旅游工作者需要注意以下几点。

1. 少而精

化妆要少而精。强调和突出自身具有的自然美部分，减弱或掩盖容貌上的缺陷，一般以淡妆为宜，避免使用气味浓烈的化妆品。餐厅服务人员不能涂抹指甲油。

2. 讲究科学性

对于任何一种化妆品，都要先了解其成分、特点、功效，然后根据自己皮肤的特点，合理地选择使用，这样既起到了美容的作用，又避免化妆品对皮肤的伤害。

3. 化妆上岗，淡妆上岗

"化妆上岗"，即旅游从业人员在上岗之前，应当根据岗位及接待礼仪的要求进行化妆；"淡妆上岗"，则是要求旅游从业人员在上岗之前的个人化妆，应以淡雅为主要风格。

2.2.5 发部修饰

头发是人们脸面之中的脸面，良好的发型可使人仪表端庄，显得彬彬有礼。服务人员的头发要清洁、整齐、柔软、光亮，要根据自己的脸形、体形、年龄、发质、气质选择与职业和个性相配合的发型，以增强人体的整体美。

1. 发部的整洁

1) 发部护理

头发要勤于清洗，每周至少要清洗两到三次。在下述情况应自觉梳理自己的头发：①出门上班前；②换装上岗前；③摘下帽子时；④下班回家时。梳理头发时还要注意：①梳头不宜当众进行，应避开外人；②梳头不宜直接用手，最好随身带一把梳子；③要对头上、身上，特别是肩背衣服上的落发、头屑认真清理干净。任何人的头发必须定期进行修剪，男士应半月左右剪一次头发，女士可根据个人情况而定，如果是短发型，则最长不应超过一个月。

2) 发型

发型的选择要与脸型、体型、年龄、职业、气质和谐统一。男性的发式给人以得体、整齐的感觉，应该显示成熟、稳重、儒雅。女士梳理清秀典雅的发型，应能体现出稳重、干练、成熟。

(1) 长短适度。对女服务员而言，头发一般不应长于肩部，如果长于肩部，最好要在上岗之前将头发盘起来、束起来或编起来，或是置于工作帽之内，绝不可以披头散发。男性的头发，应前发不过额头、后发不及领口、两侧不遮挡耳朵。

(2) 风格庄重。服务人员通常不宜使自己的发型过分时髦，尤其不要为了标新立异而有意选择新潮前卫的发型。

(3) 发型应与脸型协调。发型的好坏，关键在于对人的脸型是否合适。例如，圆脸的人应避免齐耳的内卷式，可采用轻柔的大波浪，将头发分层削剪，使脸颊旁的头发紧贴，盖住脸颊，或将头前部或顶部的头发吹高，使脸部有延长的感觉。方形脸要尽量用发型缩小脸部的宽度，脸颊两侧的头发要尽量垂直，使头部形态显得清秀一些。

(4) 发型应与体型、年龄协调。发型的选择与体型、年龄相匹配，会增添个人魅力。比如就女性而言，苗条的姑娘，宜选择较长的发型。体型矮胖的姑娘，则以有层次的短发为佳。年长者适宜的发型是大花型短发或盘发，给人以精神、温婉可亲的印象。而年轻人适合选择活泼、粗放、简单、富有青春活力的发型。

(5) 发型应与服饰协调。发型必须根据服饰的变化而变化。如女士穿着礼服时，可选择盘发或短发，以显得端庄、秀丽、典雅；穿着轻便服装时，可选择各式适合自己脸型的轻盈发式。

2．头发的美化

1) 护发

护发礼仪的基本要求是：必须经常保持健康、秀美、干净、清爽、卫生、整齐的状态。要遵循"三不"原则，即不能有味，不能出油、不能有头皮屑。而要真正达到以上要求，就必须在头发的洗涤、梳理、养护等几个方面做到：长期坚持；选择好护发用品；采取正确的护发方法。

2) 染发

旅游从业人员一般不提倡染发，但若有白发或杂色的头发，将其染成黑色，通常是有必要的。但若为追求时尚，将头发染成其他的颜色，甚至染成多种颜色，一般是不大合适的。

3) 烫发

经过修饰之后的头发，必须以庄重、简约、典雅、大方为其主导风格。切忌不要将头发烫得过于繁乱、华丽、美艳，以免在顾客面前造成"喧宾夺主"的不良影响。

4) 发饰

不管为自己选定了何种发型，在工作岗位上都不允许在头发上滥加装饰之物。在一般情况下，不宜使用彩色发胶、发膏。男士不宜使用任何发饰。女士在有必要使用发卡、发绳、发带或发箍时，应使之朴实无华。其色彩宜为蓝、灰、棕、黑，并且不带任何花饰。绝不要在工作岗位上佩戴彩色、艳色或带有卡通、花卉图案的发饰。

2.2.6 其他肢部修饰

1．口部的修饰

坚持每天早晚刷牙，消除口腔异味，维护口腔卫生，是非常必要的。对牙齿应实行"三三"制清洁(每日三餐后的 3min 内要漱口，以去除异物、异味)；要经常采用爽口液、牙线、洗牙等方法保护牙齿；在重要应酬之前要忌食烟、酒、葱、蒜、韭菜等气味刺鼻的食品。如果临时有社交活动，已经吃了这些东西，可以吃口香糖或者嚼一些茶叶，以清除口腔异味。

2．颈部修饰

颈部是人体最容易显现一个人年龄的部位，平时要和脸部一样注意保养，保持颈部皮肤的清洁，并加强颈部运动与营养按摩，就会使颈部皮肤绷紧，光洁动人。颈部的营养按摩一般从 20～25 岁开始为宜，如果年龄增大，皮肤衰老，待出现皱纹以后再寻找消除妙法，恐怕会事半功倍。尽早预防，尽早护理，才能延缓衰老。

3．手部修饰

"手是人的第二张脸"、"第二张名片"，手也是能显露人体高雅气质的器官。手部的美体现在手的外形、指甲的外形、皮肤的状况等方面。要经常保持手部的清洁，养成勤洗手勤剪指甲的良好习惯。在寒冷、干燥的季节，要及时使用护手霜或乳液，防止手部干裂粗糙。

旅游从业人员不宜留长指甲。若指甲过长，会给人一种手部不清爽的感觉。要经常修剪指甲，指甲的长度不应超过手指指尖。出于保护指甲的目的，允许服务人员平时使用无色指甲油。但对于在指甲上绘画、刻字等行为，在服务岗位上是不适宜的。

4．脚部修饰

脚部虽然不是常年裸露在外的部位，但也一样要注意适时适度地保养与修饰。

(1) 做到"三勤"。对于脚部修饰的三勤，主要指勤洗脚、勤换袜子、勤换鞋子。这是旅游从业人员做好脚部清洁的基本要求。

(2) 不要光脚。赤脚穿鞋，虽然很舒服，总是让人感觉不太正式。所以，在服务人员上岗时，通常是不允许赤脚穿鞋的，一定要穿上袜子，这既是为了自身美观的要求，也是在整体上塑造服务人员的形象。

(3) 不要露脚趾和脚跟。旅游从业人员在选择鞋子时，不仅要注意尺寸，还必须特别注意鞋子最好不要露脚趾和脚跟，否则会有过于散漫的感觉。

(4) 忌化彩妆。旅游从业人员要经常注意脚趾甲的修剪，但有的在修剪之后，为了追求时尚，往往把自己的脚趾甲涂成各种颜色，这在旅游服务业一般是不允许的。

5．腿部修饰

在正式场合，男士的着装不允许暴露腿部，女士可以穿长裤、裙子，但不得穿短裤，或是暴露大腿的超短裙。越是正式的场合，女士的裙子应该越长。在庄严、肃穆的场合，女士的裙长一般应在膝部以下。在非正式场合，特别是在休闲活动中，则无此规定。有些女士的汗毛过重，穿裙装时应适当清理。

6．遮掩腋毛

人所共知，成年人的腋窝里长有腋毛。从视觉上来讲，它很不美观。如若工作的特殊需要，旅游从业人员须穿着肩部外露的服装上岗服务时，则切记：此前最好剃去自己的腋毛。另外，如手臂或其他部位长有较为浓密的汗毛时，可以采取行之有效的方法如使用脱毛剂等将其去除。

2.3 旅游从业人员的仪表礼仪

应用案例 2-2

服饰展示人物风采

英国伟大作家莎士比亚曾说，一个人的穿着打扮就是他教养、品味、地位的最真实的写照。在一个重要场合，得体的服饰是必不可少的，服饰应用到位的话，会使你的形象平添秋色。1986 年英国女王伊丽莎白二世访华时的服饰就给人们留下了深刻的印象。当年当女王乘坐的专机徐徐降落在北京机场后，走出舱门的女王高贵典雅的气质就引起了人们的注目，女王戴着的明黄色帽子和穿着的黄色的西装套裙，更是锦上添花，在阳光下显得非常绚丽、典雅。除了明黄色较为亮丽，衬托的女王的肤色更有光彩之外，更重要的是，黄色是中国历史上帝王的专用色。伊丽莎白二世身着黄色裙装，既体现了自己高贵的气质，也显示了她作为一国君主的尊严与威仪，还表现出尊重中国传统文化习俗的友好姿态。这就是服饰礼仪的效果。

(资料来源：塑造良好形象，赢得社会尊重——浅谈服饰礼仪．刘明勤．科技创新导报，2008 年)

2.3.1 服饰的基本原则

1．TPO 原则

"TPO"原则是目前国际上公认的着装标准。遵循这一着装原则，才能更好地体现服饰交际礼仪。"TPO"原则的概念是由日本男装协会于 1963 年提出的。"TPO"是英语中的"Time"、"Place"、"Object" 3 个单词的首个字母的缩写。"T"指时间，"P"代表地方、场合和职位等，"O"代表目的、目标和对象等。该原则的基本含义是要求人们弄清着装的时间、地点和目的，使着装与环境气氛相协调，与不同国家、区域民族的不同习惯相吻合，与不同交往对象和不同交往目的相适合，以达到服饰搭配得体、文明大方的整体美和协调美。

1) 时间

泛指早晚、季节、时代等。在不同的时间里，着装的类别、式样、造型应有所变化，切实做到顺应自然。如当人们在工作之余，身穿一套牛仔服、足蹬一双旅游鞋前去风景区观光旅游，或是头扎发带、身着短小的网球裙，在网球场上奋力挥拍击球，都同环境非常协调一致，让人无可挑剔。然而，要是穿牛仔服或网球裙去上班，尤其是代表单位外出执行公务，绝对是不合适的。

2) 地点

当人们置身在室内或室外、驻足于闹市或乡村、停留在国内或国外、身处于单位或家中时，因这些变化的场合，着装的款式理当有所不同，切不可以不变应万变。根据TPO原则，将人们所涉及的场合分为3种情况，即上班、社会交往和休闲，然后根据此来穿衣打扮。如上班时的穿着要"正统"，社会交往的穿着可以展现时尚和个性，而在休闲场合，着装的基本要求是舒适、自然。

3) 目的

目的是指出席活动的意图。衣服是给人看的，功能是遮挡与炫耀。你要遮挡什么，炫耀什么，要具体情况具体分析。例如：不应当在别人的婚礼上去争奇斗艳，也不能穿着近似丧服的着装去赴喜宴。服装的款式、颜色、质地在表现服装的目的性方面发挥着一定的作用。

2．协调性原则

服饰是一种艺术，除了御寒防暑、遮羞护体的实用功能外，还具有极强的修饰性和审美功能，且风格各异，个性鲜明。

就服装本身而言，没有不美的服装，只有不美的搭配。着装的协调性原则要求：着装者选择服饰的造型、色彩、质地时都要符合自己年龄、体形、肤色和气质，隐丑扬美，体现个性。肤色白净者，适合穿各色服装；肤色偏黑或发红者，忌穿深色的服装；肤色黄绿或苍白者，则宜穿浅色服装。若肤色与着装色彩不协调，通常是很难看的。

3．整洁性原则

着装不一定追求高档时髦，但必须端庄整洁，避免邋遢。整洁原则要求：①整齐，不折不皱；②清洁，勤换勤洗，不允许存在明显的污垢、油迹、汗味和体臭；③完好，无破损、无补丁。

4．文雅原则

服饰是人类文明生活不可缺少的内容，是人的内在美与外在美的统一。文雅原则要求着装文明大方，符合社会的传统道德和常规做法。忌穿过露过透的服装，不应穿能透视内衣内裤的服装，也不能穿袒胸露背、暴露大腿、脚部和腋窝的服装，更不能当众"光膀子"、"打赤膊"。忌穿过短的服装。忌穿过紧的服装，不能为了展示自己的线条，选择过于紧身的服装，打扮得过于性感。更不能不修边幅，使自己的内衣内裤的轮廓突显在过紧的服装之外。

实用小窍门 2-3

女士穿衣扬长避短举例见表 2.2。

表 2.2 女士穿衣扬长避短举例

体型	适宜穿	忌穿
丰满身材者	1. 应选择小花纹、直条纹的衣料，最好是冷色调； 2. 款式上，力求简洁，中腰略收，以"V"形领为佳	1. 不宜穿百褶裙、喇叭裙； 2. 质地不宜太薄和太厚； 3. 不宜选择大花纹、横条纹、大方格图案； 4. 不宜穿着修饰复杂和花边过多的服饰
高而瘦者	1. 应选择色彩鲜明、大花图案以及方格、横格的衣料； 2. 应当选上下分割花纹、有变化较复杂的衣服	1. 不宜竖条纹，不宜过薄； 2. 不宜穿窄腰或领口很深的连衣裙； 3. 不宜穿紧身衣裤
身材矮小者	1. 应选择浅色的套装； 2. 服装款式以简单直线尾翼，上下颜色应保持一致； 3. 上衣短些，腿会显得长些	不宜穿大花图案或宽格条纹的服装

2.3.2 旅游服务人员着装礼仪

1. 女士着装礼仪

女士的服装比男性更具有个性特色，但要注意自己的身份，不要过分性感、过分艳丽、过分奢华。服饰价格不求很高，但是要协调、合理搭配，无论是颜色系列还是饰物、手包等要注意细节，体现高雅、大方、端庄的风度。服装穿着要适合自己的年龄、身材和职业，切不可盲目追求新潮时髦。

应用案例 2-3

导游靓丽换装 凸显苏式风情

出游旺季将至，最近，苏州不少景区增添了一抹亮色。

导游："现在是虎丘山迎来庙会的一个季节，您也可以看到，我的这套服装，非常具有苏州的特色。"

粉嫩嫩的上装、湖蓝色的长裙、别致古典的扣子，举手投足洋溢着婉约柔媚的江南风情。人群中，这抹身影格外赏心悦目，而众位身着同款服装的导游齐亮相，立马人气爆棚，众多游客纷纷停下脚步，用镜头捕捉这难得一见的风景(图 2.6)。

游客："跟这个环境蛮相衬的，效果蛮好的，代表地方的文化特色。使人非常的愉悦，这就可以说是江南特色了吧"。

这两年，设计精巧、别具韵味的苏式服装正成为各园林景点的靓丽名片，像这身装扮就是刚赶制出来的。考虑到长假将至，希望这样的新装能带给游客耳目一新的感觉。

图 2.6 苏州导游新服装

(资料来源:http://www.17u.net)

1) 女士着装规范

(1) 布料的选择。女士套装应选用质料上乘的纯天然质地的面料,而且上衣与裙子所使用的面料应该一致。女士呢、薄花呢、人字呢等纯毛料的面料为最佳,高档丝绸、亚麻、毛涤也可供选择,但必须匀称、平整、光滑、柔软、挺括,并且弹性要好,不易起皱。

(2) 色彩的选择。套装的色彩主要以冷色调为主,因为冷色调才能体现出着装者典雅、端庄、稳重的气质。旅游工作者的服装色彩应清新、雅质而凝重,不应选鲜亮抢眼的色彩以及跟着时尚走的流行色。

2) 合理搭配

女士套装不仅要成套着装,还要合理搭配。主要应注意以下几个方面。

(1) 鞋袜的搭配。穿套装一定要配穿纯色的丝袜,袜子的颜色要与裤、裙和鞋的颜色相协调,以肉色为佳。一般情况下多色、亮色、有图案花纹、过于繁杂的袜子均不宜穿着。穿丝袜时,袜边不能外露,穿一双明显破损的丝袜是不雅和失礼的。

要根据穿着舒适、方便、协调而又不失优雅的原则选择不同款式的鞋子。鞋子应是船式或盖式款式的高跟、半高跟皮鞋,以黑色牛皮鞋为最佳。不能穿艳亮颜色或浅色的皮鞋,更不能穿布鞋、旅游鞋、凉鞋、轻便鞋等。一般个矮的人可以选择高跟,个高的人选择鞋跟可以偏低些,但不能是平跟鞋。

(2) 饰品的搭配。为了使套裙在稳重中透着生动,在保守中显出活泼,可以采用领花、丝巾、胸针、围巾等饰品加以点缀,但不可过多,有点睛之处即可。

小贴士 2-1

职业女士着装"五不准"

一不准穿黑色皮裙。尤其在涉外交往中,此装暗示不是良家妇女。

二不准光腿。正式的高级场合不准光腿是不成文的规定,要穿丝袜。韩国、日本人认为不穿袜子,就像女人不穿内衣一样。

三不准袜子出现残破。袜子称为腿上时装,穿裙子时袜子出现残破会影响腿部美感。袜子如有洞、跳丝均应立即更换。

四不准穿西服裙子配穿凉鞋。穿套裙是不能穿便装鞋的,穿正装凉鞋可以,但须是前不露脚趾后不露脚跟的凉鞋。

五不准在裙袜之间露一截腿肚子。国外称这是没有教养的女人的基本特征。袜子要高过裙子的长度。

2. 男士着装礼仪

西服是一种国际性服装,它起源于欧洲,目前是世界上最流行的一种服装,也是商界人士在正式场合的首选服装。

1) 男士的西装

男士在选择西装时,要充分考虑到自己的身高、体形,如身材较胖的人最好不要选择瘦型短西装;身材较矮者也最好不要穿上衣较长、肩较宽的双排扣西装。作为正式礼服用的西装可采用深色如藏蓝色、灰色、棕色、黑色,须单色、无图案的纯毛、纯羊绒、毛涤混纺,具有轻、薄、软、挺4个特点。日常穿的西装颜色可以有所变化,面料也可以不讲究,但必须熨烫挺括。

2) 男士西装的着装规范

(1) 少装东西。为保证西装在外观上不走样,就应当在西装的口袋里少装东西,最好不装东西,对待上衣、背心和裤子均应如此。内侧的胸袋,可用来别钢笔、放钱夹或名片夹,但不要放过大过厚的东西或无用之物。外侧下方的两只口袋,原则上以不放任何东西为佳,也建议不将这两个口袋的缝线拆开。

(2) 穿好衬衣。穿西装必须要穿长袖衬衣,衬衣最好不要过旧,领口一定要硬扎、挺括,外露的部分一定要平整干净。衬衣下摆要掖在裤子里,领子不要翻在西装外。衬衫领口和袖口分别高于和长于西装领口和袖口 1~2cm。净白色或白色带清爽蓝条纹的长袖衬衫是必不可少的基本服饰配件。领口和袖口一沾上污渍就不应该再往身上穿,洗得干干净净、熨得笔挺的衬衫才悦目。

(3) 内衣不可过多。衬衣内除了背心之外,最好不要再穿其他内衣。如果天气较冷,衬衣外面还可以穿上一件毛衣或毛背心,但毛衣(V字领的)一定要紧身,不要过于宽松,不要选择毛衣开衫,以免影响穿西装的效果。男性在选择、购买、穿着内衣时建议以白色、黑色、灰色为主。

(4) 打好领带。在比较正式的社交场合,穿西装应系好领带。领带的长度要适当,以达到皮带扣处为宜。系好后,两端自然下垂,宽的一片略长于窄的一片,如果穿西装背心,领带尖不要露出背心。如果佩带领带夹,一般应在衬衣的第四、第五个纽扣之间。

实用小窍门 2-4

男士着装搭配技巧见表 2.3。

表2.3 男士着装搭配技巧

西服颜色	感觉	衬衫颜色	领带颜色
黑色	庄重大方、沉着素净	白色或淡色衬衫	银灰色、蓝色调、黑红条纹对比色调
中灰色	格调高雅、端庄稳健	白色或淡蓝色衬衫	砖红色、绿色及黄色调
暗蓝色	格外精神	白色或淡蓝色衬衫	蓝色、深玫瑰色、褐色、橙黄色
乳白色	文致风雅	红色略带黑色衬衫	红色为主，略带黑色或砖红色或黄褐色
米黄色	风度翩翩	白色或海蓝色衬衫	褐色、海蓝色、红色
藏青色	沉稳大方	白色或淡蓝色衬衫	青蓝色并带有条纹的
墨绿色	典雅华贵、恬淡生辉	白色或银色衬衫	银灰色、浅黄色、红白色相间

(5) 穿好西裤。西裤的两个侧袋严格禁止存放沉东西，如手机、香烟、名片等常用物品，正式场合甚至不能将双手放入其中。两个尾兜就不一样了，右边的一个可以放钱夹，但钱夹不宜过长；左边尾兜可以放手帕，能充分体现穿西装人彬彬有礼的风度和对西装文化的领悟。

(6) 鞋袜整齐。皮鞋的颜色要与西装相配套。黑色皮鞋是万能鞋，它能配任何一种深颜色的西装。黑、棕色皮鞋可以搭配深色西服，夏天穿白色皮鞋可以搭配浅色西服。最正式的皮鞋款式提倡传统的有系带的皮鞋。

穿皮鞋还要配上合适的袜子，袜子的颜色要比西装稍深一些，使它在皮鞋与西装之间显示一种过渡。

(7) 扣好扣子。西装的上衣如果是双排扣，不管在什么场合都应把纽扣全部扣上以示庄重；单排两粒扣的西服上衣，只系上边那粒纽扣或者全部不扣；单排三粒扣西服上衣可以系上边两粒也可以只系中间那粒。在非正式场合全部敞开既潇洒自由，又不失礼，但参加宴会、婚礼等正式场合必须扣上扣子。

(8) 插袋巾装饰。插袋巾是锦上添花的装饰品，颜色不一定要跟领带一样，只要质料不太软，插在袋里服服帖帖挺括自然即可，即使一条白手帕也照样能胜任，但不能把它折得死死板板地插在袋里，否则容易被人感觉"老土"。另外常用鲜花做"插袋巾"来装饰西装。

实用小窍门 2-5

男士商务服装选配方案

西装套装：黑、普通蓝、蓝色带细暗纹、深蓝、深灰、灰。

长袖衬衣：浅粉、细条纹、白、浅蓝(纯白)。

裤子：哔叽色、藏蓝色、黑色、深灰。

上衣：黑、深蓝。

鞋：深棕、黑色、与裤子同色或类似。

腰带：与皮鞋同色。

皮箱、手提文件箱：深棕或黑。

领带：酱红色、蓝、深蓝、深灰、可带白、黄、银黄等简单花纹或者纯色。

手表：镶钻超薄，不易磨损钨金，表盘薄，皮带或银白、金色金属表。
风衣、大衣：哔叽、布或毛与化纤合成。

2.3.3 旅游行业制服礼仪规范

对于旅游从业人员穿着的制服礼仪规范，主要涉及其选择和搭配穿着两大方面。

1. 旅游行业制服选择规范

旅游行业在选择制服的过程中，不仅要考虑制服本身材质的选择、色彩的选择和款式的选择，同时，还要考虑以下因素。

1) 制服的选择需要与整体环境风格相协调

旅游从业人员的服装，只有做到与环境和谐呼应、高度统一才是好的制服选择的体现。在选择的过程中，首先就要考虑到整个企业的风格，要与整个企业的装修风格相一致。如某一酒店主要是突出中国传统装修韵味的修饰手法，那么它的服务人员也应该大胆运用中国传统因素；而在一个装修简约、突出快捷的商务型酒店内，服务人员的服饰应该体现出干练、简约、利落的风格，以符合整个酒店的简明气质。

2) 旅游企业的制服可以选择系列服饰

所谓系列服饰，即指在服装造型风格、色彩组合和面料搭配等因素上较为一致的多套服饰。统一中有变化、变化中有统一是系列服饰的基本原则。如在选择中，不同部门的服饰在色彩和面料上是统一的，但是为了突出部门的特征，在设计款式上可以稍作修改。为了适应不同部门的色彩要求，可以在款式和面料上是一致的，但在色彩设计上，为了突出大堂的富丽堂皇，大堂的制服可以设计成金色系；为了突出中式餐厅的传统，中餐厅可以设计成红色等。

应用案例 2-4

瘦西湖导游换春装

白色小立领衬衫、米色西装、黑色长裤，配有传统绣花纹样、五亭桥标志……经过一个多月的设计准备，瘦西湖景区导游新款春装(图 2.7)正式揭开面纱。

图 2.7 瘦西湖导游服装

今年 4·18 期间，瘦西湖导游全部换上最新导游服。据了解，新款导游服呈现中西合璧风格，既有现代感，又有古典元素。

昨天记者看到景区导游试穿新装，不少导游拿出手机第一时间拍照留念。瘦西湖新款春季导游服主色调为米色，上衣外套为米色的修身西装样式，内搭为一件白色衬衫。衬衫为小立领，门襟处还有电脑绣花。导游服装下身为黑色的西装长裤，还配有黑色皮鞋和手袋。服装均为贴身剪裁，穿上后显得非常职业化。

据导游们反映，除了新发的导游服装之外，景区还将统一发放化妆品，包括腮红、眼影、睫毛膏等在内的化妆风格都将统一，突出瘦西湖导游职业女性的知性美。

导游们还在脖子上统一系上橘色真丝丝巾，配上新款西装式导游服，显得非常端庄典雅。

瘦西湖景区导游服务中心陈丽告诉记者，今年瘦西湖景区的导游夏、冬季节的服装也将全面"换装"，包括一些从事贵宾接待导游的高级定制服装也会换新。

(资料来源：中国江苏网，2012 年 4 月 18 日、2012 年 8 月 7 日)

2．旅游企业制服穿着规范

在穿着制服时，旅游从业人员必须注意以下 4 个方面的问题。

1) 要保持干净整洁

在客人面前，旅游从业人员所穿的制服必须无异味、无异物、无异色、无异迹。制服定期或者不定期地进行换洗，应当成为旅游从业人员用以维护自我形象的自觉而主动的行为。

2) 要保持整齐挺括

穿着制服时，不仅要求外观整洁，还要保持制服的挺括度，即要忌皱。为了防止制服产生褶皱，必须注意，脱下来的制服应当挂好或叠好；洗涤过后，应当熨烫好；穿着时，不要乱靠、乱坐等。

3) 要保护外观完整

制服穿着的时间久了，也会发生一些破损，例如开线、磨毛、磨破、纽扣丢失等。在此情况之下，就不宜在工作岗位上继续穿着，而应该采取一些措施，如修补等。

4) 要保持外观协调

旅游企业的制服，一般是上下两件，配套穿着，如果任意搭配，制服的功效则无法发挥，同时，如在穿着时出现了敞胸露怀、不系领扣、高卷袖筒、挽起裤腿、乱配鞋袜、不打领带等，不仅有损制服的整体造型，还会影响整个旅游企业的形象。

2.3.4 饰品礼仪

饰品是用来达到装饰效果的饰品。这里所讲的"饰品"是指人们在着装的同时所佩戴的装饰性物品，它对人的穿衣打扮起着辅助、烘托和美化作用，成为服装的一个有机组成部分，在个人整体形象的塑造中起画龙点睛的作用。

饰品在社交场合发挥的交际功能也不可忽视，主要体现在两个方面：①它是一种象征性符号，可用来暗示使用者的地位、身份、财产和婚恋现状；②它是一种无声的语言，可借以表达使用者的知识、教养、阅历和审美品位。

1．饰品佩戴原则

1) 符合身份

旅游从业人员在自己的岗位上佩戴饰品时，一定要使之符合身份。旅游行业强调：在工作岗位上，服务人员的工作性质主要是服务于人，即一切要以自己的服务对象为中心，尽心竭力地为其提供优质的服务。在佩戴可以美化自身、体现情趣、反映财力、区分地位的饰品时，广大旅游从业人员尤其要注意恪守自己的本分，万万不可在佩戴饰品时无所顾忌。

2) 以少为佳

旅游从业人员在工作岗位上佩戴饰品时，应以少为佳。因此，旅游从业人员在其工作岗位上佩戴饰品时，一般不宜超过两个品种；佩戴某一种具体品种的饰品，则不应超过两件。饰物的使用要力戒繁杂、以少为佳。

3) 区分品种

饰品种类繁多，旅游工作人员除允许佩戴一些常见饰品外，社会上流行的脚链、鼻环、指甲环、脚戒指等不宜在工作时佩戴，因为他们大多前卫而张扬，对于旅游从业人员而言显然是不合适的。

4) 佩戴有方

在佩戴饰品时，旅游工作者除去要对以上各点多加注意之外，还应同时注意掌握一些基本的佩戴技巧，通过适宜的方式和方法，来突出自己的优点，只有这样，才有可能弥补自己明显的不足与缺陷，让自己充满自信，又为他人所欣赏。

5) 习俗规则

不同的地区、不同的民族，佩戴首饰的习惯做法多有不同。作为旅游从业人员要对此一是要了解；二是要尊重。如果不懂佩戴首饰的寓意，就会使自己处于尴尬境地。例如男戴观音女戴佛。女性不适宜佩戴十字架，否则犹如佩戴白花。在不少西方国家，修女将戒指戴在右手无名指上，这意味着将爱献给上帝。

2．饰品佩戴方法

1) 首饰

(1) 戒指。戒指又叫指环，它佩戴于手指之上，男女老少皆宜。戴戒指时，一般讲究戴在左手之上，而且最好仅戴一枚。如果想多戴，至多可戴两枚，只有新娘方可例外。戴两枚戒指时，可在一只手上戴在两个相邻的手指上，也可以戴在两只手对应的手指上。拇指通常不戴戒指，一个指头上不应戴多枚戒指。

戒指戴在各个手指上暗示的意义是不同的。戴在食指上，表示想结婚，即求偶；戴在中指上，表示已在热恋中；戴在无名指上，表示已订婚或结婚；戴在小拇指上，则表示独身，暗示自己是独身主义，将终身不嫁(娶)。

(2) 项链。项链，是戴于颈部的环形首饰。男女均可使用，但男士所戴的项链一般不应外露。通常，所戴的项链应不多于一条，但可将一条长项链折成数圈佩戴。

项链的粗细，应与脖子的粗细成正比。从长度上区分，项链可分为 4 种。其一，短项链。它约长 40cm，适合搭配低领上装。其二，中长项链。它约长 50cm，可广泛使用。其三，长项链。它约长 60cm，适合女士适用于社交场合。其四，特长项链。它约长 70cm 以上，适合女士用于隆重的社交场合佩戴。

(3) 耳饰。耳饰俗称耳环，分为耳环、耳链、耳钉、耳坠等。耳环的形状各异，有圆形、方形、三角形、菱形以及各种异形。耳饰由于它显露在人体的重要部位，直接刺激他人的注意力，因此，美观大方的耳环对人的风度和气质影响很大。

耳饰讲究成对使用。男子戴耳饰的习惯做法是左耳上戴一只，右耳不戴。双耳都戴者，在国外很容易被视为同性恋。

选择耳环主要应当考虑自己的脸型、头型、发式、服饰等方面。

例如，长脸型，特别是下颌较尖的脸型应佩戴面积较大的扣式耳环，以便使脸部显得圆润丰满。而脸型较宽的方脸型，宜选择佩戴面积较小的耳环。

服饰色彩比较艳丽，耳环的色彩也应艳丽，同时，要考虑两者间色彩的适当对比。

(4) 手镯和手链。手镯和手链都是佩戴自手腕上的环状和链状饰物。

戴手镯一般是女士的专利，突出的是手腕和手臂的美。戴一只手镯通常戴在左手，两只手镯可一只手戴一只，也可都戴在左手上，一般不在一只手上戴 3 只以上的手镯。

手链是男女都可使用的饰物，普遍情况下，只在左手上戴一条手链。一只手上戴多条手链，双手同时戴手链，手链与手镯同时佩戴，一般是不允许的。手链和手镯不应与手表同戴于一只手上。有些国家用所戴手镯、手链的数量和位置来表示婚否。作为旅游从业人员若走出国门，应首先熟悉当地的习惯，并尊重当地的习惯。

2) 衣饰

(1) 胸饰。胸饰包括胸针和胸花。

胸针佩戴的部位多有讲究。穿西装时，应将胸针别在左侧领口上。若上衣无领，应别在左胸前，大致在第一、二个衬衣纽扣间的位置。一枚亮丽别致的胸针能让庄重的服装变得生动起来。色调较深暗的胸针别在衣领上，显得妩媚俏丽。要注意的是，胸针一般不宜和纪念章、企业徽记、奖章等同时佩戴。

胸花是指佩戴在女性胸、肩、头等部位的各种花饰。

胸花有鲜花与人造花两种。相比之下，鲜花更显奢侈与高雅。最常见的是将胸花佩戴在左胸部位，也可按照服饰设计要求和服饰整体效果将其佩戴在肩部、腰部、前胸或发际等处。选择胸花时应考虑一下自己的身高。个子矮小的适宜选用小一点的花并将其佩戴的稍微高一点；相反，个子高大一些的可以选用大一些的花，佩戴位置亦可稍低一点。

(2) 围巾。围巾是女士常用的饰物。围巾对服装起着重要的烘托和美化作用。一条色泽鲜亮的围巾能让暗淡色调的服装灿烂生辉，一条结的别致的围巾能让服装变得别致生动。

从质地上分，有丝质、棉质、羊绒质地等；从形状上分，主要有正方形、长方形、三角形；从大小上看，有小方巾，也有大披肩。一般规律、款式复杂、花色较多的服装不宜再用太艳丽或花色的围巾来进行装点。

本章小结

个人是社交的基本参加者,是礼仪实施的主体。旅游从业人员的职业形象设计是对旅游从业人员社交形象的设计、塑造的基本规范。

本章所介绍的仪容礼仪主要分三大块,即面容修饰、头发修饰、肢体修饰。通过该部分的学习让学生们对仪容礼仪的常识有了充分的认识,同时也对自我仪容有了清晰的判断。在仪表礼仪这部分内容中,首先,介绍了着装的基本原则,为旅游从业人员在服饰穿着上提供了一个基本的要求;然后,对女士套装的选择和穿着、男士西装的选择和穿着、旅游企业制服的穿着进行了详细地阐述。

复习思考题

一、判断题

1. 女士出席宴会、舞会的场合,妆可以化得浓一些。（ ）
2. 女士工作时间可以化妆。（ ）
3. 身材娇小者适宜留短发或盘发。（ ）
4. 穿着要与年龄、职业、场合等相协调。（ ）
5. 穿冷色、深色服装使人感觉更苗条,这是因为冷色、深色属于收缩色的缘故。（ ）
6. 穿的是两个扣子的西装,一般只扣下面一个。（ ）
7. 对于旅游服务人员原则上不提倡佩戴首饰,如果在特定场合需要佩戴,则不宜超过3件。（ ）
8. 酒店员工在工作场所,可以佩戴耳环、戒指、手镯、项链等饰物。（ ）
9. 穿西装打领带时,衬衫的第一粒纽扣系与否可随意。（ ）
10. 在正式场合,如果天气较热,则可以不穿西装外套只穿衬衫打领带。（ ）

二、简答题

1. 面部修饰的原则和礼节有哪些?
2. 化妆的原则和基本程度是什么?
3. 什么是服饰的"TPO"原则?
4. 女士着装的要求是什么?
5. 简述女士西服套装的着装规范。
6. 男士西服的选择要注意哪些问题?
7. 简述男士西服的着装规范。
8. 西服的搭配设计有哪些方面,如何正确进行这些方面的搭配?

9. 饰品佩戴的规则是什么？
10. 如何正确佩戴项链、戒指、耳环？

案例分析

　　最近，某市有导游被要求穿上统一的制服上岗，不穿就没法进入景区，甚至影响导游证的年审。导游交了150元的服装费以后发现，这衣服上竟然有烟草企业的广告，让大家大跌眼镜。那么，其他国家和地区的导游是不是也穿统一的制服呢？

　　被誉为"东方之珠"的香港每年吸引着数以万计的游客，中国日报驻香港记者李涛说，香港没有管理机构要求导游统一着装，但不排除公司有自己的要求。

　　马上又到樱花盛放的季节，日本将迎来旅游高峰。去日本旅游过的朋友，不知道你是否注意到，日本的导游都穿制服。旅居日本的华人唐辛子介绍，作为一个制服传统大国，每个公司都强制要求导游统一着装。工作服可以作为公司的一个形象，游客便于识别。

　　风景独特、气候宜人的澳大利亚是世界上最佳的旅游胜地之一，而澳大利亚的导游常常身兼两职，导游加司机。《全球华语广播网》澳大利亚特约观察员刘珏说，澳大利亚的公司一般要求司机统一着装，但这种"统一"还是有自由空间的。制服也不都是由公司提供的，可能只提供一件带有标志和标识的上衣，其他满足基本的要求就可以。不能完全统一也许还有另一层原因，作为一个移民国家，澳大利亚的导游来自不同肤色的人群，不同肤色的人适合不同样式的衣服，刘珏说，澳大利亚的导游已经因不同肤色形成了各自的着装风格。在澳大利亚，游客找导游分类都比较明确的，比如白人来到澳大利亚旅游可能他的导游就会是白人。所以由于人种的不一样，导游在着装方面的要求和风格也不太一样。

(资料来源：大众日报，2013年03月25日)

问题：1. 结合本案例讨论，导游统一着装对提高城市的旅游服务质量是否有帮助？
　　　2. 试通过设计导游形象来提高本城市的整体旅游形象。

实训项目

一、仪容仪表——化妆(女生)与领带(男生为主)、服饰搭配

1. 步骤和要求：

(1) 化妆实训前准备好所需化妆基本用品，包括：化妆水、隔离霜、粉底、睫毛膏、唇膏或唇彩。(可自行加眼影、眼线笔、眉笔等)。

服饰搭配实训前准备好实训所需物品，包括：有西装的男生穿西装、系领带；女生穿一套自认为色彩搭配最协调的服装。包括从里到外、从上到下。

(2) 教师先边讲边演示化日常淡妆要领，学生跟着学习化妆，老师指导。

2. 教师先边讲边演示系领带要领，学生跟着学习系领带，老师指导。

3. 学生穿好服装后可轮流上台，由台下学生根据课堂所学理论知识对学生的着装进行点评，从而加深理论知识印象并能够真正将理论与实践结合在一起。

二、制服和衬衣

1. 技能训练准备：
(1) 物品准备：对应工作岗位的制服、衬衣及衣架。
(2) 场地准备：设置穿衣镜、更衣橱等设施的实训室。
(3) 分组安排：同性别学生 3~4 人一组，1 人实训，其余同学参照技能考评标准进行互评，而后轮换。

2. 技能训练评价表(表 2.4)：

表 2.4 技能训练评价表

考评对象					
考评地点					
考评内容	制服和衬衣穿着训练				
考评标准	内容	分值/分	自我评价/分	小组评议/分	实际得分/分
	检查服装(重点是尺码、领口和袖口、扣子等)	25			
	衬衣、制服规划穿着	40			
	对镜自我检查、整理	20			
	日常衣物规划放置	15			
	合计	100			

说明：实际得分=自我评价 40%+小组评议 60%

课后阅读

海南导游 2013 年将统一着装

媒体报道海南导游 2013 年统一着装，不穿将受罚。经济之声评论：统一导游制服仅仅是规范提高海南旅游服务、提升海南旅游形象的开始。

中广网北京 2012 年 8 月 2 日消息，据经济之声《央广财经评论》报道，一个《导游员统一着装上岗，海南独有！》的网络帖子这几天引起了众多人的关注，这篇网络帖中说，2013 年 1 月 1 号起海南省导游员将实行统一着装上岗。对于这个帖子提到的导游员统一着装，海南省旅游委副主任吴坤雄表示确有其事，并进行了专门的说明。

吴坤雄说，统一海南导游员服装，是为了贯彻《国务院关于推进海南国际旅游岛建设纲要》意见。经过 3 年时间的调查研究，借鉴境外、国内的做法，并结合海南的实际情况，决定实施这项工作。目前海南的统一导游服装已经开始制作，昨天起已经开始办理导游服装订购工作。2013 年 1 月 1 日开始海南全省的导游员将实行统一着装上岗。导游统一着装

分为春夏装、秋冬装两套。春夏装价格人民币 385 元。秋冬装价格人民币 680 元。如果导游不穿，有可能会被处罚。

　　现在海南被国家确定为国际旅游岛，旅游业是它的主业，全国对它抱的期望值很高。然而海南旅游业中存在的一些无序和混乱，也一直是游客心中的痛。对于海南旅游，很多人是又向往又担心，向往的是海滨风情，美丽景色，担心的是到海南旅游不小心就会挨宰。让导游统一着装，可以说是海南为了加强管理，提高旅游质量，树立导游美好形象又出的新招。

第3章 旅游从业人员的行为仪态规范

教学要点

知识要点	掌握程度	相关知识
旅游从业人员有哪些须要注意的行为仪态	了解	在工作岗位上各种行为仪态的灵活应用
站姿、坐姿、走姿、蹲姿、手势和微笑的准确、规范表达	掌握	不同行为仪态有不同的要求和要领,在工作中的行为仪态更是要得体、大方
不同行为仪态的使用禁忌	重点掌握	工作岗位上错误的行为仪态传递的是不良信息和误解,如何避免很重要

技能要点

技能要点	掌握程度	应用方向
站姿、坐姿、走姿、蹲姿、手势和微笑的正确使用	掌握	在旅游服务工作中,不同的仪态在不同场合针对不同对象的使用有着不同的含义,准确应用可以提高从业人员的良好形象和服务质量

导入案例

出错的无声语言

小刘是某国际旅行社的英语导游员,英语的运用相当熟练,已经独立带团有近一年的时间,其工作能力也是全社有目共睹的;但是,旅游者对他的评价却往往不尽如人意,这让小刘很是纳闷。为了找出问题所在,在小刘接待了一个英国旅游团时,旅行社的李总跟团观察,来帮他分析问题,提高工作业绩。

在带领该旅游团的成员参观时,小刘思路清晰,语言表达熟练,不仅讲解词中包含了大量的知识信息,同时还融入了自己的感受和评论。在游览的过程中,他也随时随地关心旅游者动向,给他们以帮助。这样看来,小刘的表现还不错,但同时,李总也注意到了小刘有意无意间的一些小动作。如在旅游车上清点人数、在景点讲解,小刘都喜欢使用食指,通过"指指点点"的方法来辅助表达;在景区参观,遇到坎坷不平的道路,小刘没有征得他人的允许就去进行搀扶等。而且,小刘的语言虽然很生动,但他的表情却很严肃,一路下来,基本上没有微笑过。这些,可以说是小刘的"问题"所在了,难以让游客充分感受到礼貌和友好。在工作中,不仅需要注意掌握和运用导游"有声"语言,也需要注意与游客交往时的各种"无声"语言(图 3.1)。

图 3.1　肢体语言

(图片来源：www.taopic.com)

社会心理学家很早就通过观察分析得出结论：在人际交往中，人们的每个细胞动作都能影响到对方的情绪，都会给对方一定的感染，这对从事服务行业的人来讲尤其应该引起重视。一举一动，一言一行，音容笑貌，可以说直接关系到服务质量的提高和企业形象的树立。

3.1　旅游从业人员的静止仪态规范

仪态是指人在行为中的姿势和风度。姿势是指身体所呈现的样子。而风度则属于内在气质的外化，是人际交往中个人素质修养的一种外在表现。旅游从业人员在工作中的站立、行走、手势和表情等，都应当正确、得体、美观。

3.1.1　站立姿态

又称为站姿或立姿，是人的最基本的姿势，是一种静态的身体造型，是培养一个人全部仪态的基础。

1. 基本站姿

1) 要求

抬头，颈挺直，下颌微收，嘴唇微闭，双目平视前方，面带微笑；双肩放松，气向下压，身体有向上的感觉，自然呼吸；挺胸收腹，立腰、肩平；双臂放松，自然下垂于体侧，虎口向前，手指自然弯曲；两腿并拢立直，提胯，膝和两脚跟靠紧，脚尖分开似"V"字形。

2) 要领

挺胸、收腹、梗颈。又可以总结为：上提下压，即下肢躯干肌肉线条伸长为上提，双肩保持水平、放松为下压；前后向夹，指臀部向前发力，而腹部肌肉收缩向后发力；左右向中，指人体对称的器官向正中线用力。

身体重心放在两脚中间，从正面看，重心线应在两腿中间向上穿过脊柱及头部。要防止重心线偏左或偏右。

2．正确站姿的训练

把身体背着墙站好，使你的后脑、肩、腰、臀部及足跟均能与墙壁紧密接触，这就说明你的站立姿势是正确的，假若无法接触，那就是你的站立姿势不正确。

3．服务性站姿

旅游从业人员在工作中，为客人服务的站姿一定要合乎规范，严格按照要求去做，下面有几种旅游从业人员在工作中的站姿规范，在不同的部门和不同的场合可以选用其中的站姿。

1) 前腹式

男性在立正站姿的基础上，左脚向左横迈一小步，两脚打开与肩同宽，约20cm。两脚尖与脚跟距离相等。两手在腹前交叉，左手握成拳头状，右手握左手于手腕部位。身体立直，身体重心放在两脚上。

女性在立正站姿的基础上，两脚脚尖略展开，左脚在前，将右脚跟靠于左脚内侧前端，成左丁字步。两手在腹前交叉，身体重心于两脚上，也可以于一脚上，通过两脚重心的转移减轻疲劳(图3.2)。

2) 后背式

双目平视，下颌微收，挺胸立腰，两手在身后交叉。男性两脚跟并拢，脚尖展开60°至70°，而女性则脚打丁字步(图3.2)。

图3.2　服务性站姿

3) 单臂式

两脚尖展开90°，左脚向前，将脚跟靠于右脚内侧中间位置，成左丁字步。左手单臂后背，右手下垂。身体重心于两脚上。

两脚尖展开90°，右脚向前，将脚跟靠于左脚内侧中间位置，成右丁字步。右手单臂后背，左手下垂。身体重心于两脚上。

两脚尖展开90°，右脚向后，将脚内侧贴于左脚跟处，左手手臂下垂，右臂肘关节屈，右前臂抬至横膈膜处，右手心向里，手指自然弯曲。

两脚尖展开90°，左脚向后，将脚内侧贴于右脚跟处，右手手臂下垂，左臂肘关节屈，左前臂抬至横膈膜处，左手心向里，手指自然弯曲。

4．站立禁忌

在工作岗位上，服务人员要力争做到"立如松"。忌身躯歪斜、弯腰驼背；忌双手抱胸或叉腰；忌半坐半立、趴伏倚靠；忌身体在站立时频繁地变动体位，或是手位、脚位不当。

3.1.2 坐的姿态

坐姿是静态的，有着美与不美、优雅与粗俗的区别。正确的坐姿可以给人以文雅大方的印象。

1．正确的坐姿

上半身挺直，两肩要放松，下巴要向内微收，脖子挺直，胸部挺起，并使背部和臀部成一直角，双膝并拢，双手自然放在双膝上，两脚自然弯曲，小腿与地面基本垂直，两脚平落地面。两膝间的距离，男子以松开一拳为宜，女子则不分开为好(图3.3)。

图3.3　女性正确坐姿

2．几种典型的坐姿

女性坐姿要根据凳面的高低以及有无扶手与靠背，注意两手、两腿、两脚的正确摆法。

(1) 两手摆法：有扶手时，双手轻搭或一搭一放；无扶手时，两手相交或轻握或呈八字形置于腿上；或左手放在左腿上，右手搭在左手背上。

(2) 两腿摆法：凳高适中时，两腿相靠或稍分，但不能超过肩宽；凳面低时，两腿并拢，自然倾斜于一方；凳面高时，一腿略搁于另一腿上，脚尖向下。

(3) 两脚摆法：脚跟脚尖全靠或一靠一分；也可以一前一后(可靠拢也可稍分)或右脚放在左脚外侧。

除上述坐姿外，还有"S"形坐姿：上体与腿同时转向一侧，面向对方，形成一个优美的"S"形坐姿；叠膝式坐姿：两腿膝部交叉，一脚内收与前腿膝下交叉，两腿一前一后着地，双手稍微交叉于腿部。

须强调的是，女性在乘坐小汽车的时候还应注意坐车的姿势。要想在上汽车时显得稳健、端庄、大方，做起来并不难。上车前应首先背对车门，款款坐下，待坐稳后，头和身体进入车内，最后再将并拢的双腿一并收入车内。然后方才转身，面对行车的正前方向，同时调整坐姿，整理衣裙。坐好之后，两脚亦应靠拢。下车的姿势也不能忽略，一般应待车门打开后，转身面对车门，同时将并拢的双腿慢慢移出车外，等双腿同时落地踏稳，再缓缓将身体移出车外。

3．坐姿的注意事项

(1) 入座时，走到座位前，转身后右脚向后撤半步，从容不迫地慢慢坐下，然后把右脚与左脚并齐。女性入座要娴雅，用手把裙子向前拢一下。起立时，右脚先向后收半步，立起，向前走一步离开座位。在社交场合，入座要轻柔和缓，离座时要端庄稳重，不可猛起猛坐，弄的座椅乱响，造成紧张气氛，更不能带翻桌上茶具，以免尴尬被动。

(2) 坐在椅子上，至少应坐满椅子的2/3。如果是沙发，坐位较低，又比较柔软，应注意身体不要下滑而陷在沙发里，这样看起来很不雅观。

(3) 与人面对面会谈时，前10min左右不可松懈，开始就放松地靠在椅背上不礼貌。正面与人对坐会产生压迫感，应当稍微偏斜，轻松自然。

(4) 坐在椅子上，勿将双手夹在两腿之间，这样显得胆怯害羞、个人自信心不足，也显得不雅。

(5) 坐时，双腿叉开过大，或双腿过分伸张，或腿呈"4"字形，或把腿架在椅子、茶几、沙发扶手上，都不雅观，同时，忌用脚打拍子。

(6) 坐时不要两脚尖朝内，脚跟朝外，内八字的做法最俗、不雅；当两腿交叠而坐时，悬空的脚尖应向下方，切忌脚尖朝天，并不可上下抖动。

3.1.3 蹲的姿态

蹲姿与坐姿都是由站立姿势变化而来的相对静止的仪态。蹲是由站立的姿势转变为两腿弯曲和身体高度下降的姿势。一般来讲，服务中的蹲姿时间上不宜过久。

1．正确的蹲姿

1) 高低式蹲姿

其要求是：下蹲时，双腿并不并排在一起，而是左脚在前，右脚稍后。左脚应完全着地，小腿基本上垂直于地面；右脚则应脚掌着地，脚跟提起。此刻，右膝须低于左膝，右膝内侧可靠于左小腿的内侧，形成左膝高右膝低的姿态。女性应靠紧两腿(图3.4)，男性则可以适度地将其分开(图3.5)。

这种蹲姿的特征就是双膝一高一低，服务人员在工作中选用这种蹲姿甚为方便。

2) 交叉式蹲姿

其要求是：下蹲时，右脚在前，左脚在后，右小腿垂直于地面，全脚着地。右腿在上，左腿在下，两者交叉重叠。左膝由后下方伸向右侧，左脚脚跟抬起，并且脚掌着地。两腿前后靠近，合力支撑身体。上身略向前倾，臀部朝下。

这种蹲姿通常适用于女性，尤其是身着裙装的女性。它的优点是造型优美典雅。基本特征是蹲下后双腿交叉在一起。

2．蹲姿的注意事项

(1) 下蹲的时候，切勿速度过快。并注意与他人保持一定的距离，避免彼此迎头相撞。

(2) 在他人身边下蹲时，最好是与之侧身相向。正面面对他人或是背部对着他人下蹲，通常都是不礼貌的。

(3) 在大庭广众之前下蹲时，身着裙装的女性一定要避免个人的隐私暴露在外。

(4) 蹲姿是在特殊情况下的姿势，所以，不要随意乱用。另外，不可蹲在椅子上，也不可蹲着休息。

图3.4　女士蹲姿　　　　　　　　　图3.5　蹲姿

3.2　旅游从业人员的行进仪态规范

行走是人生活中的主要动作，是一种动态的美。人行走的时候总比站立的时候多，而且一般又都是在公共场合进行，所以，有着矫健轻快、从容不迫的优美走姿，就显得尤为重要。

3.2.1 基本走姿

1. 要求

上身正直不动,两肩相平不摇,两臂摆动自然,两腿直而不僵,步度适中均匀,两脚落地一线。

2. 要点

1) 步度适中

所谓步度,是指在行走时,两脚之间的距离。步度的一般标准是一脚踩出落地后,脚跟离未踩出一脚脚尖的距离,恰好等于自己的脚长。即男性每步大约40cm,女性每步大约30cm。

这个标准与身高有关,身材高者则脚略长些,步伐自然大些;若身材矮者,则步伐就小些。所以这里的脚长是指穿了鞋子的长度,而非赤脚。同时,穿什么样的服装和鞋子也会影响一个人的步度。假如有位女性穿的是旗袍,脚下又穿的是高跟鞋,那么步度肯定就比平时穿长裤和平底鞋要小些,因为旗袍的下摆小,而且高跟鞋从鞋尖到鞋跟的长度也比平底鞋短。

2) 步位标准

所谓步位,就是脚落地时应放置的位置。走路时最好的步位是:男性两脚跟交替前进在两条接近的平行线上,两脚尖稍微外展;女性两脚最好踏在一条直线上,也就是所称的"一字步"。

3) 步韵优美

走路时的步韵很重要,要求膝盖和脚腕都要富于弹性,两臂自然轻松地摆动,使自己走在一定的韵律中。男性步伐应是矫健、稳重、刚毅、洒脱,具有阳刚之美;女性步伐应是轻盈、柔软、玲珑、贤淑,显得秀丽妩媚。

4) 速度均匀

在一定的场合,一般应当保持相对稳定的速度。在正常情况下,服务人员每分钟走60至100步左右。

5) 重心准确

正确的做法是,行进时身体向前微倾,重心落在前脚掌上。在行进过程中,应注意使身体的重心随着脚步的移动不断地向前过渡,而切勿让身体的重心停留在自己的后脚上。

6) 身体协调

走路时要以脚跟先着地,膝盖在脚部落地时应当伸直,腰部要成为重心移动的轴线,双臂在身体两侧一前一后地自然摆动。

同时,走路时要注意使用腰力。腰部松懈了,会有吃重的感觉,不美观;拖着脚走路,更显得难看。

3. 注意事项

(1) 走路时,应大臂带动小臂自然摆动。幅度不可太大,只能小摆动,前后摆动的幅

度约为30°至45°，切忌做左右式的摆动。

(2) 走路时，应保持身体的正直，切忌左右摇摆或是弯腰驼背。

(3) 走路时，腿部应伸直，因此在走动时务必要使膝盖向后方伸直，并保持膝盖和脚踝轻松自如，以免显得浑身僵硬。脚尖应略微展平，切忌走外八字或是内八字。

(4) 多人一起行走时，不要排成横队，勾肩搭背，都是不美观的表现。有急事要超过前面的行人，不得跑步，可以大步超过，并转身向被超越者致意道歉。

在日常生活中，人与人不同，走路姿态不可能呈现出一个模式。个人的走姿在很多情况下，与其年龄、背景、职业、着装以及所处场合有关。如穿着西装要注意挺拔，保持后背平正，两腿立直，走路的幅度可以略大些，手臂放松、伸直摆动，行走时男性不要晃肩，女性的肩、胯不要左右摇动。而穿着旗袍则要显出女性柔美的风韵，要求身体挺拔、挺胸、收腹、下颌微收，忌讳塌腰翘臀，同时，穿着旗袍无论是配以高跟鞋还是平底鞋，走路的幅度都不应该过大，两脚跟前后要走在一条线上，脚尖略微外开，呈现出"柳叶步"，手臂在体侧的摆动，幅度也不应该过大，肩部和胯部可以随着脚步和身体重心的转移稍微左右摆动。也就是说，穿着旗袍走路，是每一处都要显得轻柔、高雅的身体姿态。又比如以男性为例，若想给他人留下严肃、威严的印象，就应挺起腰板，摆平头部，步伐大而稳健；若想给他人留下儒雅、谦和的印象，则可以放慢、放轻脚步；如希望自己显得年轻一些，富有活力，就尽可能地增加步履的节奏感。

在工作中的不同场合，走姿的要求也随着地点的不同发生着变化。比如以饭店为例，前厅的空间较大，工作人员的仪态尽收客人眼底，工作人员一定要以优美的走姿示人，步度、步速适中，步位标准；客房是客人休息的地方，工作人员的脚步落地一定要轻；餐厅的工作人员在使用托盘上菜时，走姿要注意规范，不可有大幅度的身体摆动，步度也要平稳、沉着；娱乐场合是客人休闲放松的地方，工作人员的走姿就可以显得轻盈灵活一些。

3.2.2 工作中的行进特例

在具体的实践工作中，服务人员的走姿有着许多特殊之处，需要给予关注。

1. 迎面相遇

如果在行进过程中，客人从对面走来，员工需要向客人行礼。首先，放慢步伐，在离客人大约2m处，目视客人，面带微笑，轻轻点头致意，并且伴随"您好！"、"早上好！"等礼貌问候语言。在与客人擦肩而过时，不能用眼睛斜视，而应伴随着头和上身的转动。在路面较窄的地方，或是在楼道上与客人相遇，应面向客人行走，而不是将后背转向客人行走。

2. 陪同引导

在服务工作中，陪同指的是陪伴客人一同行进。引导指的是在行进中带领客人，又可以称为是引领、引路或是带路。服务工作者在进行陪同引导时，要注意以下几点。

(1) 若双方并排行进时，服务人员应处在左侧。若双方单行行进时，则服务人员应居于客人左前方约 1m 左右的位置。当客人不熟悉行进方向时，一般不应请其先行，同时也不应让其走在外侧(图 3.6)。

图 3.6　引导

(2) 在陪同引导客人的时候，服务人员的行进速度须与对方相协调，切勿走得太快或太慢，显得我行我素。

(3) 陪同引导时，一定要处处以对方为中心，及时给予关照和提醒。在经过拐角、楼梯或道路坎坷、昏暗之处时，须请对方加以留意。

(4) 陪同引导客人时，有必要采取一些特殊的体态，这时切记要体态正确。如请对方开始行进时，应面向对方，稍微欠身；在行进中与对方交谈，或回答其询问时，头部和上身应略微转向对方。

3．上下楼梯

作为旅游从业人员，尤其是在饭店工作的员工一定要走指定的楼梯通道，而且要减少在楼梯上的停留时间。在上下楼梯时，应坚持"右上右下"原则，以方便对面上下楼梯的人。另外还要注意礼让客人，上下楼梯时，出于礼貌，可以请对方先行。

在陪同引导中，如果是一位男士和一位女士同行，则应上楼梯时男士行在后，下楼梯时男士行在前。如果是服务人员和客人，则应为服务人员上楼梯时行在后，下楼梯时行在前(图 3.7)。

4．进出电梯

在乘电梯时应遵循的基本原则是"先出后进"，即里面的人先出来之后，外面的人方可进去，这样秩序井然，不至于混乱。进出时，应侧身而行，以免碰撞、踩踏他人，进入电梯后，应尽量站在里边。

(1) 如果饭店有专门为工作人员提供的员工电梯，则就不要与客人混用一部电梯。

(2) 如果饭店电梯没有专门的划分，则应牢记照顾客人的原则，在乘无值班员的电梯时，服务人员应有意识地先进先出，以便为客人控制电梯；在乘有值班员的电梯时，服务人员就应该后进后出了。

图 3.7　上下楼梯

5. 出入房门

在进入他人房门时，尤其是进入饭店客房时，一定要先叩门或按门铃向房内之人进行通报。在得到信息可以进门之后，务必要用手轻轻开门，而不可以用身体的其他部分，如用肘部顶、用膝盖拱、用臀部撞、用脚尖踢、用脚跟蹬等不良方式开门。

出入房门，特别是在出入一个较小的房间，而房内又有自己熟悉的人或客人时，最好是反手关门、反手开门，并且始终注意面向对方，而不可以用背部对向对方。

与他人一起出入房门时，礼貌的做法应是：服务人员一般应自己后进门、后出门，而请对方先进门、先出门。特别是在陪同引导客人的时候，服务人员有义务在出入房门时替客人开门、关门。

6. 搀扶帮助

在生活中，特别是在旅游工作中，我们往往要对一些老、弱、病、残、孕等客人主动给予搀扶帮助，以示体贴与照顾。搀扶指的是在行进中，用自己的双手或一只手，去轻轻架着行动不方便的人。

在为他人提供搀扶帮助时，要注意以下方面。

(1) 注意选择对象。在帮助他人时，应区分对象，给那些需要帮助的人以搀扶，而不是对任何人都主动搀扶，那样难免会令人觉得滑稽，适得其反。

(2) 在发现需要搀扶帮助的人时，一定要预先征得其同意，以免造成不必要的误会，同时注意照顾到对方的自尊心。

(3) 在搀扶他人时，注意步速不宜过快，而应主动和对方的步调保持一致。同时，考虑到对方的身体因素和身体状况，在搀扶对方的行进过程中，应适当地"暂停几次"，以便被搀扶者缓一口气，得以稍作休息。

7. 变向行走

(1) 侧行。当与同行者交谈时侧身行走，上身应注意正面转向交谈对象，身体与对方保持一定距离。在与他人狭路相遇时侧身行走，应使两肩一前一后，胸部正面转向对方。

(2) 后退。在与对方结束交谈后退时，应先面向对方后退几步，再转身离去。通常面向他人至少后退两三步，对交往对象越尊重，后退的步子则越多。后退时的步幅宜小，脚应轻擦地面。最后切记，转体时宜先转身体，后转头部。

(3) 前行转身。即在向前行进中转身而行。一是前行右转，以左脚掌为轴心，在左脚落地时，向右转体90°，同时迈出右脚。二是前行左转，这个与前行右转相反，在前行中向左转身，应以右脚掌为轴心，在右脚落地时，向左转体90°，同时迈出左脚。

(4) 后退转身。即在后退中转身而行。一是后退右转，先退行几步，以左脚掌为轴心，向右转体90°，同时向右迈出右脚。二是后退左转，这个与后退右转相反，在后退中向左转身，应以右脚掌为轴心，向左转体90°，同时向左迈出左脚。

3.2.3 工作中行进姿态的风度要求

(1) 行进中，要有意避开人多的地方行走，切忌在人群中乱冲乱撞，甚至碰撞到了客人的身体，这是极其失礼的。

(2) 在行进中，特别是在人多路窄的地方，要注意方便和照顾他人，讲究"先来后到"。对客人更应该礼让三分，让客人先行。而不应抢道先行，若有急事，则应该对对方声明，说声"对不起"。

(3) 服务人员要有意识地使行走悄然无声。其做法是：①走路时要轻手轻脚，不要在落脚时过分用力，走得"咚咚"直响；②上班不要穿着带有金属鞋跟或钉有金属鞋掌的鞋子；③在上班时，所穿的鞋子一定要合脚，否则走动时会发出啪嗒啪嗒的噪音。

(4) 服务人员在走路的时候一定要显得稳重大方，有必要保持自己的风度，不宜使自己的情绪过分地表面化，更要避免激动起来，走路变成了上蹿下跳，甚至是连蹦带跳的失态状况。如有急事要办，服务人员可以在行进中适当加快步伐。但若非遇上了紧急的情况，则最好不要在工作的时候跑动，尤其是不要当着客人的面突如其来地狂奔而去。那样通常会令其他人感到莫名其妙，产生猜测，甚至还有可能造成过度的紧张气氛。

(5) 在道路狭窄的地方，服务人员务必要注意避免悠然自得地缓步而行，甚至走走停停。走在路上也应注意避免多人并排而行。在路上一旦发现了自己阻挡了他人的道路，务必要马上闪身让开，请对方先行。

3.3 旅游从业人员的手臂姿态规范

手臂姿势，通常称作手势或手姿，指的是人们在运用手臂时所呈现的具体动作与体位。在旅游接待工作中，手势起着重要作用。手势要求规范适度，不宜过多，应该显得落落大方、明确而热情，与全身配合协调，同时动作幅度不应过大，要给人以一种优雅、含蓄而彬彬有礼的感觉。

3.3.1 工作中的常用手势

在接待服务中使用手势的动作要规范、适度。

1．自然搭放

在站立服务中，身体应尽量靠近桌面或柜台，上身挺直；两臂稍弯曲，肘部朝外；两手的手指部分放在桌子或柜台上，指尖朝前，拇指与其他四指稍有分开，并轻搭在桌子或柜台边缘。应注意不要距离桌子或柜台过远，同时还要根据桌面高矮来调整手臂弯曲程度，尽量避免将上半身趴伏在桌子或是柜台上，或将整个手掌支撑在桌子、柜台上。

以坐姿服务时，将手部自然搭放在桌面上。身体趋近桌子或柜台，尽量挺直上身；除采取书写、计算、调试等必要动作时，手臂可以摆放在桌子或柜台上之外，最好仅以双手手掌平放于其上；将双手放在桌子或是柜台上时，双手可以分开、叠放或相握，但不要将胳膊支起来，或是将双手放在桌子或是柜台下面。

2．递接物品

一般来讲，递接物品双手为最佳，如果不方便双手并用时，也应该尽量使用右手。用左手递接物品，通常被视为是失礼之举。

将带尖、带刃或是其他易于伤人的物品递给他人时，切忌以尖、刃直指对方。合乎服务礼仪的做法是，应使尖、刃朝向自己，或是朝向他处。

递接物品时，如果双方相距过远，应主动走近对方，假如自己是坐着的话，还应该尽量在递接物品时起身站立。

递给他人的物品，应直接交到对方手中为好。不到万不得已，最好不要将所递的物品放在别处。同时，在递物时应为对方留出便于接取物品的地方，不要让其感到接物时无从下手。在将带有文字的物品递交给他人时，还须要使之正面朝向对方。

3．手持物品

（1）卫生。在为客人服务的过程中，如遇到取拿食物时，切忌直接下手。敬茶、斟酒、送汤、上菜等，千万不要把手指搭在杯、碗、碟、盘的边沿，更不能无意之间使手指浸泡在汤水中。

（2）到位。就是手持物品应到位，比如提箱子时应当拎其提手，拿杯子时应当握其杯耳，持炒锅时应当持其手柄。持物时若手不能到位，不但不方便、不自然，而且也容易引起失误。

（3）自然。手持物品时，服务人员可依据自己的能力与实际的需要，斟酌采用不同的手势，但一定要避免在持物时手势夸张、小题大做，失去自然美。

（4）稳妥。手持物品时，可根据物体的重量、形状及易碎程度来采取相应的手势，切记确保物品的安全，尽量轻拿轻放，防止伤人或伤己。

4．展示物品

(1) 手位正确。在展示物品时，应使物品在身体一侧展示，不宜挡住本人的头部。具体来讲：①将物品举至高于双眼之处，这一手位适于被人围观时采用；②将双臂横伸将物品向前伸出，活动范围自肩至肘之处，其上不过眼部，下不过胸部，这一手位易给人以安定感。

(2) 便于观看。展示物品时，一定要方便现场的观众观看。因此，一定要将被展示的物品正面朝向观众，举到一定的高度，并注意展示的时间以便能让观众充分观看。当四周皆有观众时，展示还须要变换不同角度。

(3) 操作标准。服务人员在展示物品时，不论是口头介绍还是动手操作，均应符合有关的标准。解说时，应口齿清晰，语速缓慢；动手操作时，则应手法干净利索，速度适宜，并经常进行必要的重复。

5．致意服务

(1) 在表示"请"的时候，可以用右手，五指并拢伸直，掌心不可凹陷，女性如为优雅起见，可微微压低食指。手与地面呈45°角，手心斜上方，肘关节微屈，腕关节要低于肘关节。动作时，手从腹部抬起至横膈膜处，然后以肘关节为轴向右摆动，到身体右侧稍前的地方停住。注意不要把手摆到体侧或是体后。

(2) 给来宾指引方向时，不可以用单指，而应采用全手掌，以肘关节为轴，指向目标，同时眼睛要看着目标并兼顾对方是否看到指示的目标。

(3) 在请来宾入座时，手要以肘关节为轴由上而下摆动，指向斜下方。注意前臂不要下摆至紧贴身体。

(4) 招呼他人的时候，要使用手掌，而不能仅用手指。

(5) 当服务人员忙于手头的工作，而又看到面熟的客人，并且无暇分身时，向对方致意可以消除对方的被冷落感，具体的做法是：举手致意时，应全身直立，面向对方，至少上身与头部要朝向对方，在目视对方的同时，应面带微笑；手臂自下而上向侧上方伸出，手臂既可略有弯曲，也可全部伸直；这时的掌心应向外，即面对对方，指尖朝向上方，同时切记伸开手掌。

(6) 在工作中，服务人员一般不宜主动伸手和客人握手，但遇到客人先伸出手，则应给予回应。握手应以右手与他人相握，双方互相握住对方的手掌，大体上包括自手指至虎口处；握手时的力度应当适中，用力过轻与过重，都不合礼仪要求；握手的时间，一般把握在3s至5s即可，没有特殊的情况，不宜长时间地与他人相握。

(7) 在欢迎客人到来，或是其他时刻，会用到鼓掌这一手势。使用时应用右手手掌拍左手手心，但要注意避免时间过长，用力过分。

3.3.2 手势使用禁忌

手势这种无声语言，要注意使用得当，在与人相处时，不要以手势动作来做"评论"工具，这样是很不礼貌的。

1. 手指指点

谈话时，伸出手的食指向对方指指点点是一种很不礼貌的举动，这表示对对方的轻蔑与瞧不起。如若手腕举的再高些，指向某人的脸，那问题就更严重了。

在公共场合，遇到不相识的人，不应当指指点点，尤其是不应当在其背后这样做。这种动作通常会被理解为对对方进行评头论足，是非常不友好的。

2. 双臂环抱

双臂环抱，端在胸前这一姿势，往往会被人理解为是孤芳自赏、自我放松，或是置身事外、袖手旁观、看他人笑话之意。在接待工作中这么做，会给客人以高傲、目中无人的感觉。

3. 双手抱头

这一体态的状态是很随意的，使用这一手势显得自我很放松。在工作中这么做，也会给客人留下目中无人的感觉。

4. 摆弄手指

工作中无聊时反复摆弄自己的手指、活动关节，或是手指动来动去，或是莫名其妙地攥拳松拳，很容易给人以歇斯底里的感觉，而让客人望而却步。

在工作中捻指也是应该避免的。捻指就是用手的拇指和食指弹出"叭叭"的声音，它所表达的意义比较复杂：有时是表示高兴；有时是表示对对方所说的话很感兴趣或是完全赞同；有时则是表示某种轻浮的动作。为了避免在工作中让客人产生歧义，就需要尽可能少地使用无谓的手势。

5. 手势放任

有些人习惯时不时地抚摸自己的身体，如摸脸、擦眼、搔头、剜鼻、剔牙、抓痒、搓泥等。这些手势会给他人留下缺乏公德意识，不讲究卫生，个人素质极其低下的印象。更不能搔首弄姿，容易产生当众表演的嫌疑，影响恶劣。

3.4 旅游从业人员的表情神态规范

表情是指一个人通过面部形态变化所表达的内心的思想感情。它是心情的体现，也是人性的镜子。人的脸被称为"第一表情"，而手、腕、肩名列第二，身体和脚则为第三。人的面部表情可以给旅游者以最直接的感觉和情绪体验。

说一个人的面部表情怎么样，并不是指他的长相美丑，虽然有一点联系那就是都在脸部，但一个人的基本的容貌长相是天生的，但表情却不是天生的。面部表情，是自然而然表现在你脸上的，你的内心、你的思想感情。容貌大都是父母遗传的，只有表情才是我们每个人所拥有和掌握的。林肯在作美国总统的时候，他的一位朋友曾向他推荐让某人做内阁成员，但林肯没有采纳他朋友的推荐，为什么呢？林肯说："我不喜欢他那副长相。""哦？可是，这不是太苛刻了吗？他不能为他自己天生的面孔负责啊！"林肯说："不，一个人到了40岁，就该为自己的脸孔负责。"为什么这样说？因为长相虽然是天生的，但你的表情，是你自己内心思想感情在你脸上的流露，所以，人的面部表情是可以熏陶和改变的，你的生活经历、学识修养、气质特征造就了你的表情给别人的感觉。如果我们先天不漂亮，那么就用愉快而亲切的表情造就自己，结果是依然美丽动人。

我们所讲的面部表情主要是由脸色的变化、肌肉的收展以及眉、目、嘴的动作所组成。

1．脸色

人的脸色不仅是健康状况的尺度，也是心理状态的展露。例如：满面红光、容光焕发是兴高采烈的表露；面红耳赤是激动或是羞涩的反映；脸色铁青是生气或愤怒的信号；脸色苍白可能是紧张或身体不适的体现；黑里透红则是健康的标志。

2．肌肉的收展

人的脸部肌肉大致可以分为以眼睛为中心的上半部和以嘴巴为中心的下半部。根据人类生物学家的理论，"随着进化，人类表情变化的重心逐渐由嘴巴四周转移到眼睛四周"。也就是说，进化过的动物主要靠眼睛四周的肌肉来表情，故有"眼睛就像嘴巴一样会说话"、"眼睛是心灵的窗户"之说。例如："笑逐颜开"、"笑容满面"是心情愉快的象征；"双眉紧锁"是忧虑不安的反映；"怒目圆睁"说明心里不高兴或在生气。

3．眉语

眉语是体态语中的重要组成部分，"眉"能表达人们丰富的情感。眼睑、眉毛要保持自然的舒展，说话时不宜牵动眉毛，要给人以庄重、自然、典雅的感觉。

4．眼神

眼神是面部表情的核心，指的是人们在注视时，眼部所进行的一系列活动以及所呈现的神态。

作为一个旅游工作者的眼神应该是热情、礼貌、友善和诚恳的，不能是涣散呆滞的眼神，也不能死盯着对方。为了能通过眼神更好地焕发出自己仪态美的魅力，需要注意以下几点。

1) 正确的眼神

在与人交流时，眼睛里应放射出宁和而亲切的目光，既不咄咄逼人，又绝无怠慢之意。做到这一点的要领是：彻底放松精神，把自己的目光放虚一些，不要聚焦于对方脸上的某个部位，而是好像在用自己的目光笼罩住对面的整个人。

有教养的一个最重要的体现就是能够控制自己的情感，不轻易让它流露出来浸染周围的其他人。因此，一个人对于自己不喜欢的人或是事物，轻易地就做出一种鄙夷或不屑的眼神，实际上并不能显示出他自己高尚多少，相反倒是反映出他的狭隘和无礼。应注意，那类斜视、瞟视、警视的眼神还是少用为妙。

同时，应注意不同民族和地域的人，在某些相同的场合，眼神有着不同的反映。比如，日本的小孩在受到责骂时必须低下头，目光低垂，表示谦卑和羞耻，而在美国却恰恰相反，小孩必须把头抬得高高的，注视着大人，以表示他们在虚心聆听教诲。这种身体语言由来已久，难以改变，容易被具有与自己不同文化背景的人误会。又如在会议桌上，日本人会把美国人的四目对视看做是不礼貌和感觉迟钝，而美国人却容易把日本人不正视别人当做是一种狡诈的象征。为此，熟悉其他民族的文化和习惯，并给予充分的尊重和理解，就相当必要。

2) 特殊的眼神

(1) "盯视"是一种是非比较多的目光。关于盯视，有两条规则：①不盯视人；②只盯视非人。我们可以长久地盯视一棵树，一张照片看，但若把这种目光放到一个人的身上，他马上就会感到不安、难受，像是受到了侮辱。

(2) "眯眼"是最意味深长的目光。对于不太熟悉的人，最好不要做这种表情。在西方，对异性眯起一只眼睛，并夹两下眼皮，是一种调情的动作，所以，在工作中一定要慎用，否则，轻者闹出笑话，重者引起误会。

3) 注视的部位

在服务的时候，可以注视对方的常规部位有以下几点。

(1) 对方的双眼。注视对方的双眼，既可表示自己全神贯注，又可表示对对方所讲的话正在洗耳恭听。问候对方、听取诉说、征求意见、强调要点、表示诚意、向人道贺或与人道别时，皆应注意对方双眼，但时间上不宜过久。

(2) 对方的面部。与服务对象较长时间交谈时，可以以对方的整个面部为注视区域。注视他人的面部时，最好是对方的眼鼻三角区，而不要集中在一个区域，以散点柔视为宜。

(3) 对方的全身。同服务对象相距较远时，服务人员一般应当以对方的全身为注视点，在站立服务中，往往如此。

(4) 对方的局部。服务工作中，往往会因为实际需要，而对客人身体的某一部位多加注视。例如，在递接物品时，应注意对方的手部。

4) 注视的角度

在工作中，既要方便服务工作，又不至于引起服务对象的误解，就需要有正确的注视角度。

(1) 正视对方。也就是在注视他人的时候，与之正面相向，同时还需将上身前部朝向对方。正视对方是交往中的一种基本礼貌，其含义表示重视对方。

(2) 平视对方。在注视他人的时候，身体与对方相比处于相似的高度。在服务工作中平视服务对象，可以表现出双方地位平等，和自己不卑不亢的精神面貌。

(3) 仰视对方。在注视他人的时候，本人所处的位置比对方低，而需要抬头向上仰望对方。在仰视对方的状况下，往往可以给对方留下信任重视的感觉。

(4) 在工作岗位上，服务人员为互不相识的多位客人服务时，需要按照先来后到的顺序对每个客人多加注视，又要同时以略带歉意、安慰的眼神，去环视等候在身旁的客人。巧妙地运用这种兼顾多方的眼神，可以对每一位服务对象给予兼顾，表现出善解人意的优秀服务水准。

5. 嘴巴

嘴巴是一个人面部表情中比较显露的突出部位，是生动多变的感情表达语。嘴巴传达信息的功能仅次于眼睛。我们应该了解并掌握不同嘴部动作的确切含义：一副嘴角上扬，微微露出牙齿的双唇，给人以热情、友好、诚恳、和蔼、可亲的感觉；紧闭双唇，表示严肃或专心致志；撅起双唇，表示不高兴；努努嘴，表示着恣意或揶揄；撇撇嘴，表示轻蔑或讨厌；咂咂嘴，表示赞叹或惋惜。

毋庸置疑，第一种嘴部动作，也就是发自心底的微笑，会给对方留下温暖的感觉，它是最富有吸引力、最有价值的面部表情。微笑是友善的象征，表现着人际关系中诚信、谦恭、融洽等最为美好的感情因素，不同职业和身份的人，如充分意识到微笑的价值，并在各种场合恰如其分地运用微笑，就可以传递情感、沟通心灵、征服对手。在服务工作中，初次与客人见面，给对方一个亲切的微笑，在一瞬间就拉近了双方的心理距离，使客人有宾至如归的感觉，相反，客人向服务人员报以微笑，就显示了尊重和理解。

古人云："没有笑颜不开店"。微笑可以赢得高朋满座，产生最大的经济效益。世界上不少的著名企业家也深知微笑的作用，给予了很高的评价，奉其为治店的法宝，企业的成功之道。美国一家旅行社总裁胡顺老先生曾衷心告诫东航的空姐们，"Smile, Smile, Smile 等于成功。"希尔顿饭店总部的董事长康拉德·希尔顿视微笑为效益的先导，饭店成功之宝。"希尔顿的微笑"不仅挽救了经济大萧条、大危机时代的希尔顿饭店，而且也造就了今天遍及世界五大洲、近百家的五星级希尔顿饭店集团。康拉德·希尔顿曾经指出："酒店的第一流设备重要，而第一流的微笑更为重要。如果没有服务人员的微笑，就好比花园失去了春日的阳光和春风。"举世瞩目的泰国曼谷东方饭店，曾数次摘取了"世界十佳饭店"的桂冠，其成功的秘诀之一，就在于把"笑容可掬"列入了迎宾待客的规范，而获得殊荣。有鉴于此，在许多国家的旅游从业人员岗前培训中，微笑被列为重要的培训科目之一。

经典人物 3-1

旅馆之王：康拉德·希尔顿

康拉德·希尔顿(Konrad N.Hilton)(图 3.8)是世界旅馆业大王，一个精力充沛而能干的实业家，又是个实实在在的乐天派。他所创立的国际希尔顿旅馆有限公司，现在全球已拥有200 多家旅馆，资产总额达数十亿美元，每天接待数十万计的各国旅客，年利润达数亿美元，雄居全世界最大的旅馆的榜首。

1919 年，希尔顿把父亲留给他的 1.2 万美元连同自己挣来的几千美元投资出去，开始了他雄心勃勃的经营旅馆生涯。当他的资产从 1.5 万美元奇迹般地增值到几千万美元的时候，他欣喜自豪的把这一成就告诉母亲，母亲却淡然地说："依我看，你跟以前根本没有什么两样……事实上你必须把握比 5 100 万美元更值钱的东西：除了对顾客忠诚之外，还要想办法使希尔顿旅馆的人住过了还想再来住，你要想出这样的简单、容易、不花本钱而行之久远的办法来吸引顾客。这样你的旅馆才有前途。"

图3.8 康拉德·希尔顿(Konrad N.Hilton)

母亲的忠告使希尔顿陷入迷惘:究竟什么办法才具备母亲指出的这四大条件呢?他冥思苦想不得其解。于是他逛商店串旅店,以自己作为一个顾客的亲身感受,得出了"微笑服务"准确的答案。它同时具备了母亲提出的四大条件。

从此,希尔顿实行了微笑服务这一独创的经营策略。每天他对服务员说的第一句话是:"你对顾客微笑了没有?"他要求每个员工不论如何辛苦,都要对顾客投以微笑。

1930年西方国家普遍爆发经济危机,也是美国经济萧条严重的一年,全美旅馆倒闭了80%。希尔顿的旅馆也一家接一家地亏损不堪,曾一度负债50亿美元。希尔顿并不灰心,而是充满信心地对旅馆员工说:"目前正值旅馆亏空,靠借债度日的时期,我决定强渡难关,请各位记住,千万不可把愁云挂在脸上,无论旅馆本身遭遇的困难如何,希尔顿旅馆服务员的微笑永远是属于顾客的阳光。"因此,经济危机中纷纷倒闭后幸存的20%的旅馆中,只有希尔顿旅馆服务员面带微笑。经济萧条刚过,希尔顿旅馆便率先进入了繁荣时期,跨入了黄金时代。

希尔顿成功的秘诀是什么呢?通过研究发现其成功的秘诀就在于牢牢确立自己的企业理念,并把这个理念上升为品牌文化,贯彻到每一个员工的思想和行为之中,饭店创造"宾至如归"的文化氛围,注重企业员工礼仪的培养,并通过服务人员的"微笑服务"体现出来。他每天至少到一家希尔顿饭店与饭店的服务人员接触,向各级人员(从总经理到服务员)问得最多的一句话,必定是:"你今天对客人微笑了没有?"

1) 微笑的要求

笑,是七情中的一种情感,是心理健康的一个标志。人人都会笑,但我们应该用什么样的微笑来赢得客人呢?从饭店的实际出发,甜美而真诚的微笑是最有价值、最值得推崇的。

所谓甜美。应该是笑的温柔友善、亲切自然、恰到好处。能给人一种愉快、舒适、幸福的好感与快感。

所谓真诚，应该是发自内心喜悦的自然流露。需要注意的是，微笑一定要自然坦诚、发自内心，切不可故作笑颜、假意奉承。

甜美而真诚的微笑，是饭店员工的基本功之一，它贯穿于接待服务过程的始终。在我们了解了正确的微笑之后，让我们再来看看应该避免的笑。例如，在正式场合不能放声大笑，在各种场合都不能没头没脑地边看别人边哈哈大笑，倘若那个人的身上真有什么可笑的，就更不应该大笑，否则被视为是失礼。除非在私下场合或是娱乐场合，否则，都不可以大笑起来前仰后合、抚腹摇胸。至于勉强敷衍的笑、机械呆板的笑、尴尬的笑，以及皮笑肉不笑等，也是必须注意和防止的。甚至在下列情况下，微笑就是不允许的：进入气氛庄严的场所时；客人满面哀愁时；客人有某种先天的生理缺陷时；客人出了洋相而感到极其难堪时。在这些情况下，如果面带微笑，往往会使自己陷入十分不利、十分被动的处境。

2) 微笑的方法

我们所推崇的微笑，就是笑得甜美、笑得真诚，其方法如下所述。

(1) 首先来自员工敬业、乐业的思想与感情。即员工心灵深处对自己的职业有正确的认识及其情感与情绪上的体验。正如一位员工所说："对饭店工作的爱，对客人的爱，是我们甜美、真诚微笑的源泉。"这种微笑，包含着民族的尊严与自豪感和热情助人，乐于服务的高尚职业情操，以及勤奋进取、勇于奉献的精神。

(2) 加强心理素质的锻炼，努力增强自控力，克服不良情绪的外露，保持心境的喜悦。笑，是员工内心情感的自然流露，烦事、不愉快乃至伤心事都会通过眼、口、面部表情显露出来，它将有损于员工的情绪和形象。因此，在上岗前，要求员工全力排除一切心理障碍和外界的干扰、全身心地进入角色，从而把甜美、真诚的微笑与友善、热忱的目光、训练有素的举止、亲切动听的话语融为一体，以最完美的神韵，出现在客人面前。

(3) 加强必要而严格的训练。除上述思想、心理素质培养外，还可以适当地借助于某种技术上的指导。例如，默念英文单词"Cheese"或英文字母"G"或普通话的"钱、茄子"，均可以收到一定的效果。当我们默念这些词、字的时候，形成的口型，正好是微笑最佳的口型。必须强调指出，微笑一定要有良好的心境与情绪作为前提。否则，将会陷入勉强、尴尬的境地。

(4) 微笑服务的实现，还得有一个内外部环境。就饭店内部而言，领导要关心员工，造成一个团结、和谐的环境，使员工对饭店有信赖感和归属感，以增强饭店的凝聚力，就外部而言，要形成真正的市场竞争机制，优胜劣汰，并与经济效益挂起钩来。那么，优质服务和甜美而真诚的微笑之花，就将会开得更加鲜艳。

应用案例 3-1

左手服务惹人恼

小顾是某星级大酒店的餐厅服务员，她对待客人热情友好，服务出色，因而颇受重用。有一天，酒店接待了一个东南亚某国的经贸代表访问团，餐厅专门派她进行 VIP 厅的餐饮服务工作。举止大方、动作得体的小顾，竟由于行为不慎，招惹了一场不大不小的麻烦。

小顾在为客人分派菜点的时候，由于一时疏忽，竟用左手将盘子递出。见此情景，该客人神色骤变，非常不高兴地将盘子重重放在桌子上，一脸阴沉。

原来，在东南亚的某些国家，人们是很忌讳用左手递东西和握手的。小顾就是因为服务时的大意而造成了宴会服务的不愉快。

本章小结

本章主要介绍了旅游服务工作中几种主要的行为仪态，包括了站姿、坐姿、蹲姿、走姿、手势以及表情神态等，同时重点阐述了各种仪态的基本要求和所应注意的事项。通过对本章的学习，旅游工作者不仅可以掌握最基本、规范的服务仪态，还可以养成落落大方的神情举止。

复习思考题

一、判断题

1. 男性服务人员在前厅工作时，可以脚打"丁"字步，使用前腹式站姿。（　）
2. 女性服务人员起立时，右脚先向后收半步，立起，向前走一步离开座位。（　）
3. 微笑的使用非常重要，所以要时时对客人微笑。（　）
4. 在接待工作中工作人员手臂环绕，会给客人以高傲、目中无人的感觉。（　）
5. 男性工作人员正确的蹲姿是交叉式蹲姿。（　）

二、简答题

1. 站、坐、蹲、行等姿势有哪些要求，个人的这些基本举止有需改进的地方吗？
2. 服务人员不能滥用的手势有哪些？
3. 服务人员在行进姿势中有什么特例需注意？
4. 微笑的主要特征与基本方法是什么？

案例分析

一天夜里，在南方某城市一家三星级酒店的中餐厅，有七八位客人已经吃过晚饭，但酒意微醺、谈兴正浓，在包间里已坐到11点多，还仍然没有去意。包间服务员心里很着急，来到他们身边站了好几次，想催他们赶快结账，但一直没有说出口。服务员站在包间的门口，一会儿双臂交抱于胸前，一会儿一腿抖动，毫无掩盖地显示了自己的不耐烦和"忍无可忍"。最后，她终于忍不住对客人说："先生，能不能赶快结账，如想继续聊天请到酒吧或咖啡厅。"

"什么！你想赶我们走，我们现在还不想结账呢。"一位客人听了她的话非常生气，表示不愿离开。另一位客人看了看表，连忙劝同伴马上结账。那位生气的客人没好气地让服务员把账单拿过来。看过账单，他指出有一道菜没点过，但却算进了账单，请服务员去更正。这位服务员忙回答客人，账单肯定没错，菜已经上过了。几位客人却辩解说，没有要这道菜。服务员又仔细回忆了一下，觉得可能是自己错了，忙到收银员那里去改账。当她把改过的账单交给客人时，客人对她讲："餐费我可以付，但你服务的态度却让我们不能接受。请你马上把餐厅经理叫过来。"这位服务员听了客人的话感到非常委屈。其实，她在客人点菜和进餐的服务过程中并没有什么过错，服务到了这么晚，只是想催客人早一些结账。

"先生，我在服务中有什么过错的话，我向你们道歉，还是不要找我们经理了。"服务员用恳求的语气说道。"不行，我们就是要找你们经理。"客人并不妥协。

服务员见事情无可挽回，只好将餐厅经理找来。客人告诉经理，他们对服务员催促他们结账的做法很生气。另外，服务员把账给多算了，这些都说明服务员的态度有问题。

"这些确实是我们工作上的失误，我向大家表示歉意。几位先生愿意什么时候结账都行，结完账也欢迎你们继续在这里休息。"经理边说边让那位服务员赶快给客人倒茶。

在经理和服务员的一再道歉下，客人们终于不再说什么了，他们付了钱，仍面含余怒地离去了。

问题：1. 如果你是餐厅服务员，当遇到客人迟迟不愿结账的情况时会如何处理？
　　　2. 你认为案例中的客人是在刁难服务员吗？为什么这样认为？

实训项目

一、站姿训练

1. 在教师的指导下，学生分组练习，并互相纠正不良姿势。
2. 具体方法有：
(1) 基本站姿；
(2) 各种服务性站姿；
(3) 模拟情景进行不同站姿的灵活运用。

二、坐姿训练

1. 在教师的指导下，学生分组练习，并互相纠正不良姿势。
2. 具体方法有：
(1) 基本坐姿；
(2) 女生在穿着裙装时正确的坐姿。

三、走姿训练

1. 在教师的指导下，学生分组练习，并互相纠正不良姿势。
2. 具体方法有：
(1) 正确的走姿；

(2) 在镜子面前进行训练；
(3) 在地上放一长绳进行步位训练；
(4) 头顶物品(如书本、易拉罐等)进行平衡训练。

四、手势训练

1. 教师可先按6～8人一组进行，先由老师进行示范，然后按2人一组独自进行练习。
2. 具体方法：
(1) 在教师指导下，进行不同手势的训练；
(2) 在镜子面前进行训练；
(3) 学生之间相互训练，并纠正错误手势。

课后阅读

手势在不同国家和地区的不同含义

手势动作是人际交往中使用范围最广泛的一种体态语言，人们往往借助手势来表达思想，在说话时也常常用手势来加强语气，使话语变得有声有色。手势极富表现力的特点，就使得同一动作在不同的地区和民族可以表示不同的含义。不同的手势如图3.9所示。

图3.9　不同的手势

(1) 竖大拇指。在中国这是表示赞赏、夸奖的，暗示某人真行；在美国、英国、澳大利亚等国，这种手势往往有以下的含义，即搭便车、表示OK、或是骂人；在希腊，这种手势意味着"够了"、"滚开"，是侮辱人的信号；日本人使用大拇指表示"老爷子"、

"男人"的意思；而韩国则是表示"父亲"、"首领"。在一些国家，其意是表示数字，如意大利人从"一"数到"五"时，他们用拇指表示"一"，食指就是"二"；而大多数的澳大利亚人、英国人和美国人则用食指当"一"，中指当"二"，这样，大拇指就代表了"五"。

(2) OK手势起源于美国，是用大拇指和食指构成一个圈，再伸出其他三指，往往表示同意、赞扬和欣赏对方。这一手势在欧洲也被普遍采用，在学生中间更为流行，体育潜水员在水下也使用。但在有些地区它的含义就发生了变化，如在法国南部、希腊、撒丁岛等地，其意表示为"劣等品"；在韩国、缅甸表示"金钱"；在印度尼西亚表示不成功；在地中海国家，常用它来影射同性恋。

(3) 伸出食指和中指。在中国表示数字"二"，若手臂放平，则表示剪刀。若微伸手臂，就成了"V"型手势，通常表示胜利，暗示对工作或某项活动充满了信心，在二次世界大战中，英国首相丘吉尔曾在一次演说中伸出右手的食指和中指，构成"V"字型来表示胜利，此后这一手势就广为流传。使用表示"胜利"的手势要求手掌向外，如果手掌向内，就变成了侮辱人的信号，但在希腊，手掌向外或是手掌向内，都是不可使用，如果使用就会引来麻烦。

(4) "右手握拳伸出食指"手势。在中国表示数字的概念，表示"一"或"一次"，或是"提醒对方注意"的意思；在日本、韩国、菲律宾、印度尼西亚、斯里兰卡、沙特阿拉伯、墨西哥等国家只表示"一次(个)"的意思；在美国，表示请对方稍等；在法国，这是学生请求回答问题时的手势；在缅甸表示"拜托"；在新加坡表示"最重要"。

(5) 向上伸出中指。在中国有些地方表示"胡扯"，四川等地用这个手势来表示对对方的侮辱；在菲律宾，表示愤怒、憎恨、轻蔑和咒骂；在美国、法国、新加坡，表示愤怒和极度的不快；在墨西哥表示不同意。

(6) 向上伸出小指。在中国表示小、微不足道、拙劣、最差的等级或是名次，还可以表示轻蔑；在日本表示女人、女孩子、恋人；在韩国，表示妻子、女朋友或是打赌；在菲律宾表示小个子、年轻或指对方是个小人物；在泰国或沙特阿拉伯表示朋友、交朋友；在缅甸和印度则表示想去厕所；在美国，表示懦弱的男人或是打赌。

(7) 大拇指向下。在中国表示向下、下面；在英国、美国、菲律宾等地区表示不同意、不能结束，或是对方输了；在法国、墨西哥表示运气坏、死了、无用；在澳大利亚表示讥笑。

(8) 伸出弯曲的食指。在中国表示数字"九"；在日本表示小偷；在泰国、菲律宾表示钥匙、上锁；在韩国表示有错误、度量小；在新加坡、马来西亚表示死亡；在缅甸表示数字"五"；英美人用这一手势来招呼某人。

(9) 叫人。在美国呼唤服务人员时，手掌向上伸开，伸曲手指数次；而亚洲一些国家，这种手势对服务人员则不可使用，因为人们常常以此来叫一条狗或是别的动物或是幼童；在日本，招呼服务人员时把手臂向上伸，手指向下并摆动手指，对方就领会了；在非洲餐厅吃饭时，叫服务人员通常是轻轻敲打餐桌；而在中东各国，叫人时轻轻拍手，对方即可会意而来。

(10) 告别。在许多国家，人们告别时都是举起右手臂挥手表示再见；而一些东方国家，如印度、缅甸、巴基斯坦、马来西亚及中国部分地区，人们告别时，常常举手向上伸开并向自己一侧摇动，这往往容易同一般招呼人的手势相混淆；在意大利，人们习惯伸出右手，掌心向上，不停地一张一合，表示告别。

(11) 忧愁。一些亚洲国家的人，遇到伤脑筋或是不顺心的事情，习惯举起右手抓自己的头皮，而在日本，这种手势表示愤怒和不满；西方大多数国家，也常用挠头表示不懂或不理解。

(12) 欧洲人习惯用手与人打招呼，方式是伸出胳膊，手心向内，上下摆动手指；而美国人则摆动整只手，然而摆动整只手的动作对欧洲人来说是表示"不"或"没有"的意思；对希腊人和尼日利亚人来说，向前摆动整只手是对人的极大侮辱。

第4章　旅游从业人员的礼貌语言规范

教学要点

知识要点	掌握程度	相关知识
培养良好礼貌用语习惯的途径	了解	旅游服务用语的特点、原则及其要求
礼貌用语的基本内容及分类	掌握	常用的旅游职业服务用语规范及分类
各个不同情境下的礼貌用语	重点掌握	问候用语、欢迎用语、请托用语、应答用语、征询用语、致谢用语、赞赏用语、祝贺用语、推托用语、道歉用语、送别用语
各个不同场合下的礼貌用语	重点掌握	旅游饭店礼貌用语、导游和司机服务用语

技能要点

技能要点	掌握程度	应用方向
酒店不同情景的礼貌用语与倾听礼仪	掌握	酒店不同服务情景的对客服务，锻炼服务技能，提高服务质量

导入案例

日本便利店的礼貌用语

日本便利店巨头伊藤洋华堂旗下的7—11日本株式会社先进的便利店员工管理经验值得我们借鉴。对顾客的寒暄用语是7—11员工管理的重要内容。7—11规定的店员用的寒暄用语一般有5种标准形式："欢迎您"、"非常感谢"、"是，知道了"、"请稍稍等一会儿"、"非常抱歉"。除这5句标准寒暄用语外，7—11在工作台里还列有其他7句，只是到目前为止，尚未广泛使用。7—11将对顾客的标准寒暄用语贴在墙上，以督促员工规范自己的行为和言语，无论店主、店员还是临时店员都必须如此。

7—11发现，如果是老顾客，仅这5句用语显得单薄，缺乏人情味。为此又制定了针对老顾客的用语，包括"早上好"、"中午好"、"晚上好"、"请慢走"、"您辛苦了"、"您劳累了"、"请多休息"，此外还有"真热呀"、"春天来了"、"天气转凉了"等与节气有关的用语。店员在使用这些寒暄语时，必须面带笑容，真正让顾客体会到7—11的温暖和热情。

7—11的工作内容非常细。例如：结算时的待客行为规定，顾客结算时，必须高喊"欢迎您"；面对顾客时，同事之间不能窃窃私语；面对认识的顾客不能随意聊天；要清楚地高诵每件商品的名称、价格，同时结账；确认顾客预交款，在未算完账前，不能把预交款放进收款机；在顾客购买食品时，要问一句"需要加热吗"；顾客等待时，一定要说"让您久等了"；加热后的商品必须手持交给顾客，以保证商品是温的。

在7—11的员工管理中，还有一项特殊的经营理念，这就是人心增值论。该理念认为，东西用的时间越长，价值就越小。唯有一种不因时间流逝而减少，反而能增值的，这就是"人心"。所以，7—11有一套培养、维系顾客人心的经营体系。据说，在东京一家7—11店铺中有一个锦囊，当对顾客的提问不知如何回答时，会说"请稍稍等一会儿"，然后，请教其他同事，如果仍不知道如何回答时，就得请教这个锦囊。让我们看看锦囊里说的是什么：不准向顾客说"我不知道"，而应该回答"您稍微等一会儿，我去查一查"；如果当时顾客急着走，应当说"明天路过本店时，我们将查到的结果告诉您"；或者说"我们马上去查，请将您的联系方法告诉我们行吗"。7—11的人心增值论里还规定，如果碰到行人问路，店员绝对不能说"不知道"，而应该手持地图亲自到店外，为行人指明道路。此外，碰到老年人进店，要帮助老人拿东西；下雪天，进来小孩，要高喊"小心摔倒"，这些都是7—11人心增值论的重要内容。

4.1 旅游服务用语的特点、原则及要求

4.1.1 旅游服务用语的特点

从语言运用的内容和形式看，旅游服务用语礼仪规范的内容和形式是两个互相关联、相辅相成的方面：①规范旅游工作者"说什么"、"写什么"以达到"内容美"；②规范旅游工作者"怎样说"、"怎样写"以达到"形式美"。这两个方面的紧密结合，使旅游服务用语礼仪带有浓厚的行业特色，具有情感性、语境性、繁简适当3个主要特征。

1. 情感性

旅游服务用语礼仪的目的就是通过语言建立起情感的纽带，在使用轻松、诙谐、明快、委婉、庄严、赞美的语言所营造的自然、愉悦、兴奋、亲切、可敬和舒畅的氛围中，为客人提供最佳服务，赢得客人的满意。情感是语言礼仪传递的重要内容，而语言礼仪也是表现情感的重要形式。情感性特点体现在以下3个方面。

(1) 词语的情感色彩。词语从情感色彩上一般可分为褒义、贬义、中性3种类型。在旅游接待服务工作中要求多用褒义感情色彩的词语，少用中性情感色彩的词，避免使用贬义感情色彩的词，以引起对方愉悦性的互动，造成一种良好的交际情感氛围。如选用"您"、"您好"、"请"、"谢谢"、"再见"、"对不起"等最具情感性的"礼貌十一字语"。

(2) 语音的情感色彩。语言是以声传意、以声传情的。语调的高低、语速的快慢、语音的轻重、音量的大小、语气的缓急等变化，均能够传达出说话人丰富变化的感情。

(3) 体态语的情感色彩。体态语是指交谈时以姿态、表情、手势、动作等传递信息的无声语言，如"微笑语"就是情感的直接表现，它往往给人以友善、温和、美好的感觉。

2. 语境性

语境性是指语言运用要适合语言表达时所处的客观现场环境，包括场合、时间、地点、目的以及交谈双方的身份等内容。旅游工作者的语言必须符合自己的身份地位，根据对方的社会背景、文化传统以及个人经历和性格等语境因素，区分说话对象，选择说话内容，采取适当的形式，注意禁忌和避讳。

3. 繁简适当

繁简适当是指词语的繁简和表达的详略，要根据不同的语境、目的和对方的不同需要而定，当简则简，该繁则繁。如客人兴奋、可适当多言；客人疲惫、厌倦时，要尽量少说为妙。现代人讲究效率原则，一般情况下语言要尽可能的简洁明了。

4.1.2 旅游服务用语的原则

语言的礼仪使交谈成为了一门艺术。交谈是人与人之间最迅速、最直接的一种沟通方式，在旅游服务工作中对增进对顾客需求的了解、加深顾客联系方面起着十分重要的作用。服务用语的基本原则是尊重对方和自我谦让，具体要注意以下几方面。

1. 态度诚恳亲切

说话时的态度是决定谈话成功与否的重要因素，因为谈话双方在谈话时始终都相互观察对方的表情、神态，反应极为敏感。在交谈中，要眼神交会，带着真诚的微笑，微笑将增加感染力，谈话中一定会给对方一个认真和蔼、诚恳的感觉。

应用案例 4—1

导游语言贵在实事求是

俗话说，游客就是上帝。但人无完人，金无足赤，导游工作再细心总会有小疏忽、小失误的时候。但每一次状况，导游小马会都抱着一颗真诚的心去对待游客，状况也随之化解。

刚入行时，有一次小马带一个团到雁荡山，就把客人带错了方向，她自己感觉不对，就问了当地的一个居民。得知正确方向后，小马就笑着告诉客人说这条路被堵了，我们必须回去从另一条路走。其中几个年纪大的客人看出了端倪，小马随即开玩笑地道歉，一句"老马识途，现在还是小马，知错能改，希望大家谅解"，话一出，就惹得大家哈哈大笑。游客们的不满也立马消除了。

2. 措辞谦逊文雅

措辞的谦逊文雅体现在两个方面：对他人应多用敬语、敬辞，对自己则应多用谦语、谦辞。谦语和敬语是一个问题的两个方面，前者为内，后者为外，内谦外敬，礼仪自行。

3. 谈话要互相尊重

旅游从业人员在工作中会遇到形形色色的客人，交谈的双方可能身份、地位不同，但不论在任何人面前旅游从业人员交谈的态度应该是坦然平等的。面对达官贵人、名流权威不能唯唯诺诺、手足无措、畏首畏尾；面对比自己地位低的人也不应该趾高气扬、盛气凌人。在交谈时，要把对方视为平等的交流对象，在心理上、用词上、语调上，体现出对对方的尊重。

4. 心中铭记为顾客服务

(1) 客人不是评头论足的对象。年龄、婚姻、住址、收入、经历、健康、信仰、所忙何事，属于个人隐私的问题，不要好奇询问客人，也不要问及对方的残疾和需要保密的问题。在与客人的谈话内容上，一般不要涉及疾病、死亡、灾祸等不愉快的事情。

(2) 客人不是比高低、争输赢的对象。不要为鸡毛蒜皮的小事与客人比高低、争输赢，因为即使你"赢"了，你却得罪了客人，使客人对你和你的组织不满，实际上你还是输了。

(3) 客人不是"说理"的对象。旅游服务中，"什么样的人都有"，思想境界低、虚荣心强、举止不文雅的人大有人在。与客人交往中，服务人员应该把工作重点放在为客人提供服务。尤其是当客人不满意时，不要为自己或组织辩解，而是立即向客人道歉，并尽快帮助客人解决问题。

应用案例 4—2

服务员该说的话和不该说的话

任何时候，都不要对客人评头论足，这是极不礼貌的行为。请听一下一位客人的经历和反应。"当我走进这家酒店的餐厅时，一位服务员颇有礼貌地走过来领我就座，并送给我一份菜单，正当我看菜单时，我听到了那位服务员与另一位服务员的对话："你看刚才走的那个老头，都快骨瘦如柴了还舍不得吃，扣扣缩缩的……""昨天那一位可倒好，胖成那样儿，还生怕少吃一口，几个盘子全叫他给舔干净了！"听了他们的议论，我什么胃口也没有了。他们虽然没有议论我，可是等我走了以后，谁知道他们会怎样议论我？我顿时觉得，他们对我的礼貌是假的！……"

4.1.3 旅游服务用语的要求

旅游语言礼仪运用要遵循以上原则，在工作中综合运用，具体要求大致可以用 6 个字概括：信、达、雅、清、柔、亮。

"信"是要求讲真话，不讲假话，表达诚实，态度诚恳，不夸夸其谈，不虚言妄语，不无中生有，不虚情假意。所谓"言必信，行必果"，遵守诺言，实践诺言。

"达"主要指用词标准，词达意致，表意清楚、明白、顺畅、完整，切忌啰嗦繁杂、冗长烦琐、词不达意。

"雅",首先要求用词文明,多用谦词敬语,给人以谦恭敬人、教养有素的感觉,杜绝粗话、脏话、黑话、怪话(图 4.1)。其次要求尽量使用文雅的词语。要注意避免用词枯燥乏味,表达平白干瘪,以及堆砌辞藻、哗众取宠。如在提及吃饭时,不应该使用俗语"撮",而应该使用雅语"用餐"。谈到社会名流时,不应该以俗语称之为"大腕",而应当使用雅语对其以"知名人士"相称。对于上了年纪的男子或年轻的女子,不能用俗语称呼他们"老头儿"或"小妞儿",而只宜用雅语分别称其为"老先生"或"小姐"。此外,要求行为端正、举止文雅得体。

图 4.1　如此幽默要不得

"清"、"柔"、"亮"是对有声语言声音色彩上的要求。"清"是要求咬字准确,吐字清楚,语音标准,清晰入耳;"柔"是要求语调语气柔和亲切;"亮"是要求语音欢快活泼,抑扬顿挫,明亮动听。

4.2　旅游服务礼貌用语的分类

服务礼貌用语作为旅游行业的职业用语,按照不同的标准,可以把它分为不同的类型。

4.2.1　从用法上分类

1. 礼貌的称呼语

称呼语是人们在交往中用来称呼的词语,使用合适的称呼语是社交活动中首要的礼仪。称呼语比较复杂,数量众多,形式各样。

通用的主要称呼方式如下所述。

(1) 一般称呼。这是最简单、最普通,特别是面对陌生公众最常用的称呼,如先生、小姐、夫人、太太、女士、同志等。

(2) 按职务称呼。这是正式的交往场合,以交往对象的职务相称,以示身份有别、敬意有加,是一种最常见的称呼。通常有 3 种情况:①只称呼职务,如"部长"、"处长"等;②在职务前加上姓氏,如"王处长"、"张局长"等;③在职务前加上姓名,这适用于极其正式的场合,如"刘涛书记"、"孙伟部长"等。

(3) 按职称称呼。在不同职业中有业务职称的，尤其是对具有高职称者，或者拥有博士学位者，在交往中可直接按对方的职称或学位进行称呼，主要有3种：①仅称职称或学位，如"教授"、"博士"等；②在称呼或学位前加姓氏，如"刘教授"、"李博士"、"高律师"等；③在职称或学位前加上姓名，这适用于正式场合。如"李明教授"、"刘军博士"等。

(4) 按行业称呼。即直接以被称呼者的职业作为称呼，如主席、主任、老师、书记、经理等。

(5) 按荣誉称呼。即直接按被称呼者的荣誉称呼。主要有3种：①对军界人士，可以其军衔称呼，如"将军"、"上校"等；②对宗教界人士，一般可称呼其神职，如"牧师"、"神父"等；③对君主制国家的王公贵族，称呼上应尊重对方习惯。对国王、王后，通常应称"陛下"。对王子、公主、亲王等，应称之为"陛下"。对有封号、爵位的人，则应以其封号、爵位相称，如"爵士"。有时可在国王、王后、王子、公主、亲王等头衔之前加上姓名相称，如"西哈努克亲王"。对有爵位者，可称其为"阁下"，也可称为"先生"。在称呼职务或"阁下"时，还可以加上"先生"这一称呼。其组成顺序为先称呼职务，之后加"先生"，最后加"阁下"；或者是"职务"在先，"先生"在后，如"总理先生阁下"。

(6) 按亲属称呼。这是在交往中参照亲属关系来称呼对方。适用于一些非正式场合，能增强交往对方的亲切感，如"李大爷"、"张大姐"、"王阿姨"等。在使用时，要准确判断对方的年龄，正确使用。

(7) 按姓名称呼。除好友之外，姓名称呼一般要加上职务或职位才合适，如"记者同志"、"张小山同志"等。

旅游工作者最常用的称呼语是敬语：①泛尊称，如"先生"、"女士"、"小姐"、"夫人"等；②职位加泛尊称，如"教授先生"、"秘书小姐"等；③姓氏加上职务职称等，如"张书记"、"李经理"等。

在涉外场合，正确使用称呼非常重要，切忌使用"喂"来招呼宾客。每个人都希望得到他人的尊重，人们比较看重自己已取得的地位。对有头衔的人称呼他的头衔，就是对他莫大的尊重。比如：德国、芬兰等国对头衔非常看重，如对方有博士学位，在称呼时一定不能省略，应该时刻记在心上，不厌其烦地使用这个称呼。芬兰人在谈话中也喜欢别人称呼他们的职衔，可称他为"经理"，芬兰人对此将乐意接受，尽管他也许不是经理。

2. 亲切的问候语

问候语是指在接待宾客时根据不同的对象、时间、地点所使用的规范化问候用语。

(1) 根据接待对象使用不同的问候语。对外宾初次见面应说"How do you do，welcome to China(您好，欢迎您来到中国)!"熟人应说"How are you(您好)!"、"先生(小姐、太太)，欢迎您的光临。"千万不能用诸如"您吃饭了吗?"或"您去哪儿?"之类的话。对内宾则用规范问候语即可。

宾客若患病，则要主动表示关心，可以说"您好些了吗?祝您早日康复!""请您多保重!"等慰问语。

(2) 根据接待时间使用不同的问候语。按每天不同的时间问候客人，"您早!""您好!""早上好!""下午好!""晚上好!""晚安!"与此同时，根据不同的需要，紧跟其他的一些礼貌用语。如有的客人外出一天，到晚上才回来，应说"先生(夫人、太太、小姐)，您辛苦了，我能为您做点什么吗?"

(3) 根据接待地点使用不同的问候语。在宾馆，可以说"您好，欢迎下榻我们的宾馆(饭店)!""您好，欢迎您的光临!"在博物馆时，可以说"您好，欢迎您来参观访问!""您好，欢迎您的光临!"

3．热情的迎送语

迎送语是我们欢迎或送别客人时的用语，分欢迎词和送别语。

(1) 欢迎词是用来迎客的，当客人进入自己的服务区时，必须要有欢迎语。常用的有：欢迎您、欢迎光临、欢迎您的到来、见到您很高兴。如果客人再次来到，可以用：欢迎您的再次光临。或者加上其姓氏、身份等的称呼，以示尊重，如"李小姐，欢迎您!"还可以加上问候语，以示对对方的重视和友好，如"张同志，您好!欢迎您再次光临!"致欢迎语时，通常会综合使用称呼语和问候语，并伴随符合礼仪规范的神情动作，如注目、微笑、点头、鞠躬等。

(2) 送别语是送别客人时必须使用的语言，常用的有：再见、您慢走、欢迎再来、欢迎下次光临、一路平安等。

应用案例 4—3

真诚的导游语言

我国的一位从事近 40 年导游的英文导游，在同游客告别时，为体现"期盼重逢"，他说："中国有句古语，叫做'两山不能相遇，两人总能相逢'，我期盼着不久的将来，我们还会在中国，也可能在贵国相会，我期盼着，再见，各位!"也许这位老导游的话和他的热诚太感人了，时至每年圣诞节、新年，贺年卡从世界各地向他飞来，有不少贺年卡，甚至是他一二十年前接待的客人的贺年卡，上面工工整整地用英文手写着"Greetings from another mountain"(来自另一座山的问候)。

4．委婉的请托语

请托语是向客人提出要求或求助于他人时使用的语言。旅游工作者常用的请托语有 3 种类型。

(1) 标准式请托语。主要用"请"，如请大家记住车牌号、请跟我来、请让一让等。

(2) 求助式请托语。常用的有：劳驾、拜托、打扰、帮帮忙等。

(3) 组合式请托语。这是前两种形式的综合运用。如"麻烦您让一让。""打扰了，劳

驾您帮我照看一下。"

5．真诚的祝福语

接待体育、文艺及其他比赛、演讲类代表团时，应说"祝您在比赛中获胜！""祝您一切顺利！""祝您心想事成！"

遇到节日、生日、婚礼、旅游度蜜月的新婚夫妇等喜庆日子，应多说喜庆、吉祥、祝福的话，如"新年好！""节日好！""祝您圣诞节快乐！""祝您生日快乐！""祝您高寿！""恭喜，恭喜！""祝你们新婚愉快！""祝你们白头到老！"等。但对香港、广州籍宾客，忌讳说快乐，因在发音中"Le(乐)"发"Luo"音，而"乐"与"落"同音，是商人的大忌。

6．真诚的征询语

旅游工作者常常需要对顾客进行征询，如主动提供服务时，了解对方需求时，给予对方选择时，启发对方思路时，征求对方意见时等。恰当的征询，能够适时地了解顾客的消费心理和需求，更好地为对方提供服务，也便于及时了解顾客的反馈，及时调整、改善、改进服务。常用的征询语有3种类型。

(1) 主动式。适用于主动向客人提供服务时。如"您需要什么？""我能为您做点儿什么吗？"主动式询问要注意把握好时机，不要让人感到唐突、生硬。

(2) 开放式。开放式是提供选择的征询，提供多种方案，让对方有多种选择的余地，能够显示对对方的尊重和体贴。如"您是喜欢浅色的还是深色的？""您是想住单人间还是双人间？""您打算预定豪华包间、雅间还是散座？""这里有……您愿意要哪一种？"

(3) 封闭式。多用来询问客人的意见，一般提供一种选择方案，以便对方及时决定是否采纳。如"您觉得这种形式可以吗？""您要不先试试？""您不介意我来帮帮您吧？"

7．恭敬的应答声

应答语是旅游服务人员在回答客人问话时的礼貌用语。具体工作中，要根据不同的情况用好应答语。

(1) 对前来问询的客人，在客人开口之前，应面带微笑，倾身向前的同时主动说"您好，我能为您做什么？"

(2) 接受客人吩咐时应说"好，明白了！""好，马上就来！""您放心好了，我一定给您办好。"

(3) 没听清或没听懂客人的问话时应说"对不起，麻烦您，请您再说一遍。""很对不起，我没听清，请您再说一遍好吗？"

(4) 不能立即明确回答客人问话时应说"对不起，请您稍候。""对不起，请稍等一下。"

(5) 对等候的客人应该说"对不起，让您久等了"等。

(6) 当客人表示感谢时应说"别客气，这是我应该做的。""不用谢，我乐意为您服务。""不用谢，这是我应该做的。"

(7) 当客人因误解而致歉时应诚恳地说"没关系。""没关系，这算不了什么。"

(8) 当受到客人的赞扬时应说"谢谢,您过奖了。""承蒙夸奖,谢谢您了。""谢谢您的夸奖,这是我应该做的。"

(9) 当客人提出无理或过分的要求时,不要直接、生硬地说"不",而应该说"很抱歉,我无法满足您的这个要求。""对不起,我们没有这种做法。"或者是满怀遗憾地说"哎呀,我也特想满足您的这种要求,但是我不能这么做。"

8. 谦虚的致谢语

致谢语是表达谢意、感激的用语。当得到他人支持和帮助、赢得他人的理解或赞美、感受到他人的善意或者婉言谢绝他人时,需要用致谢语。致谢语的恰当运用能够更好地传达出自己的心意,融洽双方关系。致谢语有3种基本形式。

(1) 标准式。通常用"谢谢",或者在后加称呼语或表敬代词,如"谢谢您"、"谢谢诸位"等。

(2) 加强式。为了加强谢意,可以在"谢谢"前加程度副词,如"多谢"、"非常感谢"、"十分感谢"、"万分感谢"等。

(3) 具体式。就某一具体事情道谢,致谢的原因通常一并提及,如"给您添麻烦了"、"这次让您费心了"、"我们的事儿有劳您了"等。

应用案例 4—4

如何使用敬语

某天中午,一位下榻饭店的外宾到餐厅去用午餐。当他走出餐厅时,站在电梯口的一位女服务员很有礼貌地向客人点头,并用英语说:"您好,先生!"

客人微笑地回答道:"中午好,小姐。"

当客人走进餐厅后,迎宾员讲了同样的一句话:"您好,先生!"

那客人微笑地点了一下头,没有开口。

客人吃好午饭,顺便到饭店的庭院走走。当走出大门口时,一位男服务员又是同样的一句话:"您好,先生!"

这时,这位客人只是敷衍地略微点了一下头,已经不耐烦了。

客人重新走进内大门时,不料迎面而来的仍然是那个男服务员,又是"您好,先生!"的声音传入客人的耳中,此时客人已反感,默然地径直乘电梯回客房休息,谁知在电梯口仍碰见原先的那位服务员小姐,又是一声:"您好,先生!"

客人到此时忍耐不住了,开口说:"难道你不能说一些其他的话同客人打招呼吗?"

如此贫乏的"礼貌",使客人觉得整个服务过程就像是一道程序。服务员显然经过培训,但其服务效果确实极不理想。

4.2.2 从旅游行业上分类

1. 饭店业礼貌用语

饭店业礼貌用语是饭店业服务的规范用语。

(1) 对初次见面的入住客人应该说"欢迎您下榻我们的饭店！"、"欢迎您光临！"

(2) 引领员在引路时应面带微笑，在一边不断以手势指路的同时，一边配以"请走好！"、"请这边来！"、"请往这儿走！"等的亲切叮咛。这里应注意的是手势的正确使用：手心朝上，手背向下，四指并拢，以肘关节为轴，指向正确的方向。

(3) 客房部服务员在将客人安排好以后，临走前应该说"祝您在这儿生活愉快！"、"您有什么需要我帮助的，请尽管吩咐"等。

(4) 服务员不得在工作区与客人并排而行，更不得从后面撵上来走在客人的前面，如果有急事，应首先同客人打声招呼，道一声"对不起！"或"对不起，打扰您了！"

应用案例 4—5

不要让客人下不了台

正值酒店用餐高峰期，客人进出大堂很频繁。在精致、优雅的大堂吧一角，张先生满面红光，一边晃着二郎腿，一边悠闲地抽着雪茄。"先生，请您把鞋穿上，好吗？"当训练有素的服务员小陈一边添加开水一边委婉地轻声提醒时，张先生才发现自己竟不经意地把鞋脱掉了，引起了周围其他客人的频频注视。这一句话令张先生极为恼怒。他一脸怨气盯着小陈一字一句地说："我偏不穿上，你怎么办？" 1min 沉默后，小陈还保持着一贯的微笑："先生，您真的很幽默，出这道难题来考我。您现在既然不想穿，我先帮您拿去擦一下吧。"说完，她伸手准备去拿张先生脱在地上的鞋。张先生顿了一下，点头默许："擦一下也好，擦一下也好。"3min 后，擦得油光锃亮的鞋放在张先生面前，张先生二话没说，很自然地弯腰把鞋穿上了。

小陈的做法不仅维护了酒店大堂形象、服务形象，又给客人留足了面子。由此可见，服务员在对客服务过程中掌握语言艺术是非常重要的。

2. 旅行社业礼貌用语

旅行社业礼貌用语是旅行社业旅游服务的规范用语。

(1) 对前来咨询客人应该说"您好，请问您需要了解哪条线路？"、"请问，您喜欢哪种类型的旅游？是风光游，还是……"。

(2) 对刚刚接到的客人应该说"大家一路辛苦。"、"您好，辛苦了。"、"欢迎光临！"。

(3) 在游览观光中提醒客人注意有关问题时应该说"请小心！"、"请注意安全！"。

(4) 送别客人应该说"祝大家旅途愉快！"、"祝大家一路顺风！"、"欢迎您再来！"。

3. 旅游交通礼貌用语

旅游交通礼貌用语是旅游交通业服务用语。

(1) 对乘坐本交通工具表示感谢时应说"欢迎乘坐本次列车(本次航班、本次客轮)！"。

(2) 旅途中提醒旅客注意有关问题时应说"请大家照顾好自己的行李物品！"、"请大家注意随行儿童的安全！"、"请大家不要把头和胳膊伸出窗外！"。

(3) 对因道路不好或水上航行因风大引起的颠簸向旅客致歉时说"对不起,让大家受苦了!"。

(4) 对下车的旅客主动说"请慢走!"、"请走好!"、"欢迎您再次乘坐本次列车(本次航班、本班客轮)!"。

实用小窍门 4-1

欢迎词的内容

欢迎词一般包括以下内容。

1. 向团队游客表示问候,并代表旅行社表示热烈欢迎之意。

2. 介绍自己的姓名和职务、司机的姓名及他所驾车的牌号以及其他参加接待人员的姓名和职务。

3. 表示自己工作的态度,即愿竭尽全力为客人做好导游服务。

4. 简要介绍当地风土人情和即将参观的目的地基本情况以及接团后的大致安排,使游客心中有底。

5. 祝愿游客旅行愉快,并希望得到客人的合作与谅解。

致欢迎词的目的主要是要给游客留下热情、友好、亲切的感觉,做到尽快缩短导游员与游客的心理距离,融洽导游员与游客关系并调节游客情绪。所以,欢迎词的内容应根据不同游客的特点,如国籍、性别、年龄、职业、受教育程度、旅游动机、游客身份等方面的因素而有所不同,也可选择不同的表达方式,如风趣式、感慨式、闲谈式、猜谜式、讲故事式。但不论采取何种表达方式,原则上要短小精悍、风趣有益,使游客感到真挚、亲切和热情,又符合自己的身份。

4.3 培养良好礼貌用语习惯的途径及禁忌

4.3.1 培养良好礼貌用语习惯的途径

1. 培养途径

旅游接待服务行业,每天工作的内容就是以各种不同的方式与人打交道。如何让宾客吃得满意、住得舒适、行得轻松、游得开心、购得实惠、娱得尽兴,这是每一位旅游服务人员所追求的目标。要实现这些目标,除了具备较高的专业知识素养外,最重要的就是旅游服务人员与客人沟通时礼貌用语的得体使用。那么怎样培养自己时时处处讲究礼貌,言必用礼貌用语呢?

1) 树立良好的礼貌用语意识

良好的礼貌用语意识,除了要求从业人员有较高的个人修养外,更重要的是对自己服务角色的认同,摆正自己的心态。对服务业来讲,客人就是企业的上帝,是企业生存和发展之本,是员工的衣食来源,礼貌用语的规范使用不仅是企业,也是员工素质高低的重要标尺。有了这种正确的态度,工作起来就心情舒畅,对客人服务就容易做到礼仪为先。

2) 培养丰富的个人感情

一个人的个人感情,决定了他(她)是否具有积极健康的生活态度。富有生活朝气、对生活充满热情和进取精神的人,始终积极地将自己融于社会、融于生活,生活的热情使他(她)充满了灵感,同时赋予其强烈的人际沟通意识。反之,情感冷漠的人,往往将自己封闭起来,拒绝接触社会,逃避人际间的沟通与交流,更谈不上以良好的礼貌用语意识将自己融于社会生活中,所以往往导致其在人际交往中语言表达上的呆板、木讷、沉默寡言,缺乏相融性。

由上可知,要想使自己具备良好的礼貌用语意识,应先从培养个人丰富的情感入手,从内心深处激发个人强烈的自我表达欲望和人际沟通与交往的热情。

3) 博览群书丰富知识

良好的礼貌用语习惯还依赖于丰富的谈资。很难想象一个知识贫乏、无话可谈、以沉默应对客人的人是一个很有礼貌的人。旅游服务人员要做到面对客人侃侃而谈、语言生动、妙语连珠,必须要有丰富而广博的知识积累。大体上说,日常谈资需要3种知识积累。

(1) 文化科学知识积累。文化科学知识包括政治、经济、军事、法律、历史、地理、自然科学知识、风土人情等,这些知识是一个人基本的文化素质修养所必须具备的。对于一个高知识分子而言,出于关心、冷不丁地问一句"小姐,请问府上哪里?"如果你不知道"府上"的含义,将是十分尴尬的一件事。

(2) 社会知识积累。社会学知识包括教育学、心理学、公共关系学、人际关系学等,通过以上学科知识的学习,可以进一步懂得人的需要,人的感情、气质、性格等心理特征,从而在人际交往活动的语言表达中做到知己知彼、游刃有余。

(3) 文学知识积累。文学知识赋予语言丰富的情感色彩,包括名人名言、成语典故、名篇佳作、奇闻异事等,大大丰富了谈话的内容,增强了语言感染力,会收到意想不到的效果。

应用案例 4-6

不熟悉菜名怎么行?

酒店员工必须对本店所有菜肴的原料和烹制方法了如指掌,对特色菜和创新菜更要重点知悉其新特之处。有一次,作者在某饭店点菜时,看到竖立在桌上"特别推荐"的菜牌上写有"丁香梦之鸡"。我很好奇,引起了点此菜的欲望。谁知问及服务员何为"丁香梦之鸡",却是一问三不知。这样的特色菜,厨师做得再好,也卖不出去啊!至于酒水知识的掌握情况,则更是贫乏可怜。不少服务员还以自己不喝酒而不懂酒作为理所当然的理由。

4) 积极的语言实践锻炼

强烈的礼貌用语意识只是一种潜能,要想使自己成为一个有礼貌的人,还必须借助语言这一外在形式表达出来。而语言表达是一种能力，能力的获得离不开实践的锻炼。语言的实践，很重要的一点就是要勤讲多练。

语言实践锻炼还应做到持之以恒。良好的语言表达能力，不可能在短时间内达到理想的境界。要想成功，就要有毅力，持之以恒。此外，它还要求练习者严肃认真地对待每一次待人接物，充分利用这些机会来锻炼提高自己的被赋予了礼貌用语意识的语言表达能力。

应用案例 4-7

带有文化气息的导游词

如果导游人员在向游客叙述有关历史人物、事件、神话故事、轶闻典故时，能运用丰富的历史知识，就会使游客运用形象思维更好地了解眼前的景观。坐落在武汉月湖畔的古琴台，游客光看，没有多大意思，如果导游员能采取述古式的导游手法，游客对琴台的了解就深入透彻多了。例如，导游员说："这座古琴台相传是春秋战国时期著名音乐家俞伯牙鼓琴的地方。有一次，楚国的俞伯牙坐船遇风，阻隔在汉阳，在这里，他遇见了一个叫钟子期的人，伯牙知道钟子期喜欢听琴，就用十弦竖琴弹了两支曲子，一曲意在高山，一曲意在流水。钟子期听完，很快把乐曲的含意说了出来，伯牙十分钦佩，两人从此成了莫逆之交。一年后，钟子期病逝，俞伯牙十分难过，特地到钟子期的墓前弹奏了一曲'高山流水'，弹完后就把琴摔掉了，发誓不再鼓琴，这就是后人所说的伯牙摔琴谢知音。北宋时，为了纪念他俩，就在当年他们鼓琴、听琴的地方建了一座琴台，取名伯牙台。"游客们纷纷被导游员述古式的讲解所打动，再看古琴台时，感受就不一样了。

2. 良好的表达技巧

有声语言的表达技巧主要表现在语音的轻重、语速的缓急、语调的抑扬、语流的顿挫等方式上，具体注意以下几个方面。

1) 音量适度

控制说话音量，一般用个人生活中自然的说话音量，以能够保证对方听清楚、听起来舒适且不费力为宜，除非特殊情况，不用加大音量。音量过大，会显得粗鲁；过小，会显得软弱无力。切忌大声嚷嚷、高声谈笑或时大时小。

2) 音高适当

音高是声音清晰明朗、信息准确传递的有力保障，一般用个人说话声域中的中音，给人以平实稳重的听感。音高过高，会显得生硬、傲慢或过分热情，听起来刺耳；过低，会显得冷漠、沉闷，听起来感到压抑。切忌一惊一乍、时高时低、拿腔捏调、故弄玄虚。

3) 语速适中

一般运用生活中与人随意交谈的自然语速为宜。语速过快，往往会给人情绪激动、兴奋难抑的感觉；过慢，又让人觉得漫不经心、怠慢敷衍、不被信任。

4) 语调自然

控制说话时的音量、音高、语速，使音量适度、高音适当、语速适中，从而形成自然、平和的语调。

5) 语气适宜

语气一般以温和、亲切为宜，这样更能够让对方感觉愉快，心生好感，从而有助于双方更好地交谈；语气生硬、拿腔捏调，只能让人心生不快，无助交流的顺利进行。

4.3.2 服务禁忌用语

旅游服务中不能说蔑视话、否定语、顶撞语、烦躁语等服务忌语。这些忌语一旦说出口，往往会给客人造成伤害，并给自己的工作带来不必要的麻烦。

1. 俚语

俚语是指那些粗俗的、通行范围极窄的方言语，它的使用太过随便，不宜在服务行业中对客人使用。这些语言，多是触犯了他人的个人忌讳，尤其是和他人的自身条件、健康条件相关的某些忌讳。

例如，对老年客人，绝对不可以说"老头"、"老不死"等，就算有时指的不是对方，但对方也会很敏感，产生反感。

在接触身体状况不甚理想的人时，对其身体的不满意地方，如胖人的"肥"，个子低之人的"矮"等，都是需要回避的。

2. 行话

行话是一个行业内的专门用语，一般人是不容易理解的。有鉴于此，在对客人的服务过程中最好不要使用，以免让客人觉得你是有意刁难，或是有意孤立客人。

3. 性别歧视语

在如今男女高度平等的社会，无论是男士还是女士，都很在意自己是否被他人所尊重。所以，在称呼女士的时候不要使用"小妞儿"，称呼男士的时候不要使用"小子"，在称呼来自某地区的人时，不要使用"某某佬"。

4. 敌视语

在工作中，对于一些要求工作人员提供服务的客人，由于服务人员自身的意愿和感情，而对客人给予瞧不起、鄙视的态度，如"这个很贵，你买得起吗？"

当客人表示不喜欢推荐的商品或是在经过了一番挑选，感到了不甚满意而准备离开时，工作人员在其身后小声嘀咕，"一看就是个穷光蛋"、"没钱买就别在这儿费事"等。

应用案例 4—8

导游口出"雷语"伤人、伤心

"你有钱不购物，我鄙视你；你没钱不购物，我可怜你。"60岁的张阿姨酷爱旅游，最近她跟着旅行团去了云南，然而带回家的不是美好回忆，而是一颗被导游(图 4.2)伤了的心。

"导游的素养在哪里，怎么能对一群六七十岁的老头老太太说出这种伤人的话呢？"张阿姨说导游的话不仅破坏了他们的好心情，连下次旅游的兴趣也没有了。

图4.2 如此导游

导游队伍中的"害群之马"虽为个别，但杀伤力却是群体性的，会对整个导游队伍产生不良影响。行业监管部门应加强导游队伍的监管和培训，否则很难能让游客找回对出门旅行的美好期待。

5．厌烦语

在服务工作中，工作人员应该是：有问必答、答必尽心、百问不厌、百答不烦。在接待客人的时候，要从始至终表现出应有的热情和足够的耐心。如在客人询问时，不允许应付客人，说"我怎么知道"、"从来没有听说过"、"你问我，我问谁去"等。

4.4 倾听礼仪

倾听，既是感性又是理性的行为。倾听不仅仅是声音进入耳膜，而且要会意、理解并对声音做出反应，要积极地把对方的内容听进去。

一个好的交流者必须是一个好的倾听者。能听比会说更难，所以倾听也需要学习和练习。

1．倾听的意义

倾听(图4.3)不仅是出于礼貌的需要，还有很多益处。

(1) 能更好地了解人和事。人与人之间的交流只有小部分是通过书面进行的，大多数情况下是口头表达，我们都希望对方能注意听我们说话，这样他才会明白我们的意思，知道他需要做些什么。

(2) 增长自己的知识。我们交谈不仅是表达我们的要求，还要探讨新的问题。倾听别人的讲话可以获得大量的信息。人们往往忽略倾听的重要性及方式，从而给沟通、表达、交往带来障碍。倾听给我们带来益处。有效地倾听可以增长知识，增加信息，增进彼此的关系，减少不必要的误会。

图 4.3 倾听

(3) 改善工作关系，提高工作效率。因为交流失误而导致行为的偏差，会直接影响双方的关系，因此必须认真倾听，才能正确理解对方从而满足对方的需求，提高工作效率。

(4) 融洽人际关系。倾听可以增进人们之间的关系，避免不必要的纠纷。把握好倾听技巧可以与他人畅聊交流，建立良好的人际关系。

2. 倾听的技巧

(1) 与说话人交流目光，适当地点头或做一些手势动作，表示自己在注意倾听。

(2) 听者应轻松自如，除非对方在讲一些骇人听闻的消息。

(3) 应不时表示"哦"、"嗯"等，以引起对方继续谈话的兴趣。还要通过一些简短的插语和提问，暗示对方你确实对他(她)的话感兴趣；这样做还可以启发对方，引出你感兴趣的话题。

(4) 要注意听清楚对方话语的内在含义和主要思想观点，以免曲解或误会对方的本意。此外还要善于体味对方的话外之意。

(5) 善于表达你的思想，可用一两个字暗示对方，你不但完全理解他的话，甚至和他趣味相投。

(6) 不要急于下结论，过早表态会使谈话夭折。当然，如果对对方的话不感兴趣，且十分厌烦，那你就应该设法转变话题，但不要粗鲁地说："哎，这太没有意思了，换个题目吧！"

实用小窍门 4—2

蔡康永的说话之道

在日常生活中有些人认为，一直保持谈话的热度很难。我的建议是：完全不必担心问题的深度，一律回大白话就可以！

最棒的问句，最可能激发对方继续说下去的问句，多半是这些："为什么"、"怎么会"、"真的吗"、"我都不知道耶"、"那怎么办"、"后来呢"、"原来是这样"。

话题再怎么高深，这些问句都够用。

"你知道奥斯卡的评选过程有多麻烦"、"真的吗？怎么会这样"。

"这下好啦，美国这场仗，根本打不完啦！"、"真的吗？怎么会这样"。

如果你对这话题实在不感兴趣，只是为了让谈话流畅地继续下去，那这些问句应该够用。

我有时在电视上，看见某些主持人，用比较高深的字眼访问对方，得到的答案，也没有比较好。每个说话的人，都需要从听话的那一方收到鼓励，才会更放开来往下说。只要你的反应是一种鼓励，不管对方是多有地位、多有深度的人，都会很受鼓励，继续往下说的。

你不必假装很有深度，只要懂得欣赏别人的深度，已经是一种美德了。

(资料来源：蔡康永：《蔡康永的说话之道》，沈阳出版社)

本章小结

语言是人们相互沟通的桥梁，更是一门应酬与交往的艺术。优美、文雅的语言是做好旅游服务的一项重要内容。本章着重介绍了旅游从业人员的礼貌语言规范的含义、特点、原则，礼貌用语的概念、分类及培养良好礼貌用语习惯的途径，同时还介绍了作为旅游工业人员应有的倾听礼仪，目的是培养旅游从业人员的良好礼貌用语习惯，加强语言礼仪修养，从而更好地提高服务质量。

复习思考题

一、判断题

1. 尊敬语是说话者表示对自己尊敬、恭敬的语言。　　　　　　　　　　（　）
2. 对陌生人和初次交往者称呼较为随便，不受限制。　　　　　　　　　（　）
3. 酒店员工在应答客人询问时要停下手中的工作，面带笑容表情亲切，耐心倾听。
　　　　　　　　　　　　　　　　　　　　　　　　　　　　　　　　（　）
4. 在交谈时不要张口问及对方不愿启齿的个人隐私，但如果是对自己熟悉的朋友可以刨根问底地问及个人的婚恋问题。　　　　　　　　　　　　　　　　　　（　）
5. 与女士谈话一般不要询问对方的年龄。　　　　　　　　　　　　　　（　）
6. 交谈时应该是等对方把话说完，再进行发言。　　　　　　　　　　　（　）
7. 与人交谈时要目不转睛地盯着对方看。　　　　　　　　　　　　　　（　）
8. 交谈过程中应使用尊敬的语言、礼貌的语言、商量的语言。　　　　　（　）

二、简答题

1. 服务语言有哪些特征？
2. 酒店常用的礼貌用语种类有哪些？

3. 旅游服务用语的使用原则？谈谈你的具体理解。
4. 常用的问候语有哪些？
5. 找一找生活中哪些语言不是规范的礼貌用语。我们应该如何克服这些语言上的问题？
6. 旅游从业人员如何培养良好的口才？

案例分析

一天，在某酒店举办会议的会务组经办人员张先生检查会议室的布置情况。会议室原有座位 46 个，而会议人数则为 60 人，张先生发现会议室增加了椅子，却未增加茶几，但服务员解释道：一是会议室太小，茶几恐怕放不下；二是没有找到茶几。事后张先生找到客房部经理才解决了茶几问题。张先生安排代表们的娱乐活动，到楼层询问服务员小赵："请问石人山风景区怎么走？"小赵抱歉地笑了笑说："对不起，先生，我不知道。"张先生扫兴地摇了摇头。

问题： 1. 该酒店服务人员在接待客人过程中所使用的言辞是否恰当？若不恰当请指出其中的缺陷。
2. 如果你是该酒店服务人员，你将如何正确回答客人的提问？

实训项目

一、语言表达能力训练

1. 步骤和要求：
(1) 根据课堂所学理论知识，要求每位学生在课前准备好一份发言资料或者分小组准备一个表现语言技巧的节目。
(2) 实训时，学生将自己所准备的语言节目表演出来，接受其他同学的点评。
2. 总结使用服务语言技巧对于人与人的沟通和交流的重要意义。

二、情景模拟：我们该怎么做

1. 步骤和要求：
老师提前给同学们分发案例，要求每组的学生在课前找出案例中出现的错误并想好应对的回答策略，并在课堂上进行现场展示。

场景一：大堂
客人向服务人员迎面走来，客人："小姐，你们这儿定一间包房多少钱？"
服务员："你直接找宴会预订部，往那儿走。"
提示：酒店应提供一站式服务，帮助客人彻底解决问题。客人对面走来应主动问候，单用手指进行方向指示，有失尊重，指示词"那儿"方向性模糊，易使人产生歧意。

场景二：大堂，客人正办理退房手续
客人："小姐，你们酒店昨天是不是没开空调？我半夜被冻醒好几次。"

服务员："先生，我们酒店是 24 小时供暖的。"

客人："那出风口怎么一点风没有，肯定没开。"

服务员："这不可能，先生，昨天空调肯定是开着的。我想你应该是开错开关了。"

提示：在旅游服务过程中切忌使用"不可能"、"肯定"、"应该"等绝对性字眼，易使矛盾激化。

可改用："令您没有睡好我们感到十分抱歉，下次您若还是觉得冷请及时致电我们，我们会为您即刻处理。"

场景三：大堂

客人："请问这里一间标间多少钱？"

服务员："468 元一晚。"

客人："怎么那么贵，你们隔壁酒店的才 300 元。不能便宜点吗？"

服务员："先生，你要明白，我们是准五星酒店，他们才三星，服务和价格都不是能比的。"

提示："你要明白"等词容易使客人产生训教感，使客人不悦。

2. 学生在回答后，由台下学生根据课堂所学理论知识对其进行点评，从而加深理论知识印象并能够真正将理论与实践结合在一起。

课后阅读

导游讲解服务礼仪应遵循的基本原则

1. 计划性原则

导游员在接团前应根据接待计划、旅游团的线路安排及游客的组成等因素，做好接待的讲解计划。计划中应包括景物的特色、重点，观赏的途径、要点，时间的安排及顺序等。

2. 针对性原则

导游每次带团面对的客人都不一样，客人所感兴趣的内容都不一样，所以导游以一篇不变的导游词面对不同的客人是行不通的。导游员要根据不同游客的具体情况，在礼仪接待方式、服务形式、导游内容、语言运用、讲解方式方法上都有所不同。导游员进行导游讲解时，导游词内容的广度、深度及结构应该有较大的差异，通俗地说，就是要看人说话，导游员讲的应该是游客想知道、有能力接受并感兴趣的内容。不同的游客对导游服务及导游讲解的要求是有区别的。

导游在讲解西安半坡文化村时，如果能加上这么一句话："半坡人的生活在很大程度上和当今美国居住在'保留地'的印第安人的生活习性很相似。"这样讲解，美国客人就会恍然大悟。又如在讲解北京故宫的建造时间时，对外国游客，如果只说"它始建于明代永乐四年，也就是公元 1406 年。"他们并不会有多少印象，一下子也难以感到北京故宫历史的悠久。如果采用类比式，对美国游客说："故宫在哥伦布发现新大陆 70 年之前就已建成。"对英国游客说："故宫的建造时间是在莎士比亚诞生之前的 140 年。"这样一比较，他们就能更好地感受到中国文化的悠久历史。

图 4.4 导游讲解服务

3. 灵活性原则

所谓灵活性，就是导游员的讲解要因人、因时、因地而异。导游讲解的内容应可深可浅、可长可短、可断可续，一切需视具体的情况而定，切忌千篇一律、墨守成规。导游讲解贵在灵活、妙在变化的原因是由于游客的审美情趣各不相同，各旅游景点的美学特征也千差万别，大自然又变化万千、阴晴不定，游览时的气氛、游客的情绪也在随时变化。即使游览同一景点，导游员应根据季节的变化，时间、对象的不同，采用切合实际的讲解方式。如雨中游览武夷山时导游人员的不同讲解带来不同的效果：导游员如果说"下雨天，什么景色也看不清"时，就会大大影响游客的心境；导游员如果换一种导游词，如"淅淅沥沥的雨声犹如美妙的音乐，珍珠般的雨珠在我们脚下溅起一朵朵美丽的浪花，若隐若现的群山虚无缥缈，我们犹如在人间仙境中游览"，那么效果也会很不错。

4. 以客观事实为依托原则

客观事实是指独立于人的意识之外，又能为人的意识所反应的客观存在，它包括自然界的万事万物和人类社会的各种事物，其中有的是有形的，如名山大川、文物古迹；有的则是无形的，如社会制度、旅游目的地居民对游客的态度等，这些都是客观存在的。导游进行讲解时，无论采用何种方法或技巧，都必须以客观存在为依据，即导游讲解必须建立在自然界或人类社会某种客观现实的基础上。

第5章 酒店主要岗位礼仪综合应用

教学要点

知识要点	掌握程度	相关知识
酒店各个主要岗位	了解	酒店前厅、客房、餐饮及康乐各部门的岗位设置
酒店各个岗位的服务技能和礼仪要点	掌握	了解酒店各个岗位的服务要求,掌握具体对客服务中的礼貌、礼节,熟练运用常规礼仪服务和个性化礼仪服务
不同岗位的服务禁忌	重点掌握	礼仪服务在酒店不同岗位都有其侧重点,把握好对客服务技巧的同时,更要掌握不同国家、地区、民族、年龄和性别的客人都有哪些服务禁忌

技能要点

技能要点	掌握程度	应用方向
酒店不同岗位的礼仪要求和禁忌	掌握	酒店不同岗位的对客服务

导入案例

老总的朋友要打折

晚上22:00左右,某酒店前厅接待处(图5.1)有一位客人正在大声地和服务员陈小姐争论着什么,而陈小姐好像坚持着什么。经了解,原来客人自称是总经理的朋友,要求陈小姐给他一间特价房,而陈小姐却说没有接到总经理的任何通知,只能给予常客优惠价。对此,客人很不满意,大声地吵起来,说一定要到总经理处投诉她:"怎么连总经理的朋友也不买账?"

图5.1 酒店前台入住登记服务

(图片来源:http://www.nipic.com/)

问题:陈小姐该如何答复和处理此问题?

酒店是为大众准备住宿、饮食与服务的一种建筑或场所。酒店服务也是旅游服务中的重要组成部分。酒店的基本设施决定了一个酒店的接待能力和条件，而酒店服务的礼仪规范和标准决定了酒店的档次和文化。

5.1　酒店前厅接待服务礼仪

前厅部，也称大堂部、前台部(图5.2)，是现代酒店的重要组成部分，它是酒店的"橱窗"，也是酒店的"名片"。前厅接待人员的仪容仪表、精神面貌给客人留下的印象是最为深刻的、最能代表酒店形象的。因此，所有接待人员上岗前都要整理好自己的仪容仪表，要符合酒店的要求，规范上岗。做到着装整洁、仪容美观、仪态端庄、举止大方、言语标准、服务规范，使客人一进大厅就能感受到酒店好客的氛围和彬彬有礼的待客之道，给客人留下亲切美好的"第一印象"和"最后印象"。

图5.2　成都四季家园酒店前台

5.1.1　迎宾接待服务中礼仪要点及训练

1. 迎宾员迎送礼仪

(1) 迎宾员穿着制服上岗时，着装要整齐，站立要挺直，不可叉腰、弯腰、背靠物体，走路要自然、稳重、雄健，仪表堂堂、目光炯炯。在岗时应双臂自然下垂，挺胸收腹，头正颈直，两眼平视前方，面带微笑。

(2) 凡来酒店的车辆停在正门时，负责外车道的门卫迎送员就应迅速走向车辆，必须微笑着主动开启车门，迎接客人下车，以示欢迎。一般先开启右车门，用右手挡住车门的上方，提醒客人不要碰头(图5.3)。如果事先知道客人是佛教界人士，则不能提供护顶服务，他们会认为手放在头上方会遮住"佛光"，是不吉利的行为。对老弱病残及女客人应予以帮助，并注意门口台阶。

(3) 如果客人车上装有行李，应立即招呼门口的行李员为客人搬运行李，协助行李员装卸行李，并注意有无遗漏的行李物品。如暂时没有行李员，应主动帮助客人将行李卸下车，并携行李引导客人至接待处办理登记手续，行李放好后即向客人交接及解释，并迅速到行李领班处报告后返回岗位。

(4) 如遇雨雪天气，在客人到店时，要为客人打伞。

(5) 客人进店时要为客人开启大门，并说："您好，欢迎光临。"客人离店时，负责离店的门卫应主动上前向客人打招呼并代客人叫车。待车停稳后，替客人打开车门，请客人上车；如客人有行李应主动帮客人将行李放上车并与客人核实行李件数。待客人坐好后，为客人关上车门，但不可用力过猛，不可夹住客人手脚。车辆即将开动，门卫躬身立正，站在车的斜前方一米远的位置，上身前倾 15°，双眼注视客人，举手致意，微笑道别，说："再见"、"一路平安"、"一路顺风"、"谢谢您的光临"、"欢迎您再来"、"祝您旅途愉快！"等道别语。

图 5.3　迎宾员开车门服务

2．行李员迎送礼仪

酒店的行李服务通常是由前厅部的行李员提供。行李员的工作岗位一般位于大堂礼宾部。

(1) 客人抵店后，行李员主动上前热情迎接，微笑问候。主动与客人一起清点行李数目，检查是否有损坏。陪同客人至总台，帮助客人搬运所带的行李，搬运时必须十分小心，不可损坏行李；贵重物品要让客人自己拿。客人办理住宿登记时，行李员要站在客人身后 1m 外等候。

(2) 客人办完手续后，行李员从接待员手中领取房间钥匙，带客人到客房。引领客人到房间时，要走在客人左前方两三步处，在乘电梯时，要请客人先进去，再按楼层键。进入房间之前，为防万一，要先敲门，确定无人再进入。将行李放好，若是白天，再为客人打开窗帘，将钥匙交给客人，为客人适当地介绍房内设施。询问客人还有无其他要求，耐心回答客人的询问，若客人表示没有其他要求时，应及时退出房间，离开房间时要面对客人，并说"请您好好休息"、"再见"，退出房间轻轻关门。

(3) 行李员站立在前厅大门附近，应随时注意是否有人离店，若有则立即上前提供服务；若是接到住店客人电话要求搬运行李，则应问清房间号，立即赶到客人的房间，按门铃或敲门进房，帮助客人将行李搬到大厅，若客人还未结账，应告诉客人结账地点，等待客人。

(4) 行李员帮助客人清点行李，然后装车，送客人离店，向其道别，祝其一路顺风，行程愉快。

5.1.2 总台接待服务中礼仪要点及训练

1. 预订礼仪

(1) 接受客人预订要注意做到：礼貌、热情和周到。

(2) 预订员报价时，特别是对于外籍客人，要注意解释一些额外服务或宜人环境应增补的费用，说明酒店是否有最低限度的下榻时间规定，如果是这样是否会影响客人的时间要求。最后，要核实酒店是否有任何特殊的销售广告活动以至影响客人的下榻时间。

(3) 如果接受预订，预订员就要尽快确认预定。如果拒绝预订，要用友好、遗憾和理解的态度对待客人。首先称呼客人的姓，然后讲述由于房间订满而无法安排，争取客人的理解。客人表示理解后，下一步预订中就会根据不同的情况建议客人做些更改，如房间的种类、日期、房数等，即使不能满足客人当初的预订要求，最终也要使客人满意。

(4) 接受预订后须加以确认。通过确认，一方面使酒店进一步明确客人的预订要求；另一方面也使酒店与客人之间达成协议。

(5) 修改预订。预订被接受或确认后，客人在抵达酒店前还可能对预订内容做许多更改，如到达或离开酒店时间、房间数、人数、住房人姓名及预订种类的变更，以至完全取消预订的情况都有可能发生。每当需要更改时，就要填写更改表，并将有关预订登记做相应的改动，使之保持正确。

(6) 取消预订。处理取消预订必须十分谨慎，因为如果把账错算在已经取消预订的客人身上，酒店就会处于被动的地位，同时也会使客人感到不满。

(7) 预订容易出现的错误主要有：①记录错误。包括不正确的到达或离店日期，或将客人的姓名拼错或者是姓名颠倒，这是很失礼的，遇到这种情况应立即道歉；②一次性记录。从客人预订单上获取一些信息记录后，预订员应该向客人复述一遍。

(8) 接听电话订房。接听电话时，正确的声调应该是很友好、亲切和动听的。预订部接到的多数电话都是先问及有关酒店的服务项目、房价等，订房员工要耐心回答，抓住机会向客人推销。报房价时，要先报豪华的现行房价，然后再报低一点的普通房价。当客人表示愿意接受时，就可以进一步询问客人的要求，填写订单。

2. 问询服务礼仪

1) 尽量满足客人需求

由于问询处在酒店的中心位置及其对客人服务的重要作用，问询处必须是酒店主要的信息源。问询处作为客房销售的主角，还必须为客人提供关于酒店的设施及服务项目的准确信息。有关酒店所在地的各种资料和重要活动，也都是客人询问的内容。毋庸置疑，问询处能提供的信息越多，便越能够满足客人的需求。

2) 注意形象，推销酒店

问询处的酒店员工必须对酒店的形象负责，必须努力推销酒店的设施和服务。为了提高工作效率，问询处员工应熟练掌握店内各设施的位置、服务项目和营业时间，对于住店客人的资料，则可以通过住店客人名单和问询来加以掌握。

3) 掌握住客资料

问询处需要掌握住客的资料，住店客人的名单可以按姓名的字母顺序排列。

4) 熟练使用先进问询设备

大酒店通常使用问询架及电脑，以提高问询处的工作效率，并随时准备提供客人的确切情况。

3．推销礼仪

1) 知识

在推销酒店产品时，不仅对客房设施同时对该地区的旅游景点、旅游吸引物以及名胜古迹、风味小吃等要熟悉并告诉客人，向客人推销，介绍好的旅游景点，这样可以延长客人停留的时间。

2) 努力争取客源

努力争取客人再来酒店下榻。假若是某酒店联号隶属酒店，向客人推荐和介绍，办理客人到下一旅游目的地的隶属酒店，既方便客人又控制客源流向。

3) 了解客人通常的问题

客人通常的问题包括下列内容。

(1) 这里最近的教堂在什么地方？

(2) 你能为我叫一辆出租车吗？

(3) 这里最近的购物中心在什么地方？

(4) 我要去最近的银行，从这里怎么去？

(5) 我要去看电影，怎么走？

(6) 本酒店办理离店结账是什么时间？

(7) 哪里有比较好的中国餐厅、墨西哥餐厅或法国餐厅？

(8) 洗手间在哪里？

(9) 附近有旅游景点吗？

4) 建立信息库

总台员工要有广博的知识，同时要建立实用信息库，人手一份，回答不出来客人问到的问题是很尴尬与失礼的，影响酒店声誉。

5) 必知问题

掌握有关店内设施及当地情况的业务知识，以便客人要求时很有礼貌地予以答复，并且推销酒店服务。

(1) 酒店所属星级。

(2) 酒店各项服务的营业或服务时间。

(3) 车辆路线、车辆出租公司、价格等。

(4) 航空公司的电话号码。

(5) 地区城市地图。

(6) 本地特产。

(7) 名胜古迹。

(8) 其他一些酒店咖啡厅的营业时间、餐厅营业时间和商场的营业时间等。

6) 推销客房

推销客房时，要建立在可以实现的基础上，必须用令人信服的语言来表达，描述向客人提供选择的客房和下榻场所的情况。在实际推销中要特别注意向客人提供的客房等级要符合客人的实际情况，并不一定要先向客人推销高价房间。总服务台人员不能与客人进行讨价还价，而是要按照酒店公布的报价来推销。充分介绍酒店的客房及各种服务设施与服务项目。介绍时可采用以下说法。

(1) 游泳池畔帐篷小舍。
(2) 高层安静，行政管理办公客房。
(3) 新装修的获奖房间。
(4) 豪华、宽敞迎宾接待客房。
(5) 塔楼代办服务客房，提供优质、豪华服务。
(6) 奇异独特、山景客房，宁静怡人。
(7) 此房间非常适合您的要求。
(8) 房间对于您迎接您的小团队是十分方便的，也极为理想。
(9) 你可以很快进入梦乡而不受喧哗的干扰。
(10) 您的孩子可以同住一个房间，这样免掉您为他们担心。

4．**电话服务礼仪**(图 5.4)

图 5.4　电话服务

(1) 所有来电电话，务必在三响之内接起应答，以充分体现酒店的工作效率。如果故意延误，提起听筒以后还照常和周围的人闲扯，把发话人搁在一边，这是不礼貌的。

(2) 先问好，再报单位，再用问候语。这样可以避免搞不清身份和拨错电话的麻烦，例如："您好，××酒店"，一般要求用普通话，或者用中文和英文。例如："Good morning, ××Hotel"。接电话问好、报单位后讲问候语，例如："请问我能帮您什么忙吗？"切忌自己什么都不说，只是一味地询问对方："您叫什么名字?您是哪个单位的？"这种做法极不礼貌。另外注意的是，问好、报单位、问候语这三者开头语的顺序不能颠倒弄错。这样显得彬彬有礼，给人一种亲切感。

（3）电话接线要迅速准确。下榻在酒店的客人所接到的大多数电话都是长途电话，都很重要，因而电话接线要迅速准确。另外，不许误传客人的信件或电话留言，一定要做到认真、耐心、细心。通话时，听筒一头应放在耳朵上，话筒一头置于唇下约 5cm 处，中途若须与他人交谈，应用另一只手捂住听筒。

（4）接电话时应提倡运用富有人情味的声音，运用带笑声音与对方通话。亲切、明快的声音使对方感到舒服，感到满意。有人称电话小姐是"微笑大使"，她们通过自己的声音在公众和酒店之间架起友好的桥梁。可见，通话时充分调动一切语言修辞手段是树立酒店良好形象、与公众建立良好关系的有效手段。

（5）如果对方发出邀请或会议通知，应致谢。如对方反映问题或是客人投诉，接待要耐心，回复对方的话要十分注意语气和措词，要显得热情、诚恳、友善、亲切，并使对方能体会到你对他的关注。

（6）如果员工在通话过程中务必离开一下，应该请发话人等待一下或请对方再挂电话来。如果对方愿意等待，应告知对方他的电话没有挂断，并轻轻放下话筒。在转接电话中，员工只有在确信电话所转对象能向发话者提供帮助时，才能将电话转过去，应告诉发话人要将电话转接并解释为什么要转接的理由。

（7）答复客人查找事项，要在不违反保密规定的前提下。在大多数情况下，电话总机服务员不准向问话对方提供客人的姓名、他的房间号码以及其他任何有关客人的情况，保证客人的隐私、生活安静和居住环境不受侵犯。

（8）待客留言时，应问清来电者身份，大概是什么事，再请稍等，记清有关内容，请对方留下电话号码再复述，然后说谢谢。禁止窃听客人的电话。

（9）如遇到客人要求提供叫醒服务，应记录清楚，准确操纵自动叫醒机或准时用电话叫醒，不得耽误，无人接听时，可隔二三分钟叫一次，3 次无人接听时，通知服务员。酒店话务员要细心而准确地催醒客人，这是职责。电话话务员的任何一次失职，没有按时按照客人的要求催醒客人，都会引起客人的不满、气愤、怨恨，因为这种粗心服务可能会使客人误了一次班机，耽误客人的行程或损失了一笔大生意。

（10）员工在结束电话时，应使用恰当的结束语，以对发话人表示感谢，或对自己未能提供帮助表示歉意，应让发话者先挂电话，以免对方有什么误解。通电话以对方挂断电话方为通话完毕，任何时候不得用力掷听筒。

5．入住登记礼仪

1）登记入住

客人一抵店就需要迅速为其办理住房登记手续，保证总服务台经营高效率，使客人满意。登记表设计必须简单、科学、合理化。

2）缩短时间

总服务台要与客房部多联系多协调，保证快速敏捷地为客人分配，避免造成部门之间沟通不完善，导致客人登记所花的时间太长。一般来说，总服务台员工要迅速为客人办理下榻登记，分配房间，所用时间限制在2min以内。图5.5为递交房卡服务。

图5.5　递交房卡服务

3) 精通业务

总台接待人员应该知道如何操作电话总机室的设备及电脑。除了他们的本职工作以外，也必须对于一些突发情况，即客人的特殊要求作出反应，提供协助和服务。另外，也必须将一些可疑人物及不正常的事件及时向主管汇报。

4) 要有强烈的责任心

员工每次上班后，应核实分房、客人抵达情况和结账情况，看看是否一切无误，完全正常。

5) 信息沟通

在入住登记信息沟通中，客房部的人员必须及时地将可出租的房间通知总台，总台员工可将客房租给客人。酒店客房如不及时租出，其价值无可贮存，损失是无法弥补的。

6) 查对客房条件

总服务台必须确定并查对客人所下榻的客房条件是否符合客人所需。例如房间的类别、等级、价格等。

7) 方便客人

服务人员给客人客房钥匙时，通常是连同酒店地图一同交给客人，以方便客人对酒店的空间认识。

8) 让客人满意

酒店员工只要按照所规定的服务程序及服务规范去做，那么毫无疑问，客人会感到满意，从客人开始步入酒店直到他们的客房下榻，都会有一种舒适、方便、愉快的感觉。

9) 更新信息

迅速更新有关客人迁出和换房的信息以及保持客房和客人住房情况的最新记录。查验客房房态与实际客房之间有关客人住宿情况的准确性，以便纠正住店客人账单上的差错，保证出租所有可供出租的客房。

10) 与客房互通信息

总服务台与客房部息息相关，为了保证能快速敏捷地为客人分配已整理好的洁净的空房，客房部与总服务台两个部门须互通信息，随时随地通报客房占用情况及可提供出租的房间。

6．管理客人账户礼仪

(1) 要保证酒店员工准确无误地将费用及时记入有关的客人账目上，保证在店客人账目准确无误。

(2) 不泄密。总服务台员工有责任对有关客人的账目数据、账务保密，不泄露给任何人。例如，假若下榻酒店的某位先生使用了失效的信用卡，那就没有必要到处广播，没有必要把此事让无关人员知道，必要时只允许向酒店总经理或有关管理人员汇报。

7．退房礼仪

1) 温婉有礼

遇到客人退房，要温婉有礼，不能态度粗鲁或不高兴。要耐心向客人讲清酒店的有关退房规定，按规定给客人办理退房手续。客人退房时，应给他呈上准确无误的结账单，请他付清全部费用。

2) 留下好印象

多数客人办理退房和结账手续一般在上午 7：30—9：30 之间，如果员工准备工作就绪，工作安排得有条不紊，就能使退房过程顺利、有效地进行并给客人留下良好的印象。

8．结账礼仪

1) 了解结账方式

总服务台员工在客人登记入住时必须正确了解客人选择的结账方式。这一点很重要。如果客人选择现金结账，那么酒店通常要求客人在入住时一次付齐，酒店一般不给付现金的客人赊账权。客人要求转账结算，要确认事先已经批准的转账地址以及转账安排。酒店不是信用社，在接受转账付款要求时要特别谨慎。

2) 精心、小心、耐心

总服务台员工一定要牢记，在与客人谈到他的支票时，涉及的是金钱问题，一定要精心、小心、耐心。因为一位客人的自我价值、自尊心都是与钱有关，被视为极端重要。

3) 态度温柔

要时时保持冷静、自信，同时态度要温柔、和蔼可亲，不论客人表现如何，就算态度令人难以忍受，作为酒店员工都要和蔼、亲切地服务于客人。

4) 严谨、准确、快捷

凡涉及客人费用账目的建立，有关现金、支票、信用卡、直接转账以及团队付款凭证等复杂事宜都要认真检查核实。结账尽可能要迅速快捷，尽可能方便客人，简化手续，同时又要保障酒店的利润收入。

5) 出现错误要弄清楚

假若在客人的房价、账单或是其他方面出现差错，要在客人离店以前审核清楚，并让

客人满意付款离开酒店。如果在账单方面出现极大分歧,领班或主管就要进行调查核实或者向客人解释酒店方面的情况。

6) 保持账务完整

总服务台员工要检查客人是否有结账前最后一刻的留言、信件或还未入账的临时费用,如餐厅、酒吧、长途电话等临时费用,以保持账务完整。如果客人又出现有其他临时费用,但这些费用账单转账到总服务台之前,客人已经离开了酒店,即需要追账费用。追账会损害酒店的声誉,使客人误认为酒店管理不善,应尽量避免。

7) 了解信用卡支付的最大限额

总服务台人员特别是结账收款员应该知晓酒店允许一些信用卡每天支付酒店的最大限额。

8) 核实签字

总服务台员工要进一步核实客人在费用记账传票上的签字与他本人的信用卡上的签字是否一致。当由于客人原因出现问题时,协助解决,切勿大声指责客人。

5.1.3 大堂副理接待服务中礼仪要点及训练

大堂副理是代表总经理全权处理客人投诉、客人生命安全和财产安全等负责事项的管理人员。大堂副理应该站在维护酒店利益的立场上,机智、果断、敏捷地处理问题。大堂副理在前台部经理缺席的情况下行使前台部经理职权,每天24小时当值,在夜间,大堂副理是酒店的最高权力执行者,是酒店的指挥,他必须熟知酒店对一些有争议性问题的政策,明白自己在遇到客人特殊要求时有多少回旋余地。

1. 客人投诉的处理原则

处理客人投诉应遵循以下几个方面的原则。

1) 处理投诉要有一定依据

事先结合饭店的实际情况和行业惯例,饭店方面要制定合理、行之有效的有关处理投诉的规定,以便工作人员在以后的投诉处理中有所依据。

2) 尽快处理客人投诉问题

争取尽快处理客人投诉,以免耽误时间引起客人更大的不满。一般情况下,服务人员在接受投诉后,要马上做出决定,对事态严重的问题要立刻决定是否请示上级主管及负责人,并按饭店的有关规定上报。

3) 解决投诉不应在公共场合进行

饭店的公共场合人群复杂,不利于冷静、安抚客人,影响同客人的有效沟通,还会影响饭店的正常工作和其他客人对饭店的感受。

4) 处理客人投诉时要保持冷静

当饭店与客人发生纠纷,引起客人投诉时,饭店方面要以礼让为主,主动而积极地改善与客人的关系。工作人员绝对不能同客人争辩,即使客人使用过激的语言及行为,也一定要在冷静的状态下同客人沟通。

5) 处理客人投诉不能损害饭店的利益和形象

处理投诉时要真正地为客人解决问题，保护客人的利益，但同时也要保护饭店的正当利益，维护饭店的整体形象。不能单单注重客人的陈述，讨好客人，轻易表态，给饭店带来经济损失。更不能顺着客人或诱导客人抱怨某一部门，使客人对饭店整体形象产生怀疑。对涉及经济问题的投诉，要以事实为依据，具体问题具体对待，避免使客人蒙受经济损失，饭店也不能无故承担赔偿责任。仅从经济上补偿客人的损失和伤害并不是解决问题的唯一有效的方法。

2. 客人投诉的处理程序

1) 认真聆听客人的投诉内容

聆听客人投诉时也可以通过提问的方式来弄清症结，集中注意力，节约对话时间，在聆听的过程中要注意以下3个内容。

(1) 保持冷静。客人投诉时，心中往往充满了怒火，要使客人降温。不能反驳客人的意见，不要与客人争辩。在很大程度上，倾诉也是一种发泄，说出来也许会好很多。

(2) 表示同情。设身处地地考虑分析，对客人深表理解，可用适当的语言和行为给予安慰。给客人让座、倒水，说"谢谢您告诉我这件事"、"对不起，发生这类事我感到很遗憾"、"我完全理解您的心情"等。因为此时尚未核对客人投诉的真实与否，所以只能表示同情理解，不能肯定是饭店的过错。

(3) 充分关心。不应对客人的投诉采取"大事化小，小事化了"的态度，应该用"这件事发生在您身上，我感到十分抱歉"诸如此类的语言来表示对客人投诉的关心。

2) 认真作好记录

边聆听边记录客人的投诉内容，不仅可以使客人讲话的速度放慢，缓和客人的情绪，还可以使客人确信饭店对其反映的问题是重视的。同时，记录的资料也是为解决问题提供的依据。

3) 把将要采取的措施和所需时间告诉客人并征得客人的同意

如有可能，可请客人选择解决问题的方案或补救措施。不能对客人表示无能为力，但也千万不能向客人做出不切实际的许诺。不含糊其辞，又要留有余地。

4) 采取行动，为客人解决问题

这是最关键的一个环节。为了不使问题进一步复杂化，为了节约时间，也为了不失信于客人，表示我们的诚意，必须认真做好这一环节。

5) 检查落实并记录存档

现场处理完客人的投诉，事后还要及时和客人联系，检查落实客人的投诉是否已得到圆满的解决。并将整件事情记录存档。举一反三，以利于今后工作的完善与预控。

应用案例 5-1

微笑服务须正确运用

在某家涉外五星级大酒店，一位住店的陈先生外出时，有朋友来找他，要求进他房间去等候，由于陈先生事先没有留下话，前台服务员没有答应其要求。陈先生回来后十分不悦，跑到前台与服务员争执起来。大堂经理闻讯赶来，刚要开口解释，怒气冲冲的陈先生就指着大堂经理言词激烈地指责起来。当时大堂经理心里很清楚，在这种情况下，勉强作任何解释都会招致客人情绪更加冲动，于是默默无言地看着陈先生，让他尽情地发泄，脸上则始终保持一种友好的微笑。一直等到陈先生平静下来，大堂经理才心平气和地告诉他饭店的有关规定，并表示歉意。陈先生接受了大堂经理的劝说。没想到后来陈先生离店前还专门找到大堂经理辞行，激动地说："你的微笑征服了我，希望我有幸再来饭店时能再次见到你的微笑。"

图 5.6 前厅微笑服务

(图片来源：昵图网)

当然，微笑必须以优质服务为基础。比如下面这个反面例子：某天，一个欧洲旅游团深夜到达某饭店，由于事先联系不周，客房已满，只好委屈他们睡大厅。全团人员顿时哗然，扬言要敲开每一个房间，吵醒所有宾客，看看是否真的无房。此时，客房部经理却向他们"微笑"着耸了耸肩，表示无可奈何，爱莫能助。这使宾客更为不满，认为客房部经理的这种微笑是一种幸灾乐祸的笑，是对他们的污辱，便拍着桌子大声喝道："你再这样笑，我们就要揍你！"使这位经理十分尴尬。后来在翻译人员的再三解释下，客人的愤怒才告平息。

在面对客人的服务中，微笑必须根据不同的地点、场合掌握分寸，没有节制的乱笑无疑会产生不良后果。显然，这样的"微笑"离开了优质服务，与微笑服务的本意南辕北辙。

5.2 酒店客房接待服务礼仪规范

客房是人们外出旅行下榻或暂时居住的场所。在现代大酒店中，客房是主体，是酒店经济收入的主要来源，是酒店出售的最主要产品。酒店客房部一般负责所有客房的清洁、保养、设备的配备、生活用品的供应及补充,此外还有公共区域的卫生保养以及提供相关的服务项目。

客房服务的目的是努力为客人创造一个清洁、美观、舒适、安全的理想住宿环境。因为,客房一经出租就是住客的私人居所,服务人员进房及整理房间都必须严格按照操作规程,并注意礼节礼貌。

5.2.1 迎客接待服务中礼仪要点及训练

1. 迎客的准备工作礼仪

准备工作是服务过程的第一个环节,它直接关系后面的几个环节和整个接待服务的质量,所以准备工作要做得充分、周密,并在客人进店之前完成。

1) 了解客人情况

为了正确地进行准备工作,必须先了解将要来到的客人到店时间、离店时间、何地来、去何地、人数、身份、国籍、健康状况、性别、年龄、宗教信仰、风俗习惯、生活特点及接待规格、收费标准和办法等情况,以便制定接待计划,安排接待服务工作。

2) 房间的布置和设备的检查

根据客人的风俗习惯、生活特点和接待规格,对房间进行布置整理(图 5.7)。根据需要,调整家具设备,铺好床,备好热水瓶、水杯、茶叶、冷水具及其他生活用品和卫生用品。补充文具夹内的信封、信纸、服务指南、客人须知和各种宣传品,补充冰箱的饮料。

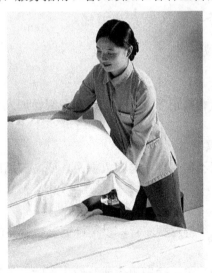

图 5.7 客房整理工作

按照接待规格将酒店经理的名片放在桌上,如是重要客人还要准备鲜花和水果,表示欢迎。如果客人在风俗习惯或宗教信仰方面有特殊要求,凡属合理的均应予以满足。对客人宗教信仰方面忌讳的用品,要从房间撤出来,以示尊重。

房间布置好之后,要对房内的家具、电器、卫生设备进行检查,如有损坏,要及时报修。要试放面盆、浴缸的冷热水,如发现水质混浊,须放水,直到水清为止。

3) 迎客的准备

客人到达前要调好室温，如果客人是晚上到达，要拉上窗帘，开亮房灯，做好夜床。完成准备工作后，服务员应整理好个人仪表，站在电梯口迎候。

2．客人到店的迎接礼仪

1) 梯口迎宾

客人由行李员引领来到楼层，服务员应面带笑容，热情招呼。如果事先得知客人的姓名，在招呼时应说："欢迎您！××先生"，然后引领客人到已为客人准备好的房间门口，侧身站立，行李员用钥匙打开房门，请客人先进。

2) 介绍情况

客人初到酒店，不熟悉环境，不了解情况，行李员首先向客人介绍房内设备及使用方法，同时向客人介绍酒店服务设施和服务时间。

3) 端茶送巾

客人进房后，针对接待对象按"三到"："客到、茶到、毛巾到"的要求进行服务。如客人喜欢饮冰水、用冷毛巾，也应按其习惯送上。

4) 陪客人到餐厅

对初次来店的客人，第一次用膳时要主动陪送到餐厅并向餐厅负责人介绍客人饮食特点及收费标准和办法等。

5.2.2 住宿接待服务中礼仪要点及训练

1．客房规范的行为礼仪

1) 遇客问好

遇见客人应该主动避让和打招呼，遇见同事和各级管理人员，均须以礼相待，互相打招呼问好。

2) 不得先伸手和客人握手

除非客人先伸手，员工不得先伸手与客人握手，姿态应端庄大方，手勿叉腰、插入口袋或指手画脚。

3) 抬头挺胸

站立时应该抬头挺胸，不得弯腰驼背，以精神饱满、微笑的面容与客人接触。

4) 沿墙边地带行走

在楼层内应沿墙边地带行走。输送服务或等候工作时，如遇客人迎面而来，应放慢行走速度，在距客人二三米时，自动停止行走，站立一边向客人微笑问好。

5) 端茶送水

每天早晨客人起床后，要把开水送到房间。客人在房间会客，应按"三到"服务要求送上茶水和香巾。客人外出，应说"祝您愉快"。客人外出回来也要送茶和香巾。晚上一般不送浓茶，以防浓茶有刺激性，影响客人睡眠。

房间的开水每天要换3～4次，早晨、午餐前、午间休息后和晚上各换一次。冷水每天早晨要撤换，要视客人饮用情况换送。客人自带咖啡需要沸水冲饮，要及时提供沸水，客人喜欢冷饮，要随时补充冰箱饮料，以保证供应。如有访客，开水、凉开水及饮料的供应要视需要情况及时补充。

6) 整理房间

按照客人的接待规格、要求和酒店"住房清扫程序"进行整理。上午要按照程序进行清扫，拉开窗帘、倒垃圾、换烟灰缸、换毛巾、扫地板、擦家具和各种物品；补充房间的茶叶、文具用品和清扫、整理卫生间。

客人午间休息起床后，进行小整理，倒垃圾、换烟灰缸、整理床上卧具、撤换用过的毛巾。

晚上利用客人去餐厅用餐的时间，到房间做夜床并再一次小整理(图 5.8)。

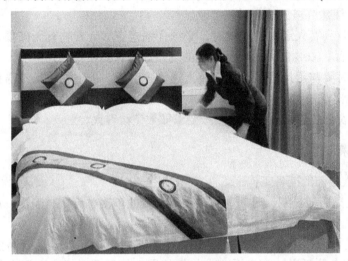

图 5.8 开夜床服务

7) 委托代办和其他服务

要认真、细致、及时、准确地为客人办好委托代办的事项，如洗衣、房间用餐、访客接待和其他客人委托代办的事宜。

8) 安全检查

酒店首先应对客人的生命财产负责，确保客人的安全是客房部的一项极其重要的职责。如果因措施不力或工作疏忽，使客人的人身或财物受到损害，不仅酒店在经济上要受到损失，更严重的是酒店的声誉也要受到严重影响。因此，必须在每个服务环节上有安全措施。

2. 客房送餐的服务礼仪

(1) 客人用电话预约时，要记清客人的姓名、用餐人数、房间号、餐饮品种、规格、数量、送餐时间、记录后要向客人复述一遍，避免出现差错。

(2) 送餐前要根据客人点的食品、饮料，先准备好用餐器具，如骨碟、水杯、酒杯、咖啡杯、刀叉、餐巾及调味品，如盐盅、胡椒盅、糖盅或奶盅等。食品运送过程中要注意安全。

(3) 进房时要先按门铃，经客人允许后方可入房。见到客人时要讲"早上好！"、"您好！""不好意思，打扰您了！"或"我是来给您送餐的，餐桌摆在这里好吗？"客人表示同意后，即给客人开台摆位。

(4) 一切工作就绪后，将账单拿给客人签字。客人签字或付现金后要向客人表示"多谢！"离开房间时要礼貌地向客人告别并将房门轻轻关上。

(5) 客人用完餐后，要及时将餐具点数收回，交管事部清洁。

3．洗衣服务礼仪

(1) 衣服的洗涤方法通常有3种：干洗、湿洗和烫洗。从洗衣速度划分有快洗和普通洗2种，快洗一般4小时，普通洗一般24小时。客人送洗的衣物必须由客人自己在洗衣表上填写清楚，并注意洗涤方法与时间要求。

(2) 服务员收到客人送洗的衣物时，必须仔细检查客人衣物有无破损、严重污点、褪色、衣袋有无物品、衣物的纽扣有无脱落的现象。如有必须与客人讲明。

(3) 送衣物时要与承接洗涤的部门将上述情况讲明，提出要求。洗涤前和洗涤后都要交代清楚，以免出现差错。

(4) 送洗的衣物必须按质、按时、按要求如数交给客人。

4．离店结束工作礼仪

1) 做好客人走前的准备工作

要了解客人离店的日期、时间、所乘交通工具的车次、班次、航次，所有委托代办的项目是否已办妥，账款是否已结清，有无错漏。

问清客人是否需要提前用餐或准备饭盒餐。早晨离店的客人是否需要叫醒，什么时间叫。如房间有自动叫醒钟应告诉客人如何使用。最后还要问客人还有什么需要帮助做的事情。如果有的事情在本部门不能完成，应与有关部门联系，共同协作，做好离店的准备工作。

2) 走时的送别工作

利用客人就餐时间，检查客人有无物品遗留在房间，如有要提醒客人。客人离开楼层时，要热情送到电梯口，有礼貌地说："再见"、"欢迎您再来"。要有服务员帮助客人提行李，并送至大厅。对老弱病残客人要有专人护送下楼，并搀扶上汽车。

3) 客人走后的检查工作

客人走后要迅速进入房间，检查有无客人遗忘的物品，如有应立即派人追送，如送不到应交总台登记保管，以便客人寻找时归还。同时，要检查房间小物品如烟灰缸或其他手工艺品有无丢失、电视机、收音机等设备有无损坏，如有应立即报告主管。

应用案例 5—2

如何处理客房被烫烂的地毯？

某日上午，在某四星级大酒店的10楼，客房服务员小王进入客房进行常规打扫。在进入 1022 号房间时,发现客房内烟味很大,并在床头柜附近打扫时,发现了地毯上有若干个小洞,经过初步判断,是抖落的香烟烫烂的小洞。小王随即向领班报告了此事,领班通知前台在该房间客人结账时扣除相应的赔偿费用。

但是,在客人结账离店时对此项赔偿怒气冲冲,概不承认自己曾经烫烂客房地毯。并在酒店大堂大喊大吵,还扬言报警等。最后,酒店经理无奈只得向客人赔礼道歉,并放弃赔偿要求。

5.3 酒店餐厅接待服务礼仪规范

酒店餐饮部门服务人员主要为就餐宾客提供食品、饮料及服务。餐饮服务水平是酒店服务水平的标志,也是酒店营业收入的主要来源之一。因此,餐饮服务质量的高低直接影响着整个酒店的经营。

餐厅服务人员的个人形象礼仪主要有以下几个方面的要求。

首先,仪表美观。

工作时间应着规定的制服。衣服要整齐干净,注意保持衣服袖口、领口处的清洁。衣服应扣的扣子要扣好,衣服的衬里不可露出,不要挽袖子卷裤腿。要佩戴标志卡。男、女服务员均以深色皮鞋为宜,袜子颜色要略深于皮鞋颜色。

其次,仪容整洁。

男服务员不留大鬓角,后面的头发不能长到衣领,不留胡须,常修面。女服务员的头发不可长到披肩,但必须化淡妆,不准佩戴任何首饰,不准留长指甲、涂指甲油,不得涂抹刺激性的香水。

再次,仪态大方。

餐厅服务人员的站姿应是端庄、挺拔,体现出优美和典雅。坐姿要端正,表现出坐的高贵和娴雅。步态应轻盈、稳健。一般要靠右行走,不能走中间,不可跑步,不可与客人抢道。接待客人时,手势的运用要规范和适度,谈话中手势不宜过多,动作不宜过大。如为客人指点方向时应正确采用"直臂式",请客人进入时应用"横摆式"等。同时需要注意手势运用时要和面部表情及身体各部分协调配合,以免显得生硬,给客人造成误解。

最后,态度礼貌。

服务人员在接待中要热情适度,耐心周到,对宾客的态度反应敏感,虚心听取客人意见,遇事要冷静、沉着、表情要含蓄大方。自控能力要强,使自己保持良好的心态。

5.3.1 餐厅领位服务礼仪

1. 迎宾员服务礼仪

在餐厅营业前 20min,迎宾员应站在餐厅正门的两侧,按迎宾服务要求注意做到以下几个方面的内容。

(1) 着装华丽、整洁,仪态端庄、落落大方、姿势优美、服务规范、神情专注、反应敏捷,恭候在大门两侧,做好拉门迎客的准备。

(2) 客人来到门口约 2m 处，要主动热情上前迎接，面带笑容地问好："小姐(先生)您好，欢迎光临！"或"中午好"、"晚上好"。问候语言要亲切，态度要和蔼。

(3) 客人离开时，应该礼貌道别，"小姐(先生)谢谢您的光临，请走好，再见"、"欢迎下次光临"。

(4) 迎宾要积极主动，要让客人一进门就感受到他是最受尊重，最受欢迎的客人，要给客人留下良好的第一印象。

2．领位员服务礼仪

(1) 客人进门后，立即上前迎接并面带微笑地说："小姐(先生)您好，请问您预定过了吗？"、"您好，请问您一共几位"。迎宾顺序坚持按客人到达先后，同一批客人做到先主宾、后随员，先女宾、后男宾，符合礼仪顺序。

(2) 引位员在引领宾客时，应该走在距客人左前方 1m 左右的位置，并不时回头示意客人，"请您跟我来"、"您这边请"并同时伴以规范的手势。

(3) 要迅速判断客人各种情况，以便安排合理的就餐位置。贵宾光临时，要安排在餐厅最好的位置或雅座，以表示尊重和恭敬；情侣要尽量安排在比较安静的位置，以便小声交谈；年轻漂亮的女士，要尽量安排在醒目的位置，以便满足客人的心理需求；聚会的客人要尽量安排在大餐桌上；有老年人的要尽量安排在距离门或过道比较近的餐位，以便出入方便；有生理缺陷的客人要尽量安排在较为隐蔽的餐位，以避客人之短；有小孩子的客人要尽量安排在靠墙角的餐位，避免小孩四处乱跑。

(4) 如果客人要求指定的位置，在没有其他预定的情况下，要尽量满足客人的要求。如已预定，要表示歉意，并帮助客人选择满意的餐位。

(5) 引领客人到餐位后，要先向客人询问："这个位置您满意吗？"然后再拉椅让座。具体做法是：双手握椅子靠背，右腿在前，用膝盖顶住椅子后部，轻轻拉出，避免椅子与地面摩擦，发出声响，客人入座同时，顺势将椅子推回原位。如有多位客人就餐，可象征性的为 2～3 位客人拉椅让座。拉椅让座的顺序同样要遵循先主宾、后随员，先女宾、后男宾的原则。

5.3.2 值台服务礼仪

1．斟茶递香巾服务

待客人入座后，及时为客人递香巾斟茶。香巾从客人左边递，并说"先生(小姐)，请用香巾"；斟茶从客人的右边斟，按顺时针逐位斟上；需要续茶时，应右手握茶壶，左手按壶盖，将茶缓缓斟入杯中，注意水不要斟的太满，约占水杯的 3/4 即可。

2．点菜服务

客人坐下后，服务人员应将菜单送上征求点菜。如果是男女客人一起用餐，应该将菜单给女士;如果是很多人一起用餐,最好将菜单先递给主宾。客人点菜时,服务员应站在客人左侧,与客人保持一定距离,腰部适当弯曲,手持点菜簿,认真倾听客人选定的菜点名称,并伺机向客人介绍推销菜点。如所点的菜肴已暂时售完,应向客人表示歉意,并婉转向客人介绍其他类似菜肴;如有些菜肴烹制时间较长,应向客人说明原因。

在点菜过程中,服务人员要做到神情专注,有问必答,百问不厌。

客人点菜完毕后,要将记录下的菜点逐一复述核对一遍,并询问客人还有什么需要,如酒水、饮料等。

3. 餐间服务礼仪

1) 传菜服务礼仪

传菜员应该与值台服务人员密切配合,做好工作适时上菜。要做到冷菜先上,热菜及时上,火候菜随做随上,保证菜肴色、香、味、形不走样。餐具菜肴一律用托盘,不能用手直接端拿。走菜途中,切忌私自品尝,这是最不礼貌、不文明的行为。走菜要及时,不拖、不压。

严格按照"托盘不离手"的传菜要求,物品码放整洁卫生,不碰擦、不洒漏,确保给客人带来的是完善、标准的服务。而且传菜时要求步幅不能大,在 40cm 左右,步速也不能快,每分钟不超过 110 步,尽可能地靠边走,留出主通道,方便客人行进;同客人相遇时,要"请"字不离口,热情礼貌地打招呼,小心主动地避让,及时提供指引、问询或介绍等服务。

2) 上菜服务礼仪

餐饮服务要讲究工作效率,节约客人的时间,一般来说,客人点菜 10min 内冷菜就要摆上台,热菜不超过 20min。

上菜还要讲究艺术。服务员要根据菜的不同颜色摆成协调的图案。凡是花式冷盘,如孔雀、凤凰等冷盘,以及整鸡、鸭、鱼的头部要朝着主宾。

上菜的位置应该在陪客座位之间,一般不能在主宾和主人之间。但必须先让主人过目后上桌,并将该菜的菜名清楚地念出并简单地做以说明,让所有客人了解,然后再依所上菜色的内容,予以服务,避免造成客人用餐时不便。

上菜时动作要轻、稳,看准方向,摆放平稳,汤汁不洒,不可碰倒酒杯餐具等。菜盘放到桌面时不能放下后推盘,撤菜时应该直接端起而不能拉盘。撤换餐具时要先征得客人同意。撤换时一定要小心,不可弄倒其他新上的菜、汤。撤换的餐具要从一般客人的右侧平端出去。如果菜汤不小心撒在同性客人的身上,可亲自为其揩净,如撒在异性客人身上,则只可递上毛巾,并表示歉意。菜上齐后要告诉客人,"菜已上齐,请慢用",并询问客人有无其他需要。

酒店餐厅服务人员对与厨师做出的菜肴有"五不取":数量不足不取;温度不够不取;颜色不正不取;调料不齐不取;器皿不洁不取。还要做到"三轻":走路轻、说话轻、操作轻。

3) 派菜服务礼仪

派菜是由服务人员使用叉、勺，依次将热菜分派给宾客。

派菜的顺序应该是先客人，后主人；先女宾，后男宾；派菜服务人员左手将盘端起，右手持派菜用的叉、勺进行分派。服务员要站在宾客左侧，腰部稍微弯曲，派菜时呼吸要均匀，注意力集中，熟练地掌握夹菜技巧。还要注意量，做到分让均匀。

4) 斟酒服务(图 5.9)礼仪

图 5.9　2009 年美国总统奥巴马访华国宴中的斟酒服务

值台服务员应为客人斟上第一杯酒。斟酒、分类的顺序是：男主宾、女主宾，从正主位左侧开始，按顺时针方向逐位斟酒，最后再斟主位。当主人、主宾祝酒、讲话时，服务员应停止一切活动，站在适当位置。斟酒时，应先斟烈性酒，后是果酒、啤酒、汽水饮料。

客人点用的酒水在开瓶前服务员应该左手托瓶底，右手握瓶颈，商标朝向客人，请客人辨认。这样做包含三层含义：①表示对客人的尊重；②商标朝向客人让客人辨别选酒没有差错；③让客人看到酒的质量没有任何问题。

服务人员在斟酒、上菜、分菜时，左臂应搭一块干净餐巾，以备擦酒滴、饮料滴等用，但不可擦自己的手。斟酒时，一般右手拿酒瓶，左手拿杯徐徐倒入，特别是啤酒，开始倒要把瓶口放到杯的正中内快点倒入，一面倒，一面把瓶口慢慢移向杯边，而且倒得速度也由快变慢，以防啤酒的泡沫上升溢杯。啤酒倒好一般以 70%左右的液体，30%左右的泡沫为好。

5) 香烟服务礼仪

宾客有意吸烟时，要主动上前为其点烟，但要注意无论是打火机还是火柴，只能一次点两支。烟灰缸里如果有两三个烟头，就应该及时更换。更换烟灰缸时，单手将干净的烟灰缸压在用过的烟灰缸上，同时将两个烟灰缸拿走，放在托盘上，再将干净的烟灰缸放回桌子上。

5.3.3 西餐服务礼仪

1．餐前服务礼仪

每餐正式开始前，服务员应将餐厅收拾干净整洁，将台面摆放整齐。客人来到餐厅门前，要微笑相迎，主动问好，如"早安，欢迎您来用餐。"常客、贵客要记住并称呼姓名，如"晚上好，史密斯先生，您还是在老位置用餐吗？"

2．点菜服务礼仪

点菜程序：从主人或女主人开始，如主人示意请宾客分别点菜，则从主宾开始。接受点菜应按逆时针方向进行，并记下点菜宾客的餐位编号。

接受宾客点菜。宾客点菜时，服务员应端正地站在宾客一侧，腰部微弯，与宾客保持适当距离。核实并记录点菜内容，注意客人所点菜肴与酒水搭配。善于主动推销，主动介绍产品风味、营养与做法。若宾客点有牛扒、羊扒等菜肴，应问清宾客喜欢几成熟，并在菜单上注明。根据宾客所点的菜肴上齐应用餐具。

3．送客服务礼仪

送客是礼貌服务的具体表现，表示餐饮部门对宾客的尊重、关心、欢迎和爱护，在送客服务的过程之中，服务人员要做到礼貌、热情、细致、耐心，使客人满意。

1) 结账服务礼仪

结账在餐饮服务中属于收尾工作，意味着整个餐饮服务即将结束，但不能因而松懈。结账中出现的问题依然会影响酒店的形象。所以，服务人员在结账过程中要保持良好的服务状态。按照标准和要求，服务人员继续热情地为客服务。注意结账的时间，不能催促客人结账，结账应由宾客主动提出。

客人要求结账后，应将账单放在小托盘上从左侧送上，或放在主人旁边，一般不直接送到客人手中。

熟悉结账程序。首先，应将账单交与客人过目，如发现问题，及时解决，对客人的疑问要耐心解释；其次，要礼貌地收取客人的钱款票证，要当着付款客人清点唱收；再次，找回余款或单据后，要及时放在托盘里交与客人，并请其点清，核查。

当客人付款后，要表示感谢。

2) 送客服务礼仪

首先，客人离开前如要打包，应积极为之服务，不要给宾客留下遗憾；其次，宾客起身离开时，应主动为其拉椅，询问其是否满意；再次，要帮助客人穿戴外衣，提携物品，提醒他们不要遗忘物品；最后，要礼貌地向客人道别，要面带微笑地亲自陪送客人到餐厅门口，欢迎他们再来。

实用小窍门 5-1

吃西餐的六个 M

品味西餐文化,传统是先饱眼福(餐厅布置),再饱耳福(柔和音乐),后饱口福(美味的法国大菜)。学者们经过长期的探讨和归纳认为吃西餐最讲究 6 个 "M"。

第一个是 "Menu" (菜单)。

走进西餐馆,服务员先引领入座,待坐稳,首先送上来的便是菜单。菜单被视为餐馆的门面,看菜单、点菜已成了吃西餐的一个必不可少的程序,是种生活方式。

如何点好菜,有个绝招,办法是,打开菜谱,看哪道菜是以饭店名称命名的,一定要点,因为哪位厨师也不会拿自己店名开玩笑的。

第二个是 "Music" (音乐)。

豪华高级的西餐厅,要有乐队,演奏一些柔和的乐曲,一般的小西餐厅也播放一些美妙的乐曲。但讲究的是乐声似听到又听不到的程度,即要集中精力和友人谈话就听不到,要想休息放松一下就听得到。

第三个是 "Mood" (气氛)。

西餐讲究环境雅致,气氛和谐。一定要有音乐相伴,有洁白的桌布,有鲜花摆放,所有餐具一定洁净。如遇晚餐,要灯光暗淡,桌上要有红色蜡烛,营造一种浪漫、迷人、淡雅的气氛。

第四个是 "Meeting" (会面)。

和谁一起吃西餐,要有选择,一定要是亲朋好友,趣味相投的人。

第五个是 "Manner" (礼俗)。

遵循西方习俗,正确使用刀叉,一般会安排男女相邻而坐,讲究"女士优先"的原则,表现出对女士的殷勤。西餐餐具的摆放见图 5.10。

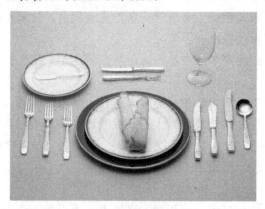

图 5.10 西餐餐具的摆放

第六个是 "Meal" (食品)。

西餐的主要特点是主料突出,形色美观,口味鲜美,营养丰富,供应方便等。西餐大致可分为法式、英式、意式、俄式、美式、地中海式等多种不同风格的菜肴。

5.4 康乐接待服务礼仪

在饭店，康乐部最早只是一些不起眼的附属部门，有的饭店将它归属于前厅部，有的饭店将它归属于客房部，有的饭店将它归属于餐饮部。随着饭店客人对康乐需求的扩大，康乐部在饭店经营中的地位和作用也越来越重要，它逐步从其隶属的部门独立出来，成为与客房、餐饮等部门平行的重要部门。

5.4.1 康乐部通用服务礼仪

康乐部是为客人提供健身娱乐、美容美发等服务项目的饭店配套部门，一般设有游泳池、保龄球房、健身房、桑拿浴室、美容美发厅等服务项目。这些服务对服务人员素质要求较高，不仅要具有专业知识、懂操作，还要有很好的身体素质，能够为客人提供高标准礼貌服务。

1．康乐场所环境与卫生规范

在康乐部提供的各种服务项目中，让顾客感受到舒适是最起码的要求。要达到舒适，就要注意环境与卫生方面的规范管理。

所有康乐场所厅面卫生实行"三清洁制度"，即班前小清洁，班中随时清洁和班后的大清洁；部分区域实行计划卫生制度和每周大清理制度。对各类器具进行每日消毒，严格执行消毒制度，做到"一客一换一消毒"；对客人用的拖鞋等做到"一客一换一消毒"；客用布草做到"一客一换一消毒"；客人用的麦克风每日进行清洁和消毒一次。

2．康乐服务接待礼仪

康乐部从事接待服务的员工在服务礼仪方面有着自己的要求和特点。

(1) 热情礼貌地向客人致意问候；熟客、会员要以姓名或者职衔称呼，以使客人倍感尊重之意。

(2) 见到客人，服务员应礼貌询问客人准备消费的项目，请客人出示消费卡或房卡。收递物品应用双手，不方便用双手时，应用右手。

(3) 向客人介绍服务项目和收费标准(若是会员直接在《会员登记表》上登记)，在《服务登记表》上记下客人的姓名、房号、时间和需要进行的项目。

(4) 在客人确定所需的项目后，为客人开账单收费。要求签单或者使用信用卡的客人要请其出示有效证件，并在账单上签字。现金支付，则要当面点清。

(5) 若客人打预订电话，则在3声之内及时接听，语言规范，详细记录客人的姓名、房号、联系电话、预订的项目、时间等，并予以确认。当预约有变时，要予以记录，并及时通知有关人员，并在交接班时交接清楚。

(6) 康体娱乐场所未开场前，服务员应主动问候客人，耐心回答客人询问，并做到准时开场。如因超员需要限制人数时，服务员应向客人做好解释工作，并对客人的配合表示感谢。

(7) 在进行对客收发钥匙时，要提醒客人妥善保管好自己的钥匙，避免因丢失带来不必要的麻烦，递接时要注意礼貌，一定使用双手。

(8) 客人进入更衣室后，更衣室服务员应微笑致意、主动问好，用规范的手势为客人指示更衣柜的位置。客人更衣时，服务员应适时回避。

5.4.2 游泳场所服务礼仪

大多酒店都会建设游泳池以便为住店宾客服务。

游泳池设计要合理，面积大小、深度及池内设施与国际比赛标准相适应；游泳池定期换水，保持干净无污染；室内游泳池照明充足，光线柔和。游泳池旁边要配备与接待能力相应档次与数量的男、女更衣室，淋浴室和卫生间；各配套设施墙面、地面均满铺瓷砖和大理石，有防滑措施。游泳池的卫生标准要求：游泳池卫生随时清洁，池内、池外无杂物；所有用品及用具摆放整齐、规范。

1. 游泳场所的礼仪要求

(1) 当客人到来时，服务台前的客服人员应对客人表示欢迎，办理必要手续后送上更衣柜钥匙和毛巾，引领客人到更衣室，请客人妥善保管好自己的衣物。

(2) 客人更衣后，主动引导客人进入游泳池。

(3) 客人在中间休息时如需要饮料，应热情为客人提供塑料软包装的饮料，不提供瓷装或玻璃瓶装饮料，以确保客人安全。

(4) 客人离开时，礼貌地提醒客人不要遗忘随身携带的物品，应将客人送至门口，并向客人表示感谢，欢迎客人再次光临。

(5) 将使用过的浴巾送洗衣房更换新毛巾，放入消毒箱消毒。准备迎接下一批客人的到来。

2. 救生员服务礼仪

(1) 救生员应备有两套以上工作服，工作时应穿着整洁的工作服并佩戴标志，保持良好的个人卫生，勤洗澡、勤换衣、勤理发，不得留长指甲和涂指甲油。

(2) 严格执行有关游泳规定，维持正常秩序，礼貌劝阻非游泳客人在游泳池范围内休息、拍照。对饮酒过量或患有皮肤病的客人谢绝入内，并提醒客人若患有心脏病、高血压、中耳炎等疾病或过饥过饱、剧烈运动后等情况下，不宜下水。

(3) 要坚守岗位，经常围绕游泳池巡视，观察客人情况，在客人游泳过程中要加强巡视，时刻注意游泳者的动态，特别对老年人和酒后的客人要多加注意，以免发生事故。

(4) 要提醒带小孩的客人注意看管小孩；1.4m 以下儿童要劝说其到浅水池游泳。

(5) 负责客人的游泳安全，密切注意池内泳客的动态，发现险情及时处理，并向有关领导汇报。

5.4.3 健身教练服务礼仪

酒店健身房设计应合理，面积大小与健身房规模相适应；跑步机、脚踏车、划船机、健骑机、漫步机、滑雪机等运动器材和设备，符合国际统一使用标准；健身器材安全耐用；室内照明充足，光线柔和。健身教练的服务礼仪有以下几个内容。

(1) 上岗前应先做自我检查，做到仪容仪表端庄、整洁，符合上岗要求；主管或领班提前到岗分配工作、提出要求和检查员工仪表。

(2) 当客人到来时应热情礼貌地向客人问好，主动向客人介绍健身器材设备的种类及性能，并向客人介绍《健身房运动须知》。

(3) 当客人需要健身活动时，应热情地介绍讲解各种设备的操作方法，必要时给予示范指导。

(4) 细心观察场内情况，及时提醒客人应注意的事项，当客人变更运动姿势或加大运动量时，服务员应先检查锁扣是否已插牢，必要时须为客人换挡。

(5) 当客人进行健身活动时，应密切注意客人健身动态，随时给予正确的指导和健身保护，对违反规则的行为要进行礼貌劝止，确保客人安全以防意外。当客人发生不适或损伤时要及时处理(一般备有小药箱，严重时要送饭店医务室或医院)。

(6) 有的项目(乒乓球等)需要陪练时，应热情地请客人办理付费手续后陪练。

(7) 如客人希望做长期、系列的健身运动，健身教练可按照客人的要求为其制定健身计划，并为客人做好每次健身记录。

(8) 如客人需要，在其运动时可播放符合其节奏的音乐。

(9) 随时巡视客人，及时补充毛巾和水杯，提供饮料服务，及时给客人提供必要的帮助。

(10) 当客人健身活动结束后，要热情地送客道别，并表示欢迎客人再次光临。

(11) 及时清扫场地并整理物品。

5.4.4 桑拿浴服务礼仪

酒店桑拿浴的服务礼仪有以下几个内容。

(1) 前台服务员须礼貌劝阻皮肤病客人进入浴室，善意劝阻高血压、心脏病患者进入桑拿房。

(2) 当客人到来时，要热情问候表示欢迎。为客人递送毛巾、手牌、更衣柜钥匙，并请客人更换拖鞋。提醒客人如有贵重物品，应存放在前台。为客人打开更衣柜，协助客人挂好衣物，提醒客人锁好更衣柜，引导客人入浴。

(3) 主动征询客人要求，向客人说明洗浴的费用标准。

(4) 把桑拿浴室的温度控制选择盘转到客人所需要的温度上。如果是初次来的客人，要认真介绍桑拿浴的方法和注意事项，然后根据客人的要求调好温度。

(5) 每隔 10min 要从玻璃窗口观察客人浴疗是否适宜，密切注视客人的动静，防止发生意外，以保证客人的安全。

(6) 客人在洗浴中如需要搓澡等其他服务，须记录服务项目及手牌号，并请客人签字，记录单及时传到前台。

(7) 客人浴毕，在其要求下可以帮其擦净身体，送上浴服，请客人进入休息大厅或包间休息。

(8) 休息厅服务员引导客人就座，并为客人盖上毛巾，递上棉签、纸巾，帮助客人调好电视节目。询问客人是否需要酒水和小食品。主动介绍其他配套服务，为其安排技师，记录好手牌号，并请客人签字，记录单及时传到前台。

(9) 休息厅服务员做好休息厅及包间的清洁、整理工作，补充酒水和小食品。

(10) 客人准备离开时，浴室服务员帮助客人打开更衣柜，协助客人换好服装后，提醒客人带好随身物品，引领客人到前台结账。

(11) 前台服务员根据手牌取出客人的鞋，交给客人，并迅速、准确地计算客人的消费金额，请客人核对、结账。

(12) 向客人道别致谢，欢迎再次光临。

(13) 客人离开后，浴室服务员应该迅速地更换浴巾、清洁茶几、清洗烟灰缸，做好环境卫生及用品清理工作。

应用案例 5—3

泰国东方饭店

泰国的东方饭店堪称亚洲饭店之最，几乎天天客满，不提前一个月预订是很难有入住机会的，而且客人大都来自西方发达国家。泰国在亚洲算不上特别发达，但为什么会有如此诱人的饭店呢？大家往往会以为泰国是一个旅游国家，而且又有世界上独有的人妖表演，是不是他们在这方面下了工夫？错了，他们靠的是真功夫，是非同寻常的客户服务，也就是现在经常提到的客户关系管理。

他们的客户服务到底好到什么程度呢？我们不妨通过一个实例来看一下。

于先生因公务经常出差泰国，并下榻在东方饭店，第一次入住时良好的饭店环境和服务就给他留下了深刻的印象，当他第二次入住时几个细节更使他对饭店的好感迅速升级。

那天早上，在他走出房门准备去餐厅的时候，楼层服务生恭敬地问道："于先生是要用早餐吗？"于先生很奇怪，反问"你怎么知道我姓于？"服务生说："我们饭店规定，晚上要背熟所有客人的姓名。"这令于先生大吃一惊，因为他频繁往返于世界各地，入住过无数高级酒店，但这种情况还是第一次碰到。

于先生高兴地乘电梯下到餐厅所在的楼层，刚刚走出电梯门，餐厅的服务生就说："于先生，里面请"，于先生更加疑惑，因为服务生并没有看到他的房卡，就问："你知道我姓于？"服务生答："上面的电话刚刚下来，说您已经下楼了。"如此高的效率让于先生再次大吃一惊。

于先生刚走进餐厅，服务小姐微笑着问："于先生还要老位子吗？"于先生的惊讶再次升级，心想"尽管我不是第一次在这里吃饭，但最近的一次也有一年多了，难道这里的服务小姐记忆力那么好？"看到于先生惊讶的目光，服务小姐主动解释说："我刚刚查过电脑记录，您在去年的6月8日在靠近第二个窗口的位子上用过早餐"，于先生听后兴奋地说："老位子！老位子！"小姐接着问："老菜单？一个三明治，一杯咖啡，一个鸡蛋？"现在于先生已经不再惊讶了，"老菜单，就要老菜单！"于先生已经兴奋到了极点。

上餐时餐厅赠送了于先生一碟小菜，由于这种小菜于先生是第一次看到，就问："这是什么？"服务生后退两步说："这是我们特有的一种小菜"。服务生为什么要先后退两步呢？他是怕自己说话时口水不小心落在客人的食品上，这种细致的服务不要说在一般的酒店，就是美国最好的饭店里于先生都没有见过。这一次早餐给于先生留下了终生难忘的印象。

后来，由于业务调整的原因，于先生有3年的时间没有再到泰国去，在于先生生日的时候突然收到了一封东方饭店发来的生日贺卡，里面还附了一封短信，内容是：亲爱的于先生，您已经有3年没有来过我们这里了，我们全体人员都非常想念您，希望能再次见到您。今天是您的生日，祝您生日愉快。于先生当时激动得热泪盈眶，发誓如果再去泰国，绝对不会到任何其他的饭店，一定要住在东方，而且要说服所有的朋友也像他一样选择。于先生看了一下信封，上面贴着一枚6元的邮票。6块钱就这样买到了一颗心，这就是客户关系管理的魔力。

东方饭店非常重视培养忠实的客户，并且建立了一套完善的客户关系管理体系，使客户入住后可以得到无微不至的人性化服务，迄今为止，世界各国的约20万人曾经入住过那里，用他们的话说，只要每年有1/10的老顾客光顾饭店就会永远客满。这就是东方饭店成功的秘诀。

本章小结

随着我国旅游经济的不断发展，酒店业也有了长足的进步，为旅游业和各地经济做出了积极的贡献。本章主要使学习者了解人际交往和酒店服务接待工作中的礼貌礼节常识，端正服务态度，增强服务意识，提倡敬业精神，恪守职业道德，学会并掌握酒店服务接待工作中所常用的基本礼节和行为规范，培养良好的职业习惯，以真正实现优质服务的酒店宗旨。

复习思考题

一、判断题

1. 迎宾员对所有客人都应主动开启车门，并提供护顶服务。（ ）
2. 行李员从接待员手中领取房间钥匙，引领客人进入房间之前，无需敲门，可以直接进入。（ ）
3. 总台服务人员在进行推销时，只须推销酒店产品。（ ）
4. 总服务台员工在为客人办理下榻登记，分配房间时，为保证准确性，速度一定要慢，以求稳妥。（ ）

5. 为客人倒茶时,应右手握茶壶,左手按壶盖,将茶缓缓斟入杯中,茶水约占水杯的 3/4 即可。（　　）

二、简答题

1. 总台接待礼仪主要有哪些要点？
2. 前厅服务员在仪容仪表方面有哪些严格规定？
3. 客房的推销礼仪有哪些？
4. 住宿接待服务中的礼仪要点有哪些？
5. 住客房的空调已被客人调至一定的温度,你还能动吗？为什么？
6. 在清扫客房时,如果房内的电话铃响了,你该如何处理？
7. 如果你在客房清扫中,客人回来了,你该如何办？
8. 在楼层遇到客人迎面走来,你将如何招呼？
9. 餐厅的值台服务礼仪有哪些内容？
10. 中餐上菜服务需要注意哪些礼仪内容？
11. 酒店康乐部门的接待礼仪有哪些？
12. 游泳场所的服务礼仪是什么？

案例分析

一位翻译带领 4 位德国客人走进了西安某三星级饭店的中餐厅。

入座后,服务员开始请客人们点菜。5 位客人点了 4 盘热菜,1 份热汤,还点了啤酒、矿泉水等饮料。当啤酒倒入杯中,其中一位客人发出了诧异的声音。原来,桌上的一个啤酒杯上有一道由上至下的裂缝,刚倒入的啤酒顺着裂缝慢慢渗到了桌子上。翻译急忙叫来服务员换杯子,清理桌面。另一位客人用手指着眼前的小碟子让服务员看,原来这个小碟子上有一个缺口。翻译赶忙检查了一遍桌上的餐具,发现碗、碟、瓷勺、啤酒杯等物均有不同程度的损坏,上面都有裂痕、缺口和瑕疵。

翻译站起身把服务员叫到一旁说:"这里的餐具怎么都有毛病？这可会影响外宾的情绪啊!"

"这批餐具早就该换了,最近太忙,还没来得及更换。您看其他桌上的餐具也有毛病。"服务员红着脸解释着。

"这可不是理由啊!难道这么大的饭店连几套像样的餐具都找不出来吗？"翻译有点火了。

"您别着急,我马上给您换新的餐具。"服务员急忙改口。

翻译和外宾交谈后又对服务员说道:"请你最好给我们换个地方,我的客人对这里的环境不太满意。"

经与餐厅经理商洽,最后将这几位客人安排在小宴会厅用餐,餐具也使用质量好的,并根据客人的要求摆上了刀叉。望着桌上精美的餐具,喝着可口的啤酒,这几位宾客终于露出了笑容。

问题：1. 面对餐厅如此的服务，若你是就餐的客人会如何想、如何做？
2. 如果你是新上任的中餐厅经理，你会采取怎样的改进措施？

实训项目

一、情景举止训练

1. 教师可根据学生情况设计一些具体的场合，如交谈、辩论、演讲、歌唱、舞蹈、日常交往等。
2. 具体方法有：
(1) 模仿动作表演，如影星、歌星、动物、同学等；
(2) 避免不良的手势、动作与举止，及时纠错并示范；
(3) 同学之间互相监督提醒，随时以最佳状态出现在众人面前；
(4) 自觉充当形象大使，以良好的气质和风度影响身边的每一个人。

二、酒店员工穿着打扮训练

1. 该训练目的是运用同学们自己的审美情趣，塑造个性的、美好的酒店不同岗位的服饰形象，从而增加对酒店各个岗位的认知程度，为综合形象增添魅力。
2. 训练步骤：
(1) 从头开始，发型设计；
(2) 身材确认及个案搭配练习；
(3) 建立自己的色彩档案。不仅要了解色相，即红黄蓝三原色(间色、复色、调和色)，了解色性(缩扩、远近、冷暖、轻重)，还要了解色彩搭配法，如统一法、点缀法、对比法、呼应法、超常法；
(4) 装饰自己；
(5) 学会化妆 (生活妆，职业妆)；
(6) 结合学生实际练习情况，指出穿着打扮误区。

三、大厅迎接宾客服务训练

1. 教师可先按 6~8 人一组进行，先由老师进行示范，然后按 2 人一组独自进行实际操作。
2. 训练要求：区别不同客人(住店客人、散客、团队客人)给予针对性服务，并且动作表情规范有序。
3. 训练步骤：
(1) 穿着门童服装，切身感受岗位职业特点；
(2) 区别不同客人，给予针对性服务；
(3) 致意客人；
(4) 开车门；

(5) 拉门；

(6) 帮助客人提行李。

四、散客接待服务训练

1. 教师可先按 6~8 人一组进行，先由老师进行示范，然后按 2 人一组独自进行实际操作。

2. 实训工具：电脑、登记表、预定资料、欢迎卡、有效证件(身份证、护照)、信用卡、房卡、钥匙等。

3. 训练步骤：

(1) 问候客人；

(2) 确认客人有无预定；

(3) 灵活进行信用验证(总经理有权对重要客人和有影响的客人实行优惠)；

(4) 登记；

(5) 安排房间，并给予相应的房价；

(6) 确定付款方式；

(7) 完成入住登记手续；

(8) 建立相关的表格资料(将住客资料输入电脑以便建立客史档案、标注《次日抵店客人名单》、制作客房状况卡条并插入显示架内、制作客人账单)。

五、餐厅模拟训练

1. 在教师的具体指导下，学生分组进行模拟。

2. 训练方法：

(1) 模拟餐厅接待人员有礼貌地迎宾、问候和引位服务；

(2) 模拟服务人员接受点菜服务；

(3) 模拟服务人员结账和送客服务。

课后阅读

金钥匙服务

金钥匙服务"Concierge"的词义为门房、守门人、钥匙看管人，来自法语，系指由为服务行业献身的酒店委托代办金钥匙成员们组成的国际专业组织。

欧洲人早在 70 年前就已经认识到"Concierge"的重要性。美洲人在 40 年前就开始学习和运用金钥匙服务并体会到这个信誉组织的价值所在。在美国，一家很受人喜爱的饭店，通常就是大家对"金钥匙服务(图 5.11)"这一概念十分熟悉的饭店。从 20 年前开始，亚洲的新加坡人和香港人迅速地在亚洲的酒店中推广这种个性化的品牌服务。通常，一位酒店客人知道向戴金钥匙标记的"Concierge"咨询，以获得到哪间餐厅就餐的建议或完成一些预订，但那仅仅是一个开始……一旦对话开始，"金钥匙"会改变您的生活，他能为您、您的公司、甚至是您的家人提供帮助、不只在本地区，在世界上其他城市您亦可享受到"金钥匙"为您提供的无微不至的服务。

图 5.11 酒店的"金钥匙"

金钥匙的"Concierge"的服务内容涉及面很广：向客人提供市内最新的流行信息、时事信息和举办各种活动的信息，并为客人代购歌剧院和足球赛的入场券，或为域外举行的团体会议作计划。满足客人的各种个性化需求，包括计划安排在国外城市举办的正式晚宴；为一些大公司作旅程安排；照顾好那些外出旅行客人和在国外受训的客人的子女；甚至可以为客人把金鱼送到地球另一边的朋友手中。

现在国际饭店金钥匙组织已拥有超过4 500名来自34个国家的金钥匙成员。对比欧洲和美洲，亚洲男性选择从事这一职业占有一定比例人数，中国的会员数量已将近500名(少数为女性)。而在中国旅行的客人正在继续加深对饭店金钥匙的认识，以便知道如何获得饭店金钥匙的帮助。在中国一些大城市里，金钥匙委托代办服务被设置在酒店大堂，他们除了照常管理和协调好行李员和门童的工作外，还负责许多其他的礼宾职责。中国是国际金钥匙组织的第31个成员国。

现在，在中国的酒店里，出现了这样一群年轻人：他们身着一身考究的西装或燕尾服，衣领上别着一对交叉的"金钥匙"徽号，永远地彬彬有礼，永远地笑容满面，永远地机敏缜密。他们是国际金钥匙组织(U.I.C.H)的成员——中国饭店金钥匙。

饭店金钥匙的服务哲学，是在不违反法律的前提下，使客人获得满意加惊喜的服务。特别是目前中国的旅游服务必须要考虑到客人的吃、住、行、娱、游、购共六大项内容。酒店金钥匙的一条龙服务正是围绕着宾客的需要而开展的。例如从接客人订房、安排车到机场、车站、码头接客人；根据客人的要求介绍各特色餐厅，并为其预订座位；联系旅行社为客人安排好导游；当客人需要购买礼品时帮客人在地图上标明各购物点等。最后当客人要离开时,在酒店里帮助客人买好车、船、机票,并帮客人托运行李物品;如果客人需要的话,还可以订好下一站的酒店并与下一城市酒店的金钥匙落实好客人所需的相应服务。让客人从接触到酒店开始,一直到离开酒店,自始至终,都感受到一种无微不至的关怀。从这,人们不难想象酒店金钥匙对城市旅游服务体系、饭店本身和旅游者带来的影响。

饭店金钥匙对中外商务旅游者而言,他们是酒店内外综合服务的总代理,一个在旅途中可以信赖的人,一个充满友谊的忠实朋友,一个解决麻烦问题的人,一个个性化服务的专家。

饭店金钥匙服务对高星级酒店而言,是管理水平和服务水平一种成熟的标志。他是在酒店具有高水平的设施、设备以及完善的操作流程基础上,更高层次酒店经营管理艺术的体现。

饭店金钥匙服务对城市或地区旅游业而言,将对其服务体系的形象产生深远的影响。因为,中国饭店金钥匙是由一群富有服务经验,对中国旅游业发展和饭店发展负有历史使命感和责任感的人组成的,他们共同的任务是使中国旅游业、饭店业能够和国际接轨,同时能够在国际上树起一块牌子,"中国的旅游饭店服务是不错的"。这样,中国会吸引更多客人的光顾,企业就有效益,行业就有发展。他不仅给各城市的旅游饭店业创新服务注进了新的活力,而且对各城市服务业的健康良性互动发展来说也是一种动力。

饭店金钥匙在中国的逐渐兴起,是我国经济形势的发展,以及旅游总体水平发展的需要。他将成为中国各大城市旅游体系里的一个品牌,即代表着热情好客独具酒店特色的一种服务文化,并将成为该城市酒店业的一个传统。二十一世纪的中国酒店业将拥抱金钥匙。

(资料来源:最佳东方 http://www.veryeast.cn/)

第6章 旅行社主要岗位礼仪综合应用

❧ 教学要点 ❧

知识要点	掌握程度	相关知识
旅行社办公室接待礼仪	掌握	旅行社办公室电话接待礼仪的要求,注意接听电话的禁忌
导游迎送接待礼仪	掌握	导游迎送接待服务礼仪的要求,提高服务质量
导游游览礼仪	重点掌握	导游游览服务礼仪的要求与训练,服务质量提高的内容

❧ 技能要点 ❧

技能要点	掌握程度	应用方向
旅行社不同岗位的礼仪要求和禁忌	掌握	旅行社不同岗位的对客服务,提高旅行社工作人员的整体服务接待水平

❧ 导入案例 ❧

上海导游真了不起

2001年APEC会议在中国上海举行,各国各地区领导人配偶在10月20日、21日分别游览了豫园和周庄,体验了一次精彩的中华古典文化和中国民族风情之旅。

周庄的游览分为两组。一组由导游周永华带领澳大利亚、加拿大、香港的领导人配偶游览;另一组由老家在周庄的丁剑敏带领马来西亚、新西兰、巴布亚新几内亚等领导人配偶游览。出发前,两位穿戴梳理整洁的导游较早地来到车门旁,礼貌地在一侧站立恭候贵宾们的光临。当贵宾们在中方人员陪同下来到时,两位导游主动迎上去微笑着亲切问候,并用规范的手势敬请贵宾们上车。

从万豪虹桥大酒店到周庄的车程约40min。两位导游作了自我介绍后,滔滔不绝、声情并茂地讲解了30多分钟,重点是上海改革开放以来,特别是最近20年取得的巨大变化,他们介绍了上海市政府和上海市民委改变上海面貌做出的巨大努力,上海城乡面貌和市民生活呈现着变化等。导游充满激情的介绍深深地打动了每一位外国贵宾。

达到周庄后,导游陪同领导人的配偶们先从沈厅登堂入室,从客厅到厨房,介绍中国人从前的日常生活。从整个沈厅的布局,介绍了中国传统家庭的结构和伦理关系。在客厅导游小丁谈起了中国人的"家祭"习俗;来到厨房,小丁介绍说,从前普通人家是一眼灶,富人家不过就是三眼,而沈家的灶有六眼,可见沈万三家族经济实力非同一般。客人们对厨房的摆设表现出浓厚的兴趣,小丁向他们一一介绍了榨油机的工作原理。其

实,沈厅里的一切距离现代中国人的生活已经非常遥远,可小丁从当上导游起就一直刻苦钻研业务,请教专家,做好笔记。这样一番如数家珍的介绍,使贵宾们感觉似乎来到了小丁的老家。

在沈厅游览快结束时,新西兰总理的丈夫忽然在一张石凳上坐下来,中方陪同和保安一下紧张起来,因为游览景点安排得非常紧,而安全保卫要求又非同一般,怎么办?丁剑敏对游客非常熟悉,考虑到这几天来贵宾们确实有些疲劳,马上来个灵活应变,先请各位贵宾坐下来稍作休息,并乘机补充一下前面的讲解,在随后的张厅游览中,小丁选择了主要景点,简明扼要地讲解,巧妙地将刚才"延误"的时间补了回来,一分不差地按计划完成了游览。

在游览周庄时,夫人们的购物热情终于迸发出来。前一天在豫园,董建华夫人向导游周永华询问何处可以买到白果,周永华一直留意着这件事,今天看到店中有质量上乘的白果,马上推荐给董夫人,董夫人买了2斤,后忍不住又购买了18斤。在一个摊位前,一只只似蹦如跳的竹编蚱蜢吸引了领导人配偶的目光。加拿大总理夫人把一只竹蚱蜢拿在手中把玩,周永华见状,就向她介绍了篾竹是如何劈成竹丝,又如何编成多种活灵活现的竹制品。要知道,对于贵宾们可能要了解的风俗习惯、土产风味、民族服饰及历史典故、民间故事,导游们都作了认真的准备,这样的题材积累了几十个。

到了贵宾游览结束的时候,两位导游向贵宾游客们作了热情而礼貌地道别,大家依依不舍。两天的游览,贵宾们已叫得出导游的姓名,现在又纷纷亲口表示感谢。有一位贵宾不禁问起:"两位导游英语讲得这么好,他们是不是在国外上过学,生活过?"答案是否定的,这更引起了贵宾们的赞叹:"上海的导游真了不起!"

旅行社服务是旅游行业中的一个重要窗口。旅行社作为一个综合工作的部门,由导游人员、计调人员、外联销售人员、管理人员等工种组成。只有提高旅行社的服务质量和水平,才能争取更多的客源,才能不负旅行社工作人员"民间大使"的光荣称号。因此,旅行社工作人员的服务礼仪在日常工作中显得尤为重要。

6.1 旅行社办公室接待礼仪

旅行社办公室是具有专门接待职能的组织机构,是连接旅游业与公众关系的枢纽。办公室接待是塑造旅游业形象,搞好旅游公关的重要一环。

实用小窍门 6—1

旅行社门市的 5S 管理

清洁(Swirl)——坚决清理不必要的东西,腾出有效使用空间,防止工作时误用或掩盖需要的物件。

整理(Seion)——合理放置必要的物品。

清洁(Seiso)——彻底清洁工作场所内的物品，防止污染源(污迹、废物、噪音)的产生，达到四无(无废物、无污迹、无灰尘、无死角)标准。

维持(Setketsu)——制度化、规范化、并监督检查。

素养(Shitsuke)——培养员工良好的职业习惯，积极向上的工作态度和状态。从小事做起，养成良好的习惯，从而创造一个干净、整洁、舒适、合理的工作场所和空间环境。

6.1.1 办公室接待礼仪

办公室工作人员对前来造访者，应站起来，用礼貌语言，如"您好"、"请坐"，并献上烟、茶水、饮料等表示欢迎。对熟悉的客人还可以适当寒暄，询问一些有关生活、工作等近况，融洽气氛。对初次来访的客人，要采取一定的接待技巧、弄清对方的单位、身份、来意。对涉及重大问题的接待，更要慎重验看对方证件。客人陈述问题要作必要的记录。对来访者的愿望和要求，合理的、能够答复的，要尽快给予明确答复。不合理的或不便马上答复的，应予以委婉推辞，或进行必要的推脱。应请示或安排领导接见解决的问题，要事先和主管领导研究，予以妥善安排。

有客人未预约来访时，不要直接回答其要找的人在或不在。而要告诉对方："我看看他是否在。"同时委婉地询问对方来意："请问您找他有什么事？"如果对方没有通报姓名则必须问明，尽量从客人的回答中，充分判断能否让他与同事见面，如果客人要找的人是公司的领导，就更要谨慎处理。

当客人离开时，应热情送别客人，并表示欢迎再来。

6.1.2 电话接待礼仪

电话接待是旅行社办公室接待的重要任务，办公室接待人员在使用时是否给对方留下美好的印象，赢得对方的好感，对旅行社整体形象同样起着极其重要的作用。

1. 接电话

(1) 电话铃响时，接听电话以铃响 3 声之内接最适宜。不要铃响许久，才姗姗来迟，也不要铃响一次，就拿起听筒，这样会让打电话的大吃一惊。如因有特殊原因致使铃响过久才接电话的话，须在通话之初向通话人表示歉意。

(2) 拿起话筒要用礼貌、谦和的语言说："您好，这里是某某旅行社。"注意不要问："你在哪儿"、"你找谁？"若这样与英美人打电话，对方很可能会觉得你不懂礼貌而挂上电话。

(3) 接听电话时，声音应柔和，语调要亲切，语速快慢要适中，根据不同的通话对象，要恰到好处地掌握说话速度，对有急事的通话人，不能给人一种慢条斯理故意拖延时间的感觉。语言应清晰、简练、准确、热情。

(4) 认真倾听对方讲话，既不要贸然打断，又不可沉默不语，要根据内容不断随以"是"、"对"的应声(图 6.1)。

图 6.1　接电话的礼仪

2．代接电话

当电话响起而被呼叫员工不在座位上时，邻座员工可以帮助代为接听，或接听时可以参考以下应答。

"您好，请问您是找某某吗？他/她临时有事走开了，需要我代为转达吗？"(或"请您稍后再来电话好吗？")

对方要找的人不在，切记不要只说"不在"，应做好电话记录代为转达。电话记录牢记 5W1H 原则，When 何时，Who 何人来电，Where 地点，What 何事，Why 为什么、原因，How 如何做。

永远不要对打来电话的说："我不知道！"这是一种不负责任、非常不职业化的表现。

3．拨打电话

(1) 时间：一般的公务电话最好避开节假日、晚上、21:00 至次日 6:00、临近下班时间等时间段。

(2) 空间：一般来讲，私人电话就是在家里打，办公室电话是在办公室打的，别占小便宜，还有一点，打电话如果你要在公众空间的话实际上是一种噪音骚扰，任何一个有教养的人是不能在公众场所打电话的。

(3) 内容：①问候对方："您好！请问您是某某单位某某部门吗，请问怎么称呼您？"；②自报家门："我是某某单位部门的某某"；③所谓何事："打电话的主要目的是……"；④必备用语："请问您现在说话可方便？"⑤告别语："打扰您了，非常感谢！"。

4．挂断电话

如果自己正在开会、不宜长谈，或另有电话打进来，需要中止电话，应说明原因，告知对方："一有空，我马上打电话给您"，免得让对方认为我方厚此薄彼。

中止电话时应恭候对方先放下电话，不宜"越位"抢先。一般下级要等上级先挂电话，晚辈要等长辈挂电话，被叫等主叫先挂电话，不可只管自己讲完就挂断电话。

第6章 旅行社主要岗位礼仪综合应用

应用案例 6-1

不和谐的手机声

在2000年奥运会上，中国运动健儿的出色表现征服了各国观众，但某些中国人的不文明习惯却给他国运动员、记者留下了不好的印象。有媒体报道，中国记者几乎每个人都配备了移动电话，铃声是非常特别的音乐，在很嘈杂的场所也可以清楚分辨是不是自己的电话。但在射击馆里，当运动员紧张比赛时候，这种声音就显得特别刺耳。组委会为了保证运动员发挥出最佳水平，在射击馆门口专门竖有明显标志：请勿吸烟、请关闭手机。也不知是中国的一些记者没有看见还是根本不在乎，竟没有关机。其实，把手机铃声调到"振动"并不费事。王义夫比赛时，中国人的手机响了，招来周围人的嘘声和众多不满的目光。

6.2 旅行社导游服务礼仪

导游是旅行社的灵魂。导游员处在接待服务的一线，导游员服务礼仪表现在对整个旅游接待服务工作的成败起着至关重要的作用。

6.2.1 导游人员的基本礼仪规范

在旅游者心目中，导游员往往是一个地区、一个民族乃至一个国家的形象代表，因此，导游人员在不断提高个人综合业务技能的同时，自觉加强礼仪修养的意义非同一般，导游人员首先要遵守基本的礼仪规范。图6.2为全国模范导游员——文花枝。

图6.2 全国模范导游员——文花枝

1. 守时守信

由于旅游者参观游览活动都是有一定的行程安排并有较强的时间约束，因此为了确保

团队活动的顺利进行，导游员必须尽早将每天的日程安排明白无误地告知给每位游客，并随时提醒。同时，应按照规定的时间提前到达集合地点，按约定的时间与客人会面。

2. 尊重游客

导游员在带团的过程中，应尊重旅游者的宗教信仰、风俗习惯，特别注意他们的宗教习惯和禁忌。对游客应一视同仁，不厚此薄彼，但对旅游团的长者、女士、幼童及残疾游客等特殊人员应给予更多的关照，做到体贴有加而非同情、怜悯。

3. 互敬互谅

导游工作只是整体旅游接待工作的一个组成部分。如果没有其他相关人员，尤其是随团的汽车司机、旅游景点、购物商场以及酒店等一系列为游客提供直接和间接服务的工作者的大力支持与通力合作，导游服务接待工作就无法圆满完成。为此，尊重每位旅游服务工作者，体谅他们的工作处境与困难，积极配合他们的工作，是做好旅游服务工作的前提保障，也是导游员良好礼仪素养的又一体现。

应用案例 6-2

没有准时到达旅游团集合地的地陪

小徐是从 XX 外语学院德语专业毕业分配到旅行社从事导游工作的。这天，他做地陪接了一个德国团。早上 7:30，他就跨上自行车去游客下榻的饭店，因为旅游团 8:00 在饭店大厅集合。小徐想："从家里到饭店骑车 20min 就到了，应该不会迟到。"然而，当经过铁路道口时，开来一列火车，把他挡住了。待列车开过去时，整个道口已挤得密密麻麻，因为大家都急着赶时间去上班，自行车、汽车全然没有了秩序。越是没有秩序，越是混乱，待交通警察赶来把道口疏通，已过 8:00。10min 后，小徐才到饭店。这时，离原定游客出发时间已晚了十多分钟，只见等候在大厅里的那些德国游客个个脸露不悦，领队更是怒气冲冲，走到小徐面前伸出左手，意思是说："现在几点了?"

6.2.2 导游的准备工作礼仪

1. 形象准备

1) 仪容整洁端庄

导游人员的仪容应保持整洁，外出活动后要随时洗脸，经常沐浴。无论男面部化妆和发型梳理均不宜过分随便或过分个性。女导游员最好选择在露天场合不宜被风吹乱而又容易梳理的发式。女导游若化妆要淡雅适度；男导游应修脸、刮胡子、指甲和鼻毛也要修短。

2) 服饰得体恰当

导游员的服饰应适合自己的身份，导游员应明白自己是服务人员，是为游客提供服务的，不要过分突出自己，服饰不应喧宾夺主。同时导游员的着装应符合自己的职业特点，导游服务工作主要在户外和旅游车上进行，导游应选择适合这类活动的服饰。另外，导游的着装应符合自身的年龄特点，突出自己的风韵和气质。年轻的导游员要彰显青春气息，年长的导游则要穿出成熟的魅力。

2. 准备工作礼仪

1) 物质准备

上团前，按照该团游客人数领取导游图，门票结算单和费用，带好接待计划、导游证、胸卡、导游旗、接站牌等必备物品。

2) 接待工作核实

地陪要适时核对接待车辆、就餐安排、交通购物落实情况，确定与接待车辆司机的接头时间与地点，并督促司机将车身和车内清洗、清扫干净。备好醒目的接团标志，最好事先了解全陪的外貌特征、性别、装束等。凡导游人员到机场、车站、码头迎接客人，必须比预订的时间早到等候客人，而决不能让客人等候接团导游。

6.2.3 导游的迎送接待礼仪

旅游团队接送是导游人员的一项十分重要的工作，接团工作的礼仪是否周全，直接影响到旅行社和导游本人在客人心目中的第一印象；而送团则是带团的最后一项工作，如果前面的工作客人都非常满意，但送团工作出现了礼貌不周的问题，同样会破坏旅行社和导游人员在客人心目中的整体形象，并使陪团前期的努力前功尽弃。为此，搞好导游服务工作，迎送礼仪是十分重要的。

1. 导游迎客礼仪

1) 热情接待

客人到达后，应主动热情迎上前去，先行自我介绍，再确认对方身份，核对团号、实际抵达人数、名单及特殊要求等。寒暄问候后，协助提拿包裹，办理有关手续；迅速引导客人来到已安排妥当的交通车旁，指导客人有秩序地将行李放入行李箱后，再招呼客人按次序上车。

2) 乘车服务

客人上车时，导游最好站在车门口迎候，用手护住门顶以防客人碰头。上车时注意安排陪车的礼宾次序，等客人上完车后，自己再上车。客人上车就座后，礼貌地清点人数无误后请司机开车。清点游客人数时要默数，切忌不礼貌地用手指点游客。下车时，导游员先下车，在车门口协助游客下车。

3) 致欢迎词

等到全员上车之后致欢迎词，宣布团队游览日程和行程计划。为帮助客人熟悉城市，可准备一些有关的出版物给客人阅读，如报纸、杂志、旅游指南等。注意观察客人的精神状况，如客人精神状况较好，在前往酒店途中，可向来客介绍饭店情况、活动日程，可就沿途街景作一些当地民俗风情、旅游景点等的介绍。如客人比较疲劳，则可让客人休息。

4) 安排食宿

根据该团的费用标准和住房标准，安排食宿等事宜。

5) VIP 客人的迎接

迎接贵宾时，应事先在机场(车站、码头)安排贵宾休息室，并准备好饮料、鲜花。如有条件，在客人到达之前可将酒店客房号码或乘车牌号通知客人。派专人协助办理出入关手续。客人抵达前，应通知酒店总台，在客人入住的房间内摆上鲜花、水果。客人抵达住所后，一般不宜马上安排活动，应留一些时间让宾客休息。

2. 导游送客礼仪

1) 送客安排

客人活动结束前，要提前为客人预订好下一站旅游或返回的机(车、船)票；客人乘坐的车厢、船舱尽量集中安排，以利于团队活动的统一协调。送客时，根据客人离去的时间，安排好购票、结算、赠送礼品、摄影留念、欢送宴会等事宜。为客人送行，应使对方感受到自己的热情、诚恳、有礼貌和有修养。临别之前应亲切询问客人有无来不及办理、需要自己代为解决的事情，应提醒客人是否有遗漏物品并及时帮助处理解决。

2) 特色礼品

赠送的礼品要注意携带方便，突出地方特色，具有保存价值。送站人员尽量帮客人将行李安顿好。

3) 致欢送词

送行途中，要致欢送词，使旅客感受到自己的热情、诚恳、有教养和有礼貌，同时要祝大家旅途愉快，欢迎再来。

应用案例 6-3

令人难忘的欢送词

重庆一位导游在送别一个日本东京汉诗研究所旅游团时所致的欢送词如下：两天来，由于各位的盛情和通力合作，我们在重庆的游览就要结束了。在此，谨向各位表示深深的谢意！重庆和东京相距几千公里，但只不过是一水之隔。"我在长江头，君住长江之尾"，中国和日本是一衣带水的友好邻邦，我唯一的遗憾是不能按照日本古老的风俗，给你们一束古老的纸带，一头牵在你们手里，一头系在我们手里。船开了，纸带一分两半，但却留下不尽的思念，虽然没有这条有形的纸带，但却有一条无形的彩带，那就是友谊的纽带……中国有句古话说："物唯求新，人唯求旧"，东西是新的好，朋友还是老的好。这次我们是新知，下次各位有机会再来重庆，我们就是故交了。祝各位百事如意、健康幸福、一路顺风！谢谢各位。

4) 返回

火车、轮船开动或飞机起飞以后，应向客人挥手致意，祝客人一路顺风，然后再离开。如果自己有其他事情需要处理，不能等候很长时间，应向客人说明原因并表示歉意。

3．导游游览服务礼仪

游客在游览过程中的舒适愉悦体验程度与导游的服务水平、敬业精神、礼仪修养息息相关。具体来说，导游员在游览过程中要遵守以下礼仪要求。

1) 出发前的礼仪

修饰自身形象，每天出发前，应提前 10min 到达集合地点。先向游客主动、热情打招呼，但不要主动与游客握手，当游客伸手时应热情大方地递握。核实清点人数，准时集合登车。提醒注意事项，重申当日活动安排。

2) 游览讲解服务礼仪(图 6.3)

图 6.3　游览讲解服务

(1) 活跃气氛。介绍旅游景点，导游员切忌沉默不语，而应向游客介绍当地的风土人情及简要介绍即将参观景点的基本情况。也可根据游客的特点、兴趣、要求穿插一些历史典故、社会风情，以增加游客的游兴。还可以组织文娱活动以活跃旅途气氛，增进感情交流。

(2) 语言文雅幽默。在车上或景点讲解时，要正确掌握语言节奏，合理运用修辞手法和格言典故，做到语言、语调适度优美，抑扬顿挫。语速快慢、节奏运用合理，语言要文雅而不失幽默。使用语言讲解的同时，可辅以手势，但动作不宜过多、过大。表情要自然亲切，态度要和蔼热情。

(3) 语言具有现场感。导游在讲解的过程应具有较强的现场感。一是多使用具有现场感的词语，如现在、今天、刚才、马上等，提醒游客集中注意力；二是多使用引导性的词语。如"请猜一猜"、"现在大家看到的是"、"谁愿意试一试"、"这就是我们神驰已久的"等，使用这类引导语，可加强现场感和互动性。

(4) 注意提醒。留意客人走向，防止客人走失，要特别注意游客安全，特别要照顾好老、弱、病、残、幼游客。要经常清点人数，提醒游客注意安全和保管好自己的贵重物品。

(5) 文明的榜样。为客人做好文明的榜样，尊重老人和女性，爱护儿童，进出房间、上下车，要让老人和妇女先行，对老弱病残幼应主动给予必要的协助与照料。注意尊重他人隐私，政治、宗教敏感话题也不要谈论。游客提问时，要耐心听取，及时解答。导游过程中要平均分配自己的注意力，尽量照顾全体成员，不可冷落任何一位客人，要照顾、配合全体成员行走步伐的快慢。带团过程中，与客人在一起的时候，不得抽烟、不吃有异味的食品。与旅游者交谈时，话题应愉快、轻松、有趣。对客人不愿回答的问题，不要追问；遇到客人反感或回避的话题，应表示歉意，并立即转换话题。做好同其他服务工作人员的配合。

4．导游的购物服务礼仪

1) 积极正确地引导

(1) 购物到指定商店。导游要态度诚恳地提醒游客不要随便购物，不要到非旅游定点商店去购物。若购买古玩或仿古艺术品，导游应带其到文物商店去购买，并提醒游客保存好发票，不要将物品上的火漆印去掉，以便海关检验。

(2) 客观真实地介绍产品。导游要应游客之请，以客观公正的态度，介绍旅游产品，介绍要留有余地，引导游客按自己的需要进行购买。

(3) 尊重游客做出的选择。导游应尊重游客的选择，只有游客自己做出的自觉、自主的选择才是合理的选择。

2) 耐心细致地服务

(1) 不要主动为客人当参谋。导游要了解游览地区的特色产品，并根据游客的基本资料，间接揣摩出游客的购物心理，根据不同游客的特点，进行服务。注意，导游不要主动为游客当参谋，以防自己卷入无端的购物纠纷中(图 6.4)。

图 6.4　导游还是导购

(2) 处理好购物和观光游览的关系。提高工作效率，处理好购物和观光游览的关系，正确认识购物是旅游计划的组成部分，合理安排购物的时间和次数，维护客的合法权益，使购物和游览相互补充，增加游客满意度，提高自己的工作效率。

(3) 遵守职业道德。带游客购物时，应严格遵守导游职业道德，应将客人带到商品质量良好、价格公平合理的商店，而不应该唯利是图，为了一点"好处费"昧着良心违背职业道德，损害游客利益。

5．处理突发事件的礼仪

由于旅游活动有较多的不确定任务，加之涉及需要协调、衔接的部门、环节较多，很难预料在组织游览过程中，会发生怎样的突发事件。一旦突发事件发生，导游应该如何面对呢？

1) 做好计划

尽量在带团出游前对游览计划、线路计划、搭乘交通工具、景点停留时间、沿途用餐地点等做出周密细致的安排，并根据以往的带团经验充分考虑容易出现问题的环节，准备好万一出现问题时所采取的对策及应急措施。

2) 准备应急物品

应准备一些常用的药品、针线及日常必需品，将应付突发事件需要联系的电话号码(如急救、报警、交通票务服务、旅行社负责人、车队调度等)随时带在身上。

3) 遇事沉着、冷静

出发前应亲切询问团队客人的身体健康状况，对老年人团队成员尤其要细心。游览有危险因素的景点或进行有危险的活动，如爬山、攀岩、游泳等，一定要特别强调安全问题，并备有应急措施。事件发生以后要沉着冷静，既要安抚客人、稳定客人情绪，又要快速做出周密的处理方案和步骤，尽量减少事件带来的负面影响。

本章小结

随着现代旅游业的发展，旅行社服务的内容和方式正不断发生变化。本章内容首先介绍了旅行社办公接待礼仪，然后又具体介绍了导游服务礼仪。目的是提高旅游从业人员的素质，来应对日益激烈的市场竞争。

复习思考题

一、判断题

1．电话铃响时，接听电话可以不在铃响 3 声之内接。（   ）
2．上团前，按照该团游客人数领取导游图，门票结算单和费用，带好接待计划、导游证、胸卡、导游旗、接站牌等必备物品。（   ）
3．如果时间来不及，导游可以不致欢迎词或欢送词。（   ）
4．游客在购物的过程中导游可以主动为客人当参谋。（   ）
5．导游在每天出发前，应提前 10min 到达集合地点。（   ）
6．导游活动中，游客提出的某些问题如果涉及一定的原则立场，一定要给予明确的回答。（   ）

二、简答题

1. 旅行社办公室接待礼仪有哪些要求？
2. 导游接待礼仪应遵循哪些常规？
3. 简述导游语言的礼仪要求。
4. 如何按礼仪规范来迎接游客？
5. 简述带游客购物的服务礼仪。

案例分析

受台湾导游协会邀请，2011年1月，厦门市旅游局曾组织优秀导游赴台考察交流。这是厦门导游首次赴台交流，虽然已经过去了一段时间，但提起台湾同行的带团技巧，导游们依然津津乐道。

台湾导游讲解很"生活化"。在台期间，厦门导游员们考察了台湾滨海休闲旅游、乡村旅游、工业旅游等旅游新业态。当游览到台北故宫博物院时，首届海峡两岸导游之星大赛台湾选手陈瑞津毛遂自荐，现场进行讲解。他对台北故宫博物院的历史及文物精品一一讲解。在讲解中，他不单单是对每件文物进行讲解，还和现代相结合，介绍过去这件玉器是干什么用的，到现在又有什么变化等，文化的交融、时空与空间的转化，他拿捏得恰如其分，非常"生活化"。

在台湾地区，很多导游是兼职，他们大多是教师、公务员、警察等行业转行的。虽然没有经过系统的培训，但他们有非常丰富的阅历。在导游讲解方面，显得更灵活。在台湾南投县清境农产参观"剪羊毛秀"活动时，导游借鉴台湾娱乐节目的风格，把剪羊毛、农场知识、农产特点等串联起来介绍，受到游客的欢迎。

此外，台湾导游非常注重"自导自演"，注重与游客的互动，做到"众乐乐"。厦门建发国际旅行社导游李志勇说："在卑南文化遗址博物馆参观时，我们问导游这里展示的先民的饰品都是真的吗？她说都是真的，但也有假的。这一下吸引了大家，都非常认真地听讲解。最后，导游揭开谜底，所谓的'假'是考古学家用来串饰品的尼龙绳。"

厦门市旅游局党组成员、纪检组长李文晖表示，台湾导游讲解能将趣味性、娱乐性、参与性以及知识性巧妙地融合，而不是单纯的、单方面的知识宣讲和灌输，很"生活化"，非常值得厦门导游员学习。

"台湾的工业旅游项目不少，而且都是动手操作环节，在一些观光工厂参观时，台湾导游和导览员除了讲解基本知识，还会教游客一些游览之外的知识。这种体验式旅游，能让游客更开心、更愉悦。台湾导游讲解真的不一样。"一位参观考察的厦门导游说。

问题：1. 台湾导游的服务接待工作有哪些与众不同之处？
2. 结合本案例试回答，导游在整个旅游接待工作中应注意哪些礼仪？

实训项目

一、情景模拟训练

教师准备较宽敞的场地和一些模拟导游的用具，根据学生分组情况分小组表演导游迎送服务礼仪、导游游览服务礼仪的操作标准。

具体方法有：①请同学根据设定情景代表旅行社和个人向旅游团致欢迎词，概括性地介绍本地旅游资源，有重点地介绍沿途街景等；②避免不良的手势、动作与举止，及时纠错并示范；③同学之间互相监督提醒，随时以最佳状态出现在众人面前；④自觉充当形象大使，以良好的气质和风度影响身边的每一个人。

二、旅行社员工语言礼仪训练

该训练目的是通过对同学们语言能力的训练，帮助他们能清楚准确、生动有趣、幽默活跃、符合礼仪地完成旅行社各个岗位的工作。

具体方法有：①从旅行社各个岗位收集在工作中经常遇到的沟通难题；②学习回答提问的技巧和礼仪；③学会原则问题是非分明、诱导否定、曲语回避等回答问题的技巧；④结合学生实际练习情况，指出沟通过程的问题。

课后阅读

导游员常用礼节

1. 礼貌动作

当导游员给游客分发旅行团体证或标志时，如果有礼貌地双手呈上，那么，客人也会以同样的姿势接过去，并道一声谢。可见，一个礼貌动作不仅反映了导游员对游客的尊重，也赢得了游客对导游员的尊重。在与游客的交往中，应时时注意各种礼貌行为的细节。例如，清点人数时，导游员常常习惯地拿着小旗指指点点，或用手在每位客人的肩头按一下，这种既不礼貌又不雅观的行为应该尽量避免。

2. 问候方式

导游员见到游客应主动热情地招呼。早晨可以说："您早！"、"早上好！"、"昨晚休息得怎么样？"等；如果客人正在用餐可以说："祝大家胃口好！"；宣布节目安排好后可以说："祝大家玩得开心！""您好"一般每天只用一次，再次碰面含笑点头即可。

问候语和问候方式是灵活多变的，并不一定拘泥于某种固定形式，但对游客不理不睬是极为无理的，必须避免。

有时问候语和方式要选择客人容易接受的。例如：一位客人前一天晚上稍有不适，第二天仍起床了，您不必再提他的病，而说："您看上去气色好多了，能和我们一起出去吗？"

3. 迎候礼

导游员与游客的交往从迎接开始、导游员应在集合地点醒目处迎候客人，并为他们安排等候出发的休息地方。上车时导游员可站在旅行车靠近车头的车门一侧逐个迎候客人，而不要站在一边让游客自己上车。

迎候游客时，态度要亲切而热情，可以通过握手或欠身，领首向客人致意，寒暄的话有"您好"、"欢迎您"、"旅途愉快"等。当全体客人到齐，旅行开始时，导游员应该致一个简短的欢迎词，根据职业要求，导游员应站在靠近车头的车门一侧，迎候游客上车，这样既便于迎候游客，同时也能保证游客的安全，还能及时给游客一些必要的帮助。

4. 告别礼

旅游结束时，应该安排一个比较正式的告别仪式。通常是在最后一个节目之前，或是最后一次聚餐时，导游员真诚地向客人们的合作致谢，并希望大家有机会再度光临。客人们离去时，导游员还应该在可能的情况下与大家一一道别。

5. 致谢

致谢时可以欠身或拱手，并说"谢谢"。作为导游员的礼貌用语，也可以将它作为对游客提出要求或建议的结尾。例如："我们明天要上山，希望大家早点休息，谢谢！"

6. 应酬

导游员应很快熟悉他的客人，记得怎样称呼他们而不要搞混。无论在哪里，导游员都应该用各种方式表示对客人的关心，不要让人有冷落之感，哪怕是一两句应酬的话，都能给客人带来温暖。

第 7 章 旅游景区主要岗位礼仪综合应用

教学要点

知识要点	掌握程度	相关知识
旅游景区接待、讲解的重要性	了解	旅游景区接待人员的素质要求、景区讲解工作的目的和方法
景区接待、讲解和质量服务的礼仪	掌握	接待服务和讲解服务的礼仪要求与训练，景区质量服务提高的内容
游客的行为管理	重点掌握	游客在景区游览过程中，如何对其失礼行为进行礼貌、灵活地防范和劝诫

技能要点

技能要点	掌握程度	应用方向
景区接待礼仪、讲解礼仪和对游客失礼行为的处理	掌握	提高工作人员的整体服务接待水平，提升游客在景区游览的满意度

导入案例

优美景区的不和谐一幕

周末，5 位游客结伴到某 AAAAA 级国家风景名胜区(图 7.1)游玩，途中景色宜人，大家心旷神怡。在景区游览大约 2h 之后，5 人感到有点累，于是来到景区内的一个茶室休息。茶室人不多，大家注意到这里茶的价格很贵，决定不点茶水，喝点自带的矿泉水坐一会儿。但茶室工作人员上前告知不点饮料不能在茶室休息，于是，其中一位游客就在茶室买了一包瓜子，和茶室工作人员商量边食用瓜子边休息一会儿，茶室工作人员勉强同意。但当这位游客打开瓜子，闻到一股很强的瓜子走油的味道，一看差几天就到保质期了，游客要求退货，茶室不同意，理由是瓜子是在保质期内的。5 位游客气愤地离开了茶室。

图 7.1 文明旅游

旅游景区是由若干个自然或人文景观相互结合、组合并辅以旅馆、餐厅、交通、商业网点、邮电通信等设施而形成的相对独立的具有较大环境空间的区域,如洛阳的龙门石窟景区、安徽的黄山风景区等。由此可见,旅游景区由多种要素构成,主要包括旅游吸引物、线路、娱乐设施、生活设施和管理设施等。例如,罗马尼亚的黑海海滨游览区,在从康斯坦察港以北的玛玛亚到罗保边境 80 公里长的海岸线上,主体吸引物是 72 公里的沙滩,日照时间长达 11h,那里有 12 处修养、疗养院,几百家旅馆,餐厅、酒吧、舞厅、歌剧院和各种体育设施全面配套,海滨除游泳和日光浴外,还有水上自行车、沙滩摩托车、高尔夫球和网球等活动。

由于旅游景区是一个复合群体和多元空间,决定了其必须向旅游者提供综合性的旅游服务。一方面向旅游者提供娱乐、休闲、餐饮、购物等物质享受方面的服务,另一方面还包括满足旅游者增长知识、丰富体验、升华素质、陶冶情操的服务。能不能提供综合性服务,是现代旅游景区与传统"风景区"、"旅游地"的区别所在。提供的服务内容越齐全,服务质量越高,说明旅游景区的现代化程度越高。

7.1 旅游景区接待服务礼仪

景区接待工作是一种公关行为,是景区联系内外的桥梁和纽带,是充分展示景区文明、好客、热情和友善的窗口。景区接待人员应树立"人人代表景区形象,一言一行体现文明素质"的工作理念,增强做好接待工作的主动性和自觉性,确保高质量地完成每一次接待任务,力争让每一位到景区造访的宾客,全面享受到热情周到、精心细腻的高水平接待服务,成为宣传景区、宣传地方文明形象的使者。

首先,严格接待工作环节,确保有序进行。制定相关配套的景区接待工作管理办法和重大接待工作方案、流程,对接待的组织、联络、服务、安全等诸多环节做出明确规定,使有关单位和部门各司其职、相互配合,确保重大接待活动万无一失。在实际接待工作中,对牵扯到的每个环节,不管事情大小,接待人员都要严格按照规定办理,杜绝盲目性和随意性。

其次，完善协作，形成接待工作合力。景区接待服务工作涉及点多、线长、面广，这对安全和服务保障工作提出了较高要求。为确保接待安全，景区应积极与各级安全部门协调，建立健全安全保障协作机制。加强沿线安全警戒与巡查，及时检查和维护相关旅游设施。认真执行接待工作方针，自接到有关部门安排的接待任务起，主动加强与交办方的联系，针对不同的季节特点、客人的爱好兴趣及身体状况等因素，提前拟定接待游览线路、车辆、接待人员安排等具体建议，供交办方参考，确保让游客满意。并与酒店、机场、火车站等接待窗口单位建立良好的工作关系，整合各方面接待优势，尽最大可能为游客提供便利服务，确保客人住宿、饮食、交通等方面便捷顺畅。

最后，加强监管，展示景区文明形象。随着近年来各个景区接待游客数量的不断攀升，给景区接待工作提出了严格要求，也带来了很大压力。应全面加强软硬件建设，彻底摆脱接待工作仅限于迎来送往、安排食宿的低层次状态，使景区接待工作全面提升到一个新水平，丰富接待服务工作的内涵。

7.1.1 景区员工的素质要求

素质是指一个人的文化修养、涵养和分析问题、解决问题的综合能力。目前，应加大景区从业人员的素质教育，努力建设出文化层次高、业务能力强、综合素质过硬的专业接待团队。

由于景区从业人员所从事的岗位和具体工作内容的不同，一般可分为以下两种类型，即管理人员和工作人员。

1. 管理人员的素质要求

风景旅游区是一个具有较强开放性的小社会，它的管理人员应该与其他企业的领导干部不同，对其管理能力有以下几点要求。

(1) 应具有完善而高尚的人格，不仅体现在中华民族谦虚谨慎、知书达理的思想观念上，而且还表现在勇于创新、敢于开拓的开放性意识上，体现一切为游客服务的精神。

(2) 应具有领导才能，这种才能表现在两个方面：在组织方面，能够对旅游区的工作切实有效地进行组织安排；在凝聚力方面，能够将大多数员工团结在自己周围，以人格魅力影响员工。

(3) 心胸开阔，具体表现为：工作第一，不计较个人得失；能倾听各种意见，态度随和，坦诚待人。

(4) 有协调能力，能够协调与各方面的关系和解决内部矛盾。

(5) 有丰富的业务知识和熟练的服务技能，还要熟悉服务劳动的一些专业知识，以便于进行劳动组织和指挥。

(6) 要有开拓精神。旅游业是一个与市场紧密联系的行业，市场需求时有变化，新的热点不断出现。因此，旅游风景区经营管理人员必须具有开拓精神和创新精神，不能以不变应万变。

旅游风景区的经验管理是一项专业性很强的工作，管理人员必须具有较高的专业技术水平，具体的业务素质要求包括：①旅游业的总体知识；②旅游资源和景观知识；③旅游开发的基本理论；④客源市场的分类知识；⑤客源市场的变化规律；⑥经济管理和税法知识；⑦涉外管理知识；⑧服务理论和服务技术；⑨礼貌礼仪素养。

2. 工作人员的素质要求

景区工作人员一般可分为大致3类：技术人员、旅游服务人员和其他服务人员。

对于工作人员的品德素质要求一般有以下几点。

(1) 树立正确的人生观和世界观，全心全意为游客服务。

(2) 具有良好的职业道德修养，能够遵守景区内各项规章制度。

(3) 了解并遵守涉外纪律，具备对外国游客服务的能力，并且熟悉主要客源国的风土人情、礼节礼貌和交往禁忌。

(4) 满足服务人员仪容仪表修饰礼仪的要求，对待游客热情友好、文明礼貌、优质服务。

(5) 对前往景区的游客能够做到一视同仁、不卑不亢。

(6) 不断巩固提高专业知识和礼仪修养，热爱并努力做好本职工作。

工作人员的业务素质要求有以下几点。

(1) 能够熟练地使用普通话，吐字清晰、语言流畅、表达准确、声音动听。

(2) 具有一定的外语能力，可以为外国游客提供简要的景区介绍。

(3) 具有一定的文化修养，能够把景区的自然美与人文美，用艺术语言准确、生动地表达出来。

(4) 熟知本岗位的业务和工作要求，了解相关知识，有积极向上、努力进取的精神，并能不断地钻研对客服务、提高服务技能。

(5) 服务游客真诚公道、信誉第一。

7.1.2 景区接待礼仪与训练

在景区接待上，首先，要求接待人员时刻保持高度的政治敏锐性，树立保密意识、大局意识，确保旅游接待工作安全、有序进行。

其次，多渠道、多层次、多形式地加强接待工作人员的业务培训。要求接待人员熟悉地方历史文化和风土民情，不断拓宽视野，丰富知识结构，做到游客有问必答，有理有节。

然后，提高接待人员处理紧急情况的能力。全面加强接待人员灵活应变能力、临场发挥能力的训练，提高应急处理能力，确保把影响接待工作效果的细节问题解决在萌芽状态，实现接待工作"零失误"。随时准备好应对接待工作中的不可预见因素。在安排重大接待活动时，注意对全局进行总体把握，随时根据接待工作的需要调整接待方案。

最后，注重细节，为客人打造舒心惬意之旅。细节决定成败，景区接待工作来不得半点马虎，必须处处留心，周密考虑，谨慎安排。接待人员在具体接待工作中主动进行全程模拟思考，从准备会议室到用车，从参观到进餐，对每一个细节都提前细致地思索一遍，及时发现存在的疏漏。接待过程中，接待人员要坚持做到"眼观六路、耳听八方"，对来宾的一个眼神、一个动作、不经意的一句话，都注意留意和体会，及时采取应变措施，切实把接待工作落到实处、细处。

1．景区配套服务设施

(1) 在旅游景区设置景区接待中心或咨询台，可提供景区综合服务。内设售票室、导游室、咨询室、投诉办公室、警务室、邮政代办所、影视厅等，有专人为游客提供全面周到的服务，如信息咨询、预定接待、资料导览、物品寄存、失物招领、影视休息、投诉处理、邮政代办、旅游购物、安全保卫等。

(2) 景区不仅为游客提供景区全景导游图、游览线路、讲解服务，还可提供电动轮椅、手动轮椅、婴儿车、拐杖等物品。

(3) 工作人员主动帮助游客，积极、热情地提供接受相应的咨询服务，可以使游客得到真实、准确的信息和热情的服务。

(4) 在旅游区醒目位置设置告示牌或指示牌，不仅文中语言要有中文，还要根据景区主要客源情况，适当选择英文、法文、韩文或日文等语言。

(5) 游客集中场所均设有导游全景图、景物介绍牌、引导标示标牌，材质高档、外形统一，与景区风格浑然一体，突出民族特色、地方特色。在停车场、出入口、交叉路口、厕所、餐饮、售票、购物场所、医疗点等位置设置图形符号，造型优美、数量充足，具有烘托性效果。

(6) 有条件的景区可以准备便携式可选择播放语音导游机，为游客提供多种语言介绍和导览提示，方便散客游览。

(7) 在游步道、广场等地均设有供游客休憩的椅凳。

2．景区工作人员服务礼仪

(1) 使用闭路电视、摄影机，或者加强人员巡视，积极、主动维护景区秩序，为游客创造良好环境。

(2) 在某些危险、特殊地区，善意提醒游客禁止从事某种活动或禁止在某时间段从事某种类型活动。

(3) 科学组织游客游览，根据景区容量，限制游客的数量、团队的规模和停留的时间等，以保证游客的旅游体验质量。

(4) 在门票、景点宣传品、路牌等醒目处，均可安排适当的旅游宣传内容，形成一种遵守旅游道德的氛围。宣传教育的语言可使用富于情感性、有文化底蕴的倡导性口号，以理服人，以情动人。

(5) 对于需要告知游客禁止烟火、触摸、捕猎，禁止超出游览行径行走，禁止损害旅游资源和旅游设施，禁止乱丢废物，禁止各种反动、黄色和有伤风化的活动时，要注意语气、语境和方法。要通过适当的环境解说服务和广告，使游客乐于倾听、乐于接受，从心里认同景区的规定，自觉自发地去遵守旅游中的社会公德，形成旅游者在旅游景点景区的行动约束。

(6) 对于游客的乱涂乱刻行为，应加以引导或转化，例如，设置一些参与性的项目，专门供游客刻画留名，以示纪念。

总之，在旅游景点景区游客服务工作中，要从游客心理出发，注意使用礼貌的语言和行为引导、尊重旅游者。

7.1.3 景区接待礼仪程序与训练

1. 游客到达前的准备礼仪

1) 接收游客的预定信息

在接到游客的预定信息之后，研究接待内容，制订一份有针对性的接待计划，内容一般包括相关游客的基本情况、成员名单等。要熟悉游客的基本情况，如到达时间、团队人数、接待规格、姓名、性别、职业、年龄、国籍、宗教信仰、特殊要求(如讲解过程中的语言禁忌)和特殊游客(高龄游客)。并根据客人要求，充分沟通，确定接待安排。

2) 协调各部门做好接待准备

首先，与安保部门协调加强客人及景区安保工作；其次，与餐饮部门协调安排客人用餐，了解特殊客人用餐忌讳；然后，与客房协调安排客人住宿；最后，在客人未到景区前一个小时内，安排妥当一切接待事宜。

重要团队要配备素质优秀、经验丰富、反应灵活的讲解员；国际旅游专业团不仅要选配外文好的，还要具备专业知识的讲解员；学习考察团要选派知识丰富的讲解员；一般参观团要活泼、热情、开朗的讲解员。

2. 接团礼仪

1) 到达景区正门迎接客人

在掌握游客所乘车辆及到达时间后，安排相关人员进行迎接，并有保安人员引领车辆停入景区停车场。

2) 引领客人游览景区

在专业讲解人员与游客见面后要礼貌热情、言简意赅，向游客介绍自我，代表景区对大家表示欢迎，预祝行程顺利等。

3) 讲解内容要丰富

景区讲解除了涉及各个景点外，还应提及本地气候、历史地理、政治经济、风土人情、著名特产等，如果有沙盘，可以借助沙盘讲解景区内景点分布和各个景点的基本情况。

4) 特殊游客服务礼仪

对宗教界游客讲解时，切勿向他们宣传"无神论"，要避免涉及有关宗教问题的争论，更不要将宗教和政治联系起来；对儿童游客讲解时，可加入适当的童话和儿童故事，但要把握分寸，不宜重视儿童而冷落成年游客，不宜给儿童买食品、玩具，也不宜单独带儿童前往某景点活动；对老年游客，要注意在游览时放慢行进和讲解速度，关心其身体健康。

5) 注意保留重要客人的纪念性资料

对于重要客人，此时应准备签名卷轴，请其签名留念，并留下影像资料。

3. 游客离开时的服务礼仪

1) 送别客人

景区接待应自始至终热情周到，并重视在客人离开前的结束工作。真诚表达对游客的感谢和惜别之情，诚恳倾听游客提出的宝贵意见和建议，对服务不周之处表示歉意，期待再次重逢，祝游客旅途愉快。

2) 客人离开后的工作

整理好各种文字及图片资料并存档。向客人或旅行社征求意见，并希望今后进一步合作。一旦有问题出现，应及时反馈解决。对有价值的接待活动，要撰写稿件及时在新闻媒体上发布。

3) 定期总结

定期召开有关部门总结会，总结接待经验，找到不足，及时改正，并表扬优质服务的部门和个人。

7.2 旅游景区环境解说礼仪

讲解服务最早起源于美国国家公园服务中心(Visitor Center)的解说事业，到了第二次世界大战以后，发展成为在那些科学价值高的风景区或公园内的专门服务。美国国家公园管理局在美国公园内部规划设计了功能完备的国家公园解说和教育系统，每一个公园都要向旅游者提供良好的讲解和服务设施。二战后，讲解服务在英国也得到普遍的应用。英国提倡环境保护运动，让公众认识到乡村和工业遗迹的价值。于是，北美和英国都将讲解纳入到本国的环境教育运动中，并且渐渐地变成了旅游景点景区管理的重要内容之一。

讲解服务的直接目的在于教育。通过这种教育活动，提高人们对自然界的认识，有助于人们合理认识自然、保护自然。现在讲解这个概念适用于整个旅游目的地，"旅游目的地讲解就是运用某种媒体和表达方式，使特定信息传播并到达信息接受者中间，帮助信息接受者了解相关事务的性质和特点，并达到服务和教育的基本功能。"旅游景点景区构成了旅游目的地吸引旅游者前来旅游的重要因素，所以，旅游景点景区的讲解是旅游目的地讲解的重要组成部分。旅游景点景区的讲解就是运用标牌、视听、书面材料等媒介，将景点景区的信息视觉化和听觉化，以便强化和规范旅游者在旅游景点景区的行为活动，同时提高景点景区的文化品位。旅游景点景区应通过有效的介绍让旅游者认识到景点景区的重要性、意义内容及主要特征。

7.2.1 景区讲解的目的

1. 提供基本信息和导向服务

旅游景点景区的讲解可提高游客游览和观赏的效果，是旅游景点景区管理中的核心问题之一。

2. 提高旅游景点景区的经营管理水平

旅游景点景区是否有完善的讲解服务，讲解质量的高低，是衡量景点景区管理水平的重要标志。每一个旅游景点景区，无论是以自然旅游资源为主的，还是以文化旅游资源为主的，都有自己独特的自然和文化价值，经营管理好的旅游景点景区，配有完备的文字、图片、人员、解说等，甚至还设置了更为现代化的解说设施。

3. 促进旅游资源的保护

景区讲解有助于文化古迹的保护，因为它是旅游资源和游客之间沟通的桥梁。旅游者通过讲解服务提高对旅游景点景区景物价值的认识后，改变了对环境的态度和行为，减少破坏资源和设施的事件，并自觉地支持旅游景点景区的各项政策和措施，主动配合旅游景点景区的保护。

4. 促使旅游者获得更高的利用价值

一般的旅游者在旅游景点景区看到的只是某种名胜古迹的外在轮廓，这一视觉感知十分表面化，对于头脑中没有或缺乏相关文化积累的旅游者，只能是外行看热闹，不可能深入到有关的文化内涵中去。讲解服务使旅游者对旅游景点景区内的旅游路线、景观及整个环境更为熟悉和了解，帮助旅游者了解并欣赏旅游景点景区的资源价值，指导游客发现平时自己不太注意的东西。例如，南京珍珠泉公园内的珍珠泉，只有当人们拍手或叫喊时才会从湖底喷出串串似珍珠般的气泡，非常奇特，但许多人不知，因而漏赏这一奇观，甚为遗憾。讲解服务能使游客在对景物更加细致、更加深入的了解中，得到充分的旅游经历与满足，提高旅游活动的质量和愉快程度。

5. 可以使游客在随机教育中获得新知识

良好的讲解服务可采取各种方式，让一般的游客获得有关历史、考古、生物、地理、民俗风情和生态等方面的知识，使旅游者对旅游景点景区旅游资源及所具有的科学和艺术价值有较深刻的理解。旅游景点景区的有关知识有异于游客所在地，有异于游客本身所从事的职业，因而能满足旅游者对新事物的好奇心。例如，农业旅游景点景区的讲解，可以让生活在城市中的游客了解有关农业生产的知识，了解农产品与自己的关系。

7.2.2 讲解服务的方法

讲解的方法很多，目前普遍采用的有人员解说、标牌、照片、地图、模型、标本、视听节目等。各种解说方法具有不同的特点，适合不同的解说内容和解说对象，景点景区应根据具体的内容灵活运用。

1. 人员解说服务

这是指在旅游景点景区的入口、接待中心、观赏点进行解说，也可沿途引导解说。在我国，大多数博物馆、纪念地类型的文化景点景区设有专门的讲解员，一些含有众多文物古迹的风景区，也设有景区自己的讲解员，他们除沿途引导外，还负责景点景区自然景观和文物古迹讲解。当然，有些景点景区的讲解服务是旅行社的导游提供的。

专职讲解员必须对旅游景点景区的解说内容非常熟悉，达到一定的深度，这样才能满足不同游客的需要。俗语说"祖国山河美，不如导游一张嘴"，说明导游讲解在引导游客享受旅游景点景区文化内涵方面的重要作用。为此，有些旅游景点景区不惜在一些重要的观赏点配备解说员，例如，我国四大石窟之一的甘肃天水麦积山石窟，重要的石窟，每窟一名讲解员。我国有些旅游景点景区内，对讲解服务管理不善，对没有资格讲解的人员控制不严。一些未经培训的人员，自称能为游客提供沿途的引导讲解，但他们知识贫乏，除带领游客到达某景点，告诉这是什么地方外，无任何其他内容奉告，就算完成了讲解服务。这种做法不仅不能使游客获得知识，而且也严重影响旅游景点景区的形象。

2．视听节目

这种方法主要通过电影、实景演出、幻灯片、触摸屏和录音等将旅游景区的有关内容传达给旅游者。例如，反映广东肇庆旅游的"画山秀水肇庆游"光碟，对肇庆著名的国家级风景名胜区"七星岩"和"鼎湖山"进行了详细地介绍。光盘解说画面效果好，游客乐于购买，以便日后回忆、玩味。

3．展示与陈列

这类解说服务主要采用照片、图表、模型、标本等，向人们提供景区的有关知识，一般分为室内和室外展示陈列两种。例如，美国的国家公园往往在游客中心设置博物馆，使其成为国家公园的主要组成部分。

4．出版物

出版物指旅游景区的简介、小册子、导游图、明信片、画册和书籍等读物，一般分赠阅和出售两种。景区有着丰富多彩的人文景观和自然景观，由于游客在每一景点的停留时间有限，在极短的时间里难以详尽领会，便有购买反映景点景区的书籍或其他书面材料带回家中加深了解的愿望。

7.2.3 人员讲解礼仪与训练

一名合格的解说人员，仅有热情和信心是不够的，要有专业知识的储备，还要具备一定的专业技能。讲解员因人施讲，会针对不同民族、年龄、职业、性别、文化水平的各种游客，组织不同的语言。有能力的要尽量掌握或熟悉一门外语，特别是外语讲解员、哑语讲解员和方言讲解员更应灵活地运用语言，结合实际有效地表达。

在具体的工作中，以下几个方面的解说技巧和礼仪需要特别注意。

1．讲解技巧

在讲解服务中运用适当的语言技巧，可使解说工作更圆满，更理想。

(1) 解说人员(图 7.2)力求说话轻松幽默，使游客的情绪受艺术化的语言而波动。这些幽默语言可以使游客集中注意力，避免讲解过程出现冷场。解说人员也可以灵活利用地方色彩的语言，增强生动性。

(2) 注意表情、气质、音色、态度和仪表等的具体应用，这些都会影响到解说人员的讲解效果。

图 7.2　红色景区讲解员

（3）解说员在讲解时居明显位置，声音清晰洪亮，以大多数人能听到为准，语速不急不慢，急则游客听不清楚，慢则容易使人注意力不集中。在语言的运用上，适当地运用抒情性的演讲方式，起伏跌宕，引人入胜。对一般的游客主要在于引导，使其对景物产生一定的认识，对特殊的游客，要尽量满足要求，积极回答游客的提问。

（4）解说主题力求不断变化。在介绍了一个主题之后，最好能穿插一些与之有关的话题，一味地选择一个主题易显枯燥无味。例如，在讲解与人物有关的景观时，可以插入一些与人物有关的故事，引起游客的共鸣。此外，旅游讲解是在人们处于休闲的状态下进行的，在讲解中不时地插入一些轻松的话题，减少游客的枯燥感。

（5）可以通过提出疑问或提问的方式开始解说，造成一种悬念，引起游客的好奇心和怀疑，进而引起求知欲。在讲解过程中向游客提出一些问题，让游客参与回答，加深问题的印象，同时缩短讲解人员与游客的距离。

（6）提供与游客切身利益有关的知识，例如，面对特殊情况的紧急处置，碰到景区顽猴挡路时该怎么办，遇到生病或跌伤时该怎样急救。

（7）注意游客的反馈。人员解说最大优点是双向式沟通，解说人员应注意从游客的反馈中，了解游客对解说主题的了解程度，兴趣程度，及对旅游景点景区的意见，以便调整下一步的解说内容，并改进旅游景点景区的产品和管理。

2. 解说礼仪

（1）仪容仪表良好。着装得体、整洁，做到持证上岗、挂牌服务。在为参观者提供服务时，做到微笑迎客、主动热情、端庄大方。

（2）讲解准确顺畅。熟悉业务，知识面广。讲解内容健康、规范，热情介绍、答复游客的提问或咨询，耐心细致、不急不躁；对参观者的提问，尽量做到有问必答、有问能答；对回答不了的问题，致以歉意，表示下次再来时给予满意回答；与参观者进行沟通时，说话态度诚恳谦逊，表达得体，例如："请您随我参观"、"请您抓紧时间，闭馆时间到了"、"欢迎您下次再来"等。

(3) 当遇到游客投诉时，应保持谦逊、克制的态度，认真倾听对方的要求，对其合理要求应及时予以解决，对不合理要求应该礼貌而委婉地拒绝。

(4) 主动热情地关心和帮助老人、小孩、残疾人等有特殊需要的游客，积极帮助他们解决旅行中的实际困难。

(5) 尊重旅游者的宗教信仰、民族风俗和生活习惯，并主动运用他们的礼节、礼仪，表示对他们的友好和敬重。

(6) 路遇危险状况时，主动提醒，并按规程及时对游客进行安全疏散，保证游客安全。

(7) 不介绍游客参加不健康的娱乐活动；旅行中，不诱导、强拉游客购物；不擅自改变计划，降低服务标准；善意提醒游客文明旅游。

(8) 讲解内容要健康。对自然风物和人文历史的解说要正确真实，向游客宣传美与善，那些胡乱攀扯、任意附会、哗众取宠、故弄玄虚、荒诞迷信及黄色下流的故事，不仅无法使游客增长见识、陶冶性情、愉悦身心，反而败人雅兴，倒人胃口。

小贴士 7-1

《游览参观点服务质量等级标准》节选

1. 服务态度

1.1 主动

1.1.1 服务积极主动，不分分内分外

1.1.2 发现问题及时解决，不拖延

1.2 耐心

1.2.1 繁忙之中不急不躁，对事情不推脱，不怕麻烦

1.2.2 在发生矛盾时善于克制

1.2.3 客人在游览中遇到的问题要认真答复、解决

1.3 周到

1.3.1 关心病残，一视同仁

1.3.2 妥帖细致

1.4 热情

1.4.1 面带微笑，自然适度

1.4.2 亲切和蔼

1.4.3 稳重端庄，落落大方

2. 工作纪律

2.1 自觉宣传和维护国家的有关法规

2.2 爱惜公共财物

2.3 不向宾客索要小费、回扣和礼物

2.4 不炒股、套换外汇

2.5 严守作息时间，不脱岗、迟到、早退

2.6 上岗时不做与工作无关的事
2.7 尊重宾客，不刁难、挖苦宾客，不与宾客争吵
2.8 认真执行工作规范

3. 礼节礼貌

3.1 遵守日常交往礼节，称呼与举止恰当
3.2 应答时要注意保持良好姿态和语气
3.3 回答问题明确清晰，态度诚恳，实事求是
3.4 精力集中，稳重热情
3.5 使用礼貌语言，语气亲切

4. 着装仪表

4.1 服装
4.1.1 根据企业要求统一着装
4.1.2 保持服装整洁，皮鞋光亮，纽扣完好
4.1.3 标志、工号佩戴规范、醒目
4.2 容貌
4.2.1 发型大方
4.2.2 面容整洁
4.2.3 化妆适度
4.2.4 饰物佩戴符合规定
4.3 形态
4.3.1 形象庄重大方
4.3.2 精神饱满，举止文雅得体
4.3.3 有良好的站姿、坐姿和行走姿势

5. 服务语言(口头语言)

5.1 语气语调
5.1.1 亲切温和、热情而不浮躁
5.1.2 语速不急不缓
5.1.3 音量适中
5.2 规范用语
5.2.1 用语规范，使用敬语，无口头语
5.2.2 不谈论他人隐私，不随便评论他人
5.3 语意表达
5.3.1 口齿清楚
5.3.2 语言流畅
5.3.3 内容准确

5.3.4 明白易懂
5.3.5 用语简明

7.3 旅游景区质量服务礼仪

优质的景区质量带给游客身心舒畅的旅游经历。

7.3.1 旅游景区环境质量

旅游景区环境管理的目的是保证为游客提供良好的环境质量。

1．土地分区合理

将整个旅游景点景区分成各种功能区区别管理，是认识和保护旅游景点景区的基本步骤，是旅游景点景区旅游资源经营上的重要措施。分区使用，可以将环境整体分成几个部分，分别制定保护方案。例如，可在旅游景点景区内划分一定的保护区、预留区、禁止开发和粗放使用的地区。在粗放使用地区为便于旅游者观赏景观，允许在旅游景点景区适当建设道路、步道、风景眺望点和食宿等设施。

2．加强景区绿化

环境绿化工作是旅游景点景区环境管理的重要内容。绿色植物通过光合作用吸收二氧化碳，放出氧气，这对人类身体健康极其重要。绿化工作可以净化空气，美化环境和景观，促进游客游览过程中身心愉悦。

3．减少环境污染

环境污染控制，是指将噪音污染、水污染、空气污染、辐射、恶臭等各种污染控制在环境标准范围以内的措施，为游客营造一个良好的卫生环境，使游客在愉快的心情下，从事各种旅游活动。

4．安全防火措施

旅游景点景区必须制定有效的防火措施，包括景点防火设施、防火制度及游客防火注意事项等，尽可能杜绝火灾隐患，将火灾发生的可能性降低到最低限度，并在火灾突现时，及时采取有效的应变措施。防火管理对于森林公园和古建筑类的旅游景点景区尤为重要，通过对游客可能引起火灾的行为进行有效的管理，可以防止山火的发生，杜绝火灾隐患(图 7.3)。

5．维持景区秩序

旅游景点景区往往为游客设立了各项服务，例如，摊担、旅游纪念品出售、景点摄影等项目。规范景区内的市场经营，可以促进景区秩序良好，树立景区形象，增加游客的满意度。

图 7.3　消防战士在普陀山保养消防器材

7.3.2　旅游景区服务质量

1. 景区服务质量内容

衡量旅游服务质量，无论是服务设备、设施的质量，还是服务劳动的质量，最终都要满足旅游者娱乐性和享受性的精神消费需求。风景区旅游服务质量的内容主要有以下几个方面。

1) 服务设施和设备质量

设施、设备保证供应是旅游质量的基础。在游客未到来之前，它反映旅游企业的服务能力；在游客到来之后，它是旅游企业有形服务的表现形式；在为游客服务的过程中，设备设施的完好度、舒适度、美观度都直接和间接地影响着服务的质量(图 7.4 为嘉峪关景区电瓶车)。

图 7.4　嘉峪关景区电瓶车

2) 服务环境质量

服务环境的良好程度是满足精神需求的重要体现，美观良好的环境能够给旅游者提供舒适、方便、安全、卫生的服务，是旅游服务质量的重要组成部分。服务环境的质量主要表现为服务设施和服务场所的装饰布置、环境布局、空间构图、灯光气氛、色调情趣、清洁卫生和外观形象等方面的质量，它们形成服务环境的整体效果。

3) 服务用品质量

服务用品包括服务人员使用的各种用品和直接满足游客需求的消费用品，后者是满足游客物质消费需求的直接体现，如餐厅的餐具、旅游交通工具等。服务用品的质量必须符合企业的等级规格，做到用品清洁规范、定额配备、供应及时，如此才能提高服务质量。

4) 实物产品质量

实物产品质量是满足游客消费需求的重要体现，其内容主要表现为饮食产品的质量和满足游客购物需求的商品质量。前者包括产品风味、原料选择、原料配备、炉灶制作、食品卫生等，最终以商品本身的内在质量为主。

5) 劳务活动质量

劳务活动质量即以劳动的直接形式创造的使用价值的质量。各种实物形式的服务质量最终都要靠劳务活动来组织，也就是说，其质量高低在实物产品配备完成的基础上主要是由劳务活动来创造的。因此，劳务活动质量是旅游服务质量的主要表现形式，其内容包括从业人员的服务态度、服务技能、服务方式、仪容仪表、服务语言、礼节礼貌、行为举止、服务规范、劳动纪律、服务效率、职业道德和精神面貌等。

6) 游客满意程度

游客满意程度是旅游服务质量高低的最终体现。旅游服务劳动是为游客提供的，也是在游客的支配下进行的，其质量高低主要表现为游客在旅游过程中享受到的服务劳动的使用价值，即得到的物质和心理满足。上述 5 个方面的质量高低最终都通过游客的满意程度表现出来。因此，提高旅游服务质量必须从游客的消费需求、消费心理出发，有针对性地提供各项服务，重视游客的满意程度，并随时掌握游客的心理变化，不断改进服务工作，以取得高水平的服务效果。

2．景区旅游服务质量的提高

旅游活动是一项综合活动，旅游服务也是一项综合服务，这种综合性既体现在服务内容上，也体现在服务的表现形式上。因此，旅游服务质量是一种整体体现，具有综合效果。景区服务综合运用现代化管理手段和方法，通过建立完善的服务质量标准和体系，不断提高旅游服务质量的管理活动。确定服务质量标准化管理工作应以贯彻国家和地区的质量标准为中心，并结合本企业实际情况。标准化服务质量管理主要表现在以下 3 个方面：①服务质量标准化；②后勤保障标准化；③管理工作标准化。

根据风景区旅游活动和旅游活动服务的特点提高服务质量，重点应解决以下 3 个方面的问题。

1) 服务设施及环境必须配套

服务横断面宽，综合性强。任何旅游企业提高服务质量都是以设施、设备及其环境为基础的。只有做到设施配套、设备舒适、环境优美，符合旅游企业的等级规格，满足企业所选目标市场的需要，才能为提高服务质量提供良好的物质条件，为保证服务质量的整体效果创造基础。

2) 服务人员必须具备良好的素质

在旅游业中，游客所需要的各项服务主要是由各部门、各企业的服务人员来提供的。服务人员自身素质的高低，执行"宾客至上，服务第一"经营思想的自觉程度等都直接影响着服务的质量。只有整个旅游业和各级各类旅游企业都对旅游培训给予足够的重视，努力提高服务人员的素质，如此才能提高旅游业整体的服务质量。

3) 服务质量管理必须具有全局意识

服务质量的整体效果是与旅游活动有关的各部门、各行业及工作人员共同创造的。树立全局观念、提高服务质量的整体效果包括4个层次：①国家旅游主管部门对服务质量管理必须面向全行业，统一制定方针政策，做好各地区、各部门、各行业的联系工作；②各旅游服务企业、各上级主管部门必须树立全局观念，切实贯彻国家旅游主管部门行业管理的有关方针政策，顾全大局；③各级各类旅游企业要加强联系和配合，沟通情况，互相支持，特别是要保证旅游团队旅游日程安排的顺利实施；④各旅游企业的服务人员要树立"一盘棋"思想，做好每一个环节、每一个岗位的工作，确保旅游服务质量的整体效果。

应用案例 7-1

雁荡山景区的服务质量管理

雁荡山(图7.5)位于浙江省温州市东北部海滨，山水奇秀，天开图画，是中国十大名山之一。1982年被国务院列为首批国家重点风景名胜区。近年来，相继荣获国家级"卫生山、安全山、文明山"、"国家文明风景名胜区"、"国家AAAAA级旅游区"、"全国文明风景旅游区示范点"、"世界地质公园"等称号，是目前浙江省旅游行业唯一的国际品牌。在2001年我国旅游行业第一份"中国旅游百强景区"调查中，雁荡山就以年游客接待量237万人次高居榜单第45位。

图7.5 雁荡山景区

雁荡山风景区把文明创建工作放到首位，非常重视游客的礼仪接待服务。在景区的服务中心专门设有致游客的一封信。内容如下：尊敬的游客，雁荡山是世界地质公园，敬请您与人们一起共同呵护这里的一岩一石、一草一木；雁荡山是国家级卫生山，敬请您与人们一起共同爱护这里的整洁环境；雁荡山是全国文明风景旅游区示范点，国家 5A 级旅游区，敬请您严格监督我们的文明服务质量；雁荡山是海上名山，餐桌多生猛海鲜，敬请您注意吃海鲜是否习惯。

在 2010 年 5 月 30 日下午，雁荡山风景区还邀请中国人民大学礼仪学与公共关系研究专家金正昆教授给工作人员作了一次通俗又生动的旅游和政务接待礼仪专题讲座。通过举办这样的讲座，进一步加强了景区的文明诚信建设，有助于普及景区工作人员的文明礼仪知识，全面提升了旅游服务质量。

而且，早在 2005 年，雁荡山风景区就启动"数字雁荡山"建设。2007 年按照数字化景区管理体系进行全面建设，景区管理服务进入了网络化、数字化时代，便于为游客进行更好地服务。雁荡山景区还建立了景区"全球眼"视频监控系统。目前共有 68 路监控摄像头分布在景区主要的交通干线、停车场、游览路、客流汇集区及售检票区域，利用电信光纤网络，实时地将重要景点、客流集中地段、事故多发地段等场景视频数据传输至雁荡山景区监控中心大屏幕，为游客疏导、灾害预防、应急预案实施、指挥调度提供了有力保障。同时还利用雁荡山地理信息系统全面加强森林防火、地质遗迹保护、水资源保护，使雁荡山的管理更精细化、数字化。

雁荡山风景区将打造成一个全新的智慧型景区，通过信息化手段，解决旅游旺季景区景点游客拥挤、乘车站点的拥挤、车辆调度不畅等问题，构建和谐安全的旅游环境，从根本上为游客做得更多更好。

(资料来源：http://www.wzyds.com/index.aspx)

7.4 对游客失礼行为的管理

游客在旅游过程中，绝大多数人求知求异、充实人生、陶冶情操，但是有些旅游者在旅游过程中会出现一些不道德的行为，表现为污染环境、破坏旅游资源、损坏旅游公共设施、在公共场合举止不文明、对当地社会不尊重而形成与居民的冲突等。景区工作人员有义务有责任向游客提倡健康有益的旅游活动、宣传旅游资源保护和维护游客的旅游安全等。

1. 提倡健康有益的旅游活动

游客的不道德行为会对旅游景点景区产生不良影响。

首先，降低环境质量。旅游者人文造成的废物污染，破坏了环境的优美，破坏了旅游景点景区的美感美境，降低了环境质量。

其次，缩短旅游景点景区的生命周期。游客的不道德行为，加重了旅游资源的破坏及旅游基础设施的损耗，使旅游景点景区的形象受到一定的损害，吸引力下降，从而游客数

量减少,致使旅游景点景区较早进入生命周期的衰退阶段。优良的环境是旅游景点景区生存和发展的基础,旅游景点景区环境恶化之日,就是其走向衰退之时。

最后,游客的不良行为也降低了旅游景点景区的档次。

旅游景点景区游客管理的重要任务之一,就是通过适当的组织管理,引导游客在景点景区内进行健康有益的活动,体现社会主义的物质文明和精神文明。通过游览优美的自然景观,陶冶自己的情操;通过自然和文化遗产的游览,增加科学文化知识;通过新颖、有趣、惊险的娱乐和体育活动,使自己的身心得到放松。旅游景点景区要坚决抵制和反对有害健康的活动,例如赌博、嫖娼卖淫、抢劫偷盗等伤风败俗和犯罪活动。

2. 保护旅游资源,保护公共设施

游客在旅游景点景区会做出一些破坏环境和损害公物的行为,如采摘名贵花木,袭击和猎捕珍奇动物,在文物古迹上乱刻乱画,乱扔废物,污染水源,破坏娱乐设施等。通过景区工作人员有效的管理,能防止游客在旅游景点景区损害环境和设施,减少游客对环境的污染。

3. 游览安全管理

旅游景区是游客旅游的最终目的地和重要集散地,面临的环境相对复杂,要确保游客和景区员工的人身与财物安全,确保景区能够持续稳定地发展,安全管理是不容忽视的一个重要环节。安全管理主要是指旅游景点景区的治安、防火和人身安全管理3个方面。

(1) 建立健全各种安全制度,做好景区范围内的治安保卫工作,避免造成游客的人身伤害或财物损失,同时也避免对景区本身产生不良影响,给游客创造一个安定的环境。

(2) 正确引导和约束景区内游客的游览行为,防止其不安全行为导致事故。例如不顾各种安全警示,跨越安全栏、随意攀爬、接近危险水源等;在漂流、滑草、泡温泉等过程中,不遵守相关的安全规定,不按照规定的操作执行等;不在指定的吸烟区域吸烟,或在禁火的景区乱丢烟头等。

(3) 在游客进行一些特种旅游活动时,如悬崖陡坡、深林蹊径、激流深洞、河谷漂流等,加强安全活动管理,一定要有安全措施和急救系统,应有清楚的警示牌,提醒游客注意人身安全。

(4) 要求景区旅游设施操作人员严格按照规范进行操作,防止违章作业导致事故。例如负责漂流的船工在急流转弯河段操作不当造成翻沉,负责客运索道的员工因操作不当导致停止运行,负责游船或大型游艺机的员工因操作不当而造成人员受伤等事故。

(5) 在景区危险处设立明显的标志。如在江阴鹅鼻嘴公园有一条又窄又矮的通道去江边看长江风光和江阴长江大桥,景区在通道的入口和拐角处均有提醒游人小心慢行的标志。在旅游景点景区的简介上印制安全注意事项,也不失为一种明智的做法。

(6) 规定游客在合适的时间进行旅游活动。由于恶劣的天气会给旅游带来不便,甚至造成危险。如遇到大雾、大雨和大风等恶劣的天气,应限制旅游车辆的通行。

(7) 如实、详细告知游客旅游活动中存在的危险因素和相应的防范措施,个人防护用

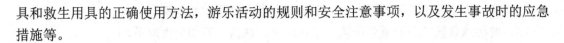

具和救生用具的正确使用方法,游乐活动的规则和安全注意事项,以及发生事故时的应急措施等。

应用案例 7-2

石林峡风景区游客须知

欢迎您来到石林峡风景区观光旅游,为了使您尽兴游览和参观,我们提醒您注意以下事项。

一、凡进入景区的游客,请自觉遵守国家现行的有关法律法规和景区的各项管理规定,服从景区管理人员的管理。

二、为了您和他人的安全,请务必不要将易燃、易爆、有毒、有害物体及火种等带入景区。

三、注意安全,不准跨越防护栏杆,不准攀爬山崖。请注意景区标志,不要到偏僻危险区域游览。

四、请将纸屑、饮料筒等废弃物放入垃圾箱内,勿随地乱扔。

五、确保森林防火安全,不要吸烟或使用明火。

六、请爱护园区的一草一木,请勿乱刻乱画,乱攀乱折乱挖,禁止捕捉野生动物,禁止采摘果木。

七、景区内潭深水凉,注意安全,严禁游泳、嬉水,儿童须在成人陪同下游览。

八、请您自觉维护景区秩序,狭窄路段相互谦让。

九、您游览时,对我们服务等方面如有意见,欢迎您提出,我们将虚心接受,并对您真诚的感谢。

(资料来源:最佳东方 http://www.veryeast.cn/)

本章小结

景区接待服务是旅游服务中的重要环节之一。本章的学习可以使学生全面掌握景区的服务内容、服务流程和礼仪要求,有助于学生了解景区各个岗位和工作,为日后在景区开展服务工作打下良好的基础。

复习思考题

一、判断题

1. 景区接待人员只需要了解景区情况,做到对游客有问必答,有理有节即可。
( )

2. 景区为了突出景区的原生态，不需要向游客提供休憩的椅凳。（ ）
3. 前往风景区参观的重要团队要配备活泼、热情、开朗的讲解员。（ ）
4. 景区工作人员有效地管理游客，可以减少游客对环境的污染。（ ）
5. 为了景区的经营利润，没有必要如实、详细告知游客漂流存在的危险。（ ）
6. 在给儿童讲解过程中，可以适当赠送些食品或玩具。（ ）
7. 景区工作人员可以浓妆艳抹。（ ）
8. 讲解服务中需要根据游客的年龄来调整不同的语速。（ ）
9. 大雾天气，景区工作人员应限制旅游车辆的通行。（ ）
10. 在讲解服务中，讲解人员可以用手对客人进行指点。（ ）

二、简答题

1. 对景区员工的素质要求有哪些？
2. 景区工作人员有哪些服务礼仪？
3. 景区接待礼仪的程序是什么？
4. 人员解说礼仪有哪些？
5. 旅游景区通过哪些内容提高服务质量？

案例分析

某水库旅游景区，水质清澈，烟波浩荡，岛屿众多，环境清幽，空气洁净，气候宜人。在河道上筑坝形成的人工湖是景区景观的主体，湖岸线长达59公里，水面3万亩。库区养殖了丰富的淡水鱼类和虾蟹，在秋天鱼肥蟹美，引得众多游人前来赏景品鲜。

某日，张先生带着几位客人一起来到景区某渔家乐。这里的垮炖鱼、油浸鱼、酱炖鱼、余花鲢等很有名气。张先生一行5人径直走到餐桌前，入座后，马上开始点菜。他一下就为5个人点了8个热菜、一份汤，其中有现炸小龙虾、香辣烤鱼和一道该渔家乐的招牌菜——"清蒸鱼"。由于忙碌，最后一道"清蒸鱼"，服务员忘记和客人沟通要多大的鱼，就通知厨师去加工。不一会儿，一道道菜就陆续上桌了。客人们喝着酒水，品尝着鲜美的菜肴，颇为惬意。吃到最后，桌上仍有不少菜，但大家却已酒足饭饱。突然，同桌的小康想起还有一道"清蒸鱼"没有上桌，就忙催服务员快上。鱼端上来时，大家都吃了一惊。好大的一条鱼啊!将近8斤的鲢鱼，这怎么吃得下呢？

"服务员，谁让你做这么大一条鱼啊？我们根本吃不下。"张先生说道。"可您也没说要多大的呀？"服务员反问道。"你们在点菜时应该问清客人要多大的鱼，加工前还应让我们看一看。这条鱼太大，我们不要了，请退掉。"张先生毫不退让。"先生，实在对不起。如果这鱼您不要的话，餐厅要扣我的钱，请您务必包涵。"服务小姐的口气软了下来。"这个菜的钱我们不能付，不行就去找你们经理来。"张先生气愤地说。最后，小姐只好无奈地将鱼撤掉，并汇报领班，将鱼款划掉。

问题：1. 请列举说明案例中的餐厅服务员有哪些服务行为是错误的。
2. 餐厅的点菜服务应注意哪些方面？

实训项目

一、景区服务训练

1. 在教师的指导下，学生分组进行现场实战演练。
2. 具体步骤有：
(1) 将学生进行分组，大约 5~7 人一组；
(2) 老师帮助学生选择学校附近的景区，让学生以组为单位，对景区整体情况和景区工作人员服务情况进行观察了解，总结该景区在服务质量方面存在的问题及提出改进对策；
(3) 老师对每组的汇报进行点评。

二、公关口语训练

1. 该训练主要让学生熟练掌握口语技巧，以便在服务场合灵活运用，发挥语言魅力。
2. 训练方法：
(1) 课前 5min 即兴主题演讲；
(2) 绕口令练习；
(3) 创设语境，让大家投入角色，聊天交谈，或设置精彩开场白、热情寒暄，或简洁打电话，或在讨论会上明智发言，或巧舌推销，或激情演讲，或机智辩论等；
(4) 会听，会看，会想，会自控，经常练；
(5) 语言能力测试；
(6) 语言与文化结合。

三、景区游客中心模拟训练

1. 在教师的具体指导下，学生分组进行模拟。
2. 训练方法：
(1) 模拟接待人员有礼貌地迎宾和问候服务；
(2) 模拟接待人员咨询服务；
(3) 模拟接待人员送客服务。

课后阅读

千山温泉滑雪场的人性化服务

千山温泉滑雪场(图 7.6)位于辽宁省鞍山市著名的国家风景名胜区——千山风景区内，距离市区仅 12 公里。雪场占地面积 100 亩，有 6 000 余平方米的综合服务设施，松林茂密，环境优美，地理条件十分优越，交通便捷，距鞍山市仅 10min 车程，是目前辽宁地区规模最大的滑雪场之一。滑雪场前有国家 AAAA 级旅游胜地鞍山玉佛苑，后有国家 AAAA 级旅游名胜千山，三者连为一线，是鞍山市首推的特色旅游线路。

图 7.6　千山温泉滑雪场

　　千山温泉滑雪场严格按照国际标准和中国人体质特点设计的初、中、高级雪道依山而建，雪道总长度达 4 000m，有两条近 1 000m 的具有 20 种不同坡度变化的中级雪道，可使初、中级以上水平的滑雪者过足展示滑雪动作的瘾，高级雪道相对落差 247m，长度 800m，最大坡度 40%，是检验高级滑雪者水平的理想雪道。千山温泉滑雪场设有总运力达 3 500 人次/小时的双人索道、4 条雪道专用拖拽设备及 5 000 套进口滑雪器材，日接待能力可达 6 000 至 1 万人次。

　　千山温泉滑雪场人性化服务更可谓细致入微。雪具大厅收银处及雪鞋、雪服和雪具租赁处设了 10 台电脑，意味着增加了 33% 的流通量，辅之以导向标志，避免了拥堵现象出现。在停车场、雪具大厅、雪道配备了 30 台具有低照度功能的电视监控系统，为滑雪者提供了更广泛的安全服务保障。

　　千山温泉滑雪场特设的老年休息专区，为行动不便或歇足的老人安置了舒适的坐椅及茶水，便于休息、等候；洗手间与滑雪学校廊桥式平台地面全部铺设了防滑橡胶砖，集防滑与减震于一体，为滑雪者解决了穿雪鞋行走带来的不便。

（资料来源：http://www.qshxc.com/docc/main.asp）

第8章　我国主要客源国的习俗礼仪

教学要点

知识要点	掌握程度	相关知识
主要客源国概况	了解	了解我国主要客源国各自的历史与文化背景差异
亚洲地区礼俗	掌握	熟悉亚洲主要客源国的社交礼仪、饮食习惯、节庆习俗、礼仪禁忌
欧洲地区礼俗	掌握	熟悉欧洲主要客源国的社交礼仪、饮食习惯、节庆习俗、礼仪禁忌
美洲地区礼俗	掌握	熟悉美洲主要客源国的社交礼仪、饮食习惯、节庆习俗、礼仪禁忌
大洋洲地区礼俗	掌握	熟悉大洋洲主要客源国的社交礼仪、饮食习惯、节庆习俗、礼仪禁忌
非洲地区礼俗	掌握	熟悉非洲主要客源国的社交礼仪、饮食习惯、节庆习俗、礼仪禁忌

技能要点

技能要点	掌握程度	应用方向
主要客源国的礼仪风俗、禁忌	掌握	旅游工作人员在涉外交往中要了解各个国家的礼俗,以免产生误会

导入案例

餐桌风波

国内某家专门接待外国游客的旅行社,有一次准备接待来华的美国游客。于是,旅行社在该市某老字号酒楼准备了丰盛的筵席进行款待!

旅行社的工作人员为美国客人点了本地特色菜品——清蒸鲈鱼、叫花鸡、毛血旺、泡椒凤爪、鱼香肉丝等。但是,没想到餐桌上的游客议论纷纷,表现出了失望和不满。眼看留给客人的第一印象就这样让一顿饭毁了,导游员小王急忙给在某高校教授社交礼仪课程的高老师打电话向他请教。在高老师的指点小王赶紧把这几样菜换成了:糖醋里脊、炸春卷、宫保鸡丁、麻婆豆腐、扬州炒饭、腰果虾仁、北京烤鸭。没想到当这几样菜一上餐桌就得到了美国客人的高度赞赏,一个劲地说:"Good、Good!"一场餐桌风波终于平息了下去。

事后小王又打通了高老师的电话,向他求个明白。原来,根据美国人的饮食习惯,给美国人上鸡一定要去头去脚再端上来。鱼也尽量不要点什么活鱼活虾，因为对于他们来说，看见脑袋在盘子里面是非常恐怖的事情。同时美国客人是不吃动物内脏的，喜欢吃成块的肉，不喜欢把肉切成丝、肉丁、肉末吃。小王听了高老师的话后若有所思地说："看来下次接待外国游客时一定要做足功课，这样才能保证客人的满意。"

礼仪是文化的载体。世界不同国家文化背景的差异，使礼节礼仪形式也大不相同。旅游接待工作是面向世界的工作，旅游工作者必须了解世界各地，尤其是我国旅游客源国和目的地国家与地区的习俗礼仪，才能使旅游工作顺利开展，也才能使接待工作中的礼节、礼仪达到最高的层次。

8.1 亚洲主要国家和地区习俗礼仪

亚洲位于东半球的东北部，面积为 4 400 万平方公里，占世界陆地面积的 1/3，是世界第一大洲。人口约 36.62 亿人，其主要种族是黄色人种。亚洲是现代三大宗教——基督教、伊斯兰教、佛教的发源地，同时也是印度教、儒教、犹太教、道教等宗教的最大传播区，宗教文化发达。其礼仪习俗具有浓郁的东方色彩。在历史上亚洲各国之间交往频繁、关系密切，因此相互影响大，许多国家民族的习俗、礼节都有相近之处，礼仪习俗内容十分丰富。

8.1.1 日本

1. 基本概况

日本的正式名称是日本国，它是位于亚洲东部、太平洋西侧的一个群岛国家，全境由本州、北海道、九州、四国 4 个大岛和许多小岛组成。日本全国总面积 37.78 万平方公里，总人口约 1.28 亿(2010 年)，由大和族人、阿伊努人、朝鲜人和华人组成，大和族是日本的主体民族，它约占日本全国总人口的 88%。

日本国名的含意是"太阳升起的地方"，即"日出之国"。由于它盛开樱花，故此它又有"樱花之国"的称谓。

日本目前的行政区划是将全国分为一都、一道、二府和 43 个县。日本的首都是东京。

日本的主要宗教是神道教和佛教。神道教是日本固有的宗教，它所崇拜的是象征着太阳的"天照大神"。在日本，大部分居民都信奉该教。因此，神道教在日本人的日常生活中，尤其是在礼仪习俗方面，影响甚大。

日本的国语是日语。

日本现在实行君主立宪政体，日本的国庆日，即日本在位的天皇诞辰之日。其他重要节日有"元旦"、"成人节"、"樱花节"等。

2. 风俗习惯

1) 社交礼仪

待人接物谦恭有礼。日本人初次见面非常注重礼节。在向别人介绍自己时，一般都是用自谦的口气，而称呼别人都是用尊敬或抬高对方身份的语言，尤其在服务行业。日本人还非常善用礼貌语言，常见的有"您好"、"打扰您了"、"对不起"、"请多关照"等。

日本人初次见面最主要的礼节是鞠躬礼。无论是亲人，或是朋友、熟人，每天第一次见面总是行鞠躬礼。日本人行鞠躬礼，在鞠躬的度数、鞠躬时间的长短、鞠躬的次数等方面还特别讲究。日本的鞠躬礼可分为15°、45°和90°三种。不同的场合要使用不同度数的鞠躬礼。一般在说"早上好"、"晚上好"时行15°鞠躬礼；说"欢迎光临"或表示感谢时行45°鞠躬礼；初次见面或对对方表示十分敬意时行90°鞠躬礼(图8.1)。

图8.1　鞠躬礼

在日本，拜访他人一般避开清晨、深夜以及用餐等时间。在进日本式房屋时，要先脱鞋，脱下的鞋要整齐放好，鞋尖向着房间门的方向，这在日本是尤其重要的。同时，通常拜访他人要带些礼物，过去多为酒或是鱼干之类，现在送一些土特产和工艺品更为受欢迎。礼品一般送奇数，因为日本人习惯以奇数表示"阳"、"吉"等，偶数则表示"阴"、"凶"等。礼品的颜色也很讲究，吉事礼品应为黄白色或是红白色，不幸事送礼应为黑色、白色或灰色。

称呼日本人可称"先生"、"小姐"或"夫人"，也可以在男士姓氏之后加一个"君"字，但在正式场合称呼日本人必须使用全称。

日本人在交际应酬中对穿衣打扮十分注重。在正式场合，通常穿西式服装。在隆重的社交场合或节庆日，时常穿着自己的国服和服。与日本人见面时一般不宜穿着过分随便，特别是不要光脚或穿背心。参加庆典或仪式时，不论天气多热，都要穿套装或套裙。单穿衬衫、穿短袖衫，或是将长袖衬衫袖管卷起来，都会被视为失礼。

2) 饮食习惯

日本人以米饭为主食，副食多吃鱼，喝酱汤。喜欢清淡，除油炸食外，使用油的菜很少，一般都是低热量、低脂肪，而且营养也平衡。

日本的传统饭菜有生鱼片、寿司、天妇罗(油炸菜、虾、鱼等)、鸡素烧(日式火锅)，还有各式各样的鱼饼、海菜制品，讲究新鲜的配料。

日本菜素有"五味五色五法菜肴"之称。"五味"即甜、酸、辣、苦、咸;"五色"为白、黄、红、青、黑;"五法"乃生、煮、烤、炸、蒸。一方面不失材料的原味,一方面讲究色香味;重视春夏秋冬的季节感,注重材料的时令性。

日本人不吃肥猪肉和猪的内脏,也有一些人不喜欢吃羊肉和鸭肉。

日本人非常爱喝酒,西洋酒、中国酒和日本清酒,统统都是他们的所爱。在日本,斟酒讲究满杯。人们普遍爱好饮茶,特别喜欢喝绿茶。讲究"和、敬、清、寂"四规的茶道,有一整套点茶、泡茶、献茶、饮茶的具体方法。

3) 节庆习俗

日本多节庆,法定节日就有13个。新年1月1日,庆祝方式似我国春节。前一天晚上全家团聚,吃过面条,"守岁"听午夜钟声,新年第一天早上吃年糕汤,下午举家走亲访友。1月15日是成人节,庆祝男女青年年满20周岁,从此开始解禁烟酒。女子过成人节时都要穿和服。女孩节是3月3日,又称"雏祭",凡有女孩子的家庭要陈设民族服装和玩具女娃娃。3月15日至4月15日是樱花节,此期间人们多倾城出动赏花游园,饮酒跳舞,喜迎春天。5月5日是男孩节,旧称"端午节",习俗似我国的端午节,此时家家户户都要挂菖叶、吃粽子。9月15日是敬老节,社会各界和晚辈会向高龄者赠送纪念品。11月3日是文化节。

4) 礼仪禁忌

日本人忌讳绿色,认为是不详的颜色,忌荷花图案。探望病人时忌讳送菊花、山茶花、仙客来花、白色的花和淡黄色的花,对金色的猫及狐狸极为反感,认为它们是"晦气"、"贪婪"与"狡诈"的化身。日本人有着敬畏"7"这一数字的习俗。可是对于"4"与"9"却视为甚为不吉。原来,"4"在日文里发音与"死"相似,而"9"的发音则与"苦"相近。在3人并排合影时,日本人谁都不愿意在中间站立。他们认为,被人夹着是不祥的征兆。

日本人用筷子有八忌,即舔筷、迷筷、移筷、扭筷、剔筷、插筷、跨筷、掏筷。

日本人很爱给人送小礼物,但不宜送下列物品:梳子、圆珠笔、T恤衫、火柴、广告帽。在包装礼品时,不要扎蝴蝶结。同他人相对时,日本人觉得注视对方双眼是失礼的,通常只会看着对方的双肩或者脖子。日本人不给人敬烟,即使是吸烟者,日本人也不愿意别人给自己敬烟,他们也绝对不会给别人敬烟。

应用案例 8-1

我错哪儿了

今天是一个来自日本的旅游团在青岛呆的最后一天,下午3点他们就要乘飞机离开了。作为该团的导游小李想尽一下地主之谊。于是,他去商场买了一个看起来非常漂亮,嵌有荷花图案的旅游纪念品送给了该团的领队。没想到的是,领队接过礼物后大为不快。这时小李觉得丈二和尚摸不着头脑,不知道为什么会出现这样的效果,心里觉得非常委屈,自言自语道:"我错了吗?"

8.1.2 韩国

1．基本情况

韩国的正式名称是大韩民国。它位于亚洲东北部的朝鲜半岛南部，北接朝鲜。隔海与中国相望，韩国的全国总面积约为9.9万平方公里，约占朝鲜半岛总面积的45%。韩国全国总人口约5 051万，全部都是单一的韩族人。韩族人其实就是朝鲜族人。

韩国目前的行政区划是全国分为8个道，它的首都是首尔。

韩国的主要宗教是佛教，除此之外，也有一些韩国人信奉儒教、天主教。

韩国的官方语言是韩语，亦是朝鲜语。在韩国，有不少人懂得一点中文，其中尤以上年纪者居多。

韩国目前实行的是总统制共和政体，韩国的国庆节是每年的8月15日。韩国人除了同中国人一样过春节、清明、端午、中秋等传统节日外，还有每年6月18日举行的"洗头节"。

2．风俗习惯

1) 社交礼仪

韩国人崇尚儒教，尊重长者，长者进屋时大家都要起立，问他们高寿。父母外出回来子女都要迎接。用餐时一般要待老人举匙后，全家方能开始用餐。年轻人不能在长辈面前抽烟、喝酒。乘车时，要让位给老年人。

见面时的传统礼节是鞠躬。晚辈、下级走路时遇到长辈或者上级，应鞠躬、问候，站在一旁，让其先行，以示敬意。男人之间见面打招呼互相鞠躬并握手，握手时或用双手，或用右手，并只限于点一次头。鞠躬礼节一般在生意人中不使用。和韩国官员打交道一般可以握手或是轻轻点一下头。女人一般不与人握手。

在韩国，如有人邀请你到家里吃饭或赴宴，你应带小礼品，最好挑选包装好的食品。席间敬酒时，要用右手拿酒瓶，左手托瓶底，然后鞠躬致祝辞，最后再倒酒，且要一连3杯。敬酒人应把自己的酒杯举得低一些，用自己杯子的杯沿去碰对方的杯身。敬完酒后再鞠躬才能离开。做客时，主人不会让你参观房子的全貌，不要自己到处逛。你要离去时，主人送你到门口，甚至送到门外，然后说再见。

韩国人在交际应酬中通常都穿着西式服装。着装朴素整洁、庄重保守。邋里邋遢、衣冠不整和着装过露、过透都是失礼的。在某些特定的场合，尤其是在逢年过节的时候，喜欢穿本民族的传统服装。其民族服装是：男子上身穿袄，下身穿宽大的长裆裤，外面有时还会加上一件坎肩，甚至再披上一件长袍。过去韩国男子外出之际还喜欢头戴一顶斗笠。妇女则大都上穿短袄，下着齐胸长裙(图8.2)。

2) 饮食习惯

韩国人在一般情况下喜欢吃辣和酸。主食主要是米饭、冷面。菜肴有泡菜、烤牛肉、烧狗肉、人参鸡等。总体来说，韩国人的菜品种不是太多，而且其中的绝大多数都比较清淡。一般来说，韩国男子的酒量都不错，对烧酒、清酒、啤酒往往是来者不拒，妇女则多不饮酒。平日，韩国人大都喝茶和咖啡。但是，韩国人通常不喝稀粥，不喜欢喝清汤。韩国人一般不喜欢吃过油、过腻、过甜的东西。

图 8.2 韩国传统服饰

吃饭时，一般用筷子。为环保，韩国人会为你提供铁餐具。不可以用筷子对别人指指点点，用餐完毕后将筷子整齐放在餐桌的桌面上。吃饭时，不宜高谈阔论。吃东西时，嘴里响声太大，也是非常丢人的。在韩国人的家里宴请时，宾主一般都是围坐在一张矮腿方桌周围。盘腿席地而坐。在这种情况下，切勿用手摸脚，伸直双腿，或是双腿叉开，都是不礼貌的。

3) 节庆习俗

韩国节庆多。农历正月初一至正月十五的节日活动类似我国的春节。农历正月十五为元宵节。传统饮食是种果(栗子、核桃、松子等)、药膳、五谷饭、陈茶饭等。农历四月初八为佛诞节及弘扬女性的春香节。农历五月五日为端午节，家家户户都以食青蒿糕、挂菖蒲来过节。农历八月十五为中秋节，农历九月九日为重阳节。清明扫墓，冬至吃冬至粥(有掺高粱面团子的小豆粥)。除上述传统节日外，韩国人还很重视圣诞节、5月5日的儿童节、3月28日至4月1日的恩山别神节等。群众喜闻乐见的体育活动有射箭、摔跤、拔河、秋千、跳板、风筝、围棋、象棋等。

4) 礼仪禁忌

韩国人禁忌颇多。逢年过节互相见面时，不能说不吉利的话，更不能生气、吵架。农历正月头3天不能倒垃圾、扫地，更不能杀鸡宰猪。寒食节忌生火。生肖相克忌婚姻，婚期忌单日。渔民吃鱼不许翻面，因忌翻船。忌到别人家里剪指甲，否则两家死后结怨。吃饭时忌戴帽子，否则终生受穷。睡觉时忌枕书，否则读书无成。忌杀正月里出生的狗，否则"3年内必死无疑"。

由于发音与"死"相同的缘故，韩国人对"4"这一数目十分厌恶。受西方礼仪习俗的影响，也有不少韩国人不喜欢"13"这个数。与韩国人交谈时，发音与"死"相似的"私"、"师"、"事"等几个词最好不要使用。需要对其国家或民族进行称呼时，不要将其称为"南朝鲜"、"南韩"或"朝鲜人"，而宜分别称为"韩国"或"韩国人"。

韩国人的民族自尊心很强，他们强调所谓"身土不二"。在韩国，一身外国名牌的人，往往会被韩国人看不起。需要向韩国人馈赠礼品时，宜选择鲜花、酒类或工艺品。但是，最好不要送日本货。

在民间，仍讲究"男尊女卑"。进入房间时，女性不可走在男性前面。进入房间后，女性须帮助男性脱下外套。男女一同就座时，女性应自动坐在下座。并且不得坐得高于男性。通常，女性还不得在男性面前高声谈笑，不得从男性身前通过。

8.1.3 泰国

1. 基本情况

泰国的正式名称是泰王国，它位于亚洲东南部，地处中南半岛的中南部。国土面积51.3万平方公里，人口约6 387万(2010年)，有泰族、马来族、高棉族、华裔泰人等30多个民族构成。其中，泰族人占全国总人口的40%，华裔和华侨也占总人口的10%左右。

在历史上，泰国曾被称为"罗"，泰国人有时自称"孟泰"，泰语即"自由的国家"，因此，泰国有"自由之国"、"微笑之国"、"佛教之国"、"黄袍之国"、"大象之邦"等称呼。

泰国目前设有73个府，586个县，首都是有着"东方威尼斯"之称的曼谷。

泰国以佛教为国教，全国总人口的80%以上都信奉佛教。

泰国的官方语言为泰语，英语则为通用语。

自1832年至今，泰国实行君主立宪制，泰王是国家元首和国家的象征，泰王的生日即泰国国庆日。其他主要节日还有佛历"元旦"、"宋干节"、"水灯节"等。

2. 风俗习惯

1) 社交礼仪

泰国人习惯"合十礼"，即合掌躬首互相向对方致礼(图 8.3)。行合十礼时，须站好立正，低眉欠身，双手十指相互合拢，并且同时互致问候"沙瓦迪卡"即"您好"。行合十礼的最大讲究是合十于身前的双手所举的高度不同，其意义也不同。通常，合十的双手举得越高，越表示对对方的尊重。

图8.3 合十礼

在一般情况下，合十礼之后，即不必握手。行合十礼时，晚辈要向长辈行礼。身份、地位低的人要向身份、地位高的人行礼。对方随后亦还应还之以合十礼，否则即为无礼，只有佛门弟子可以不受此例限制。

泰国人大都彬彬有礼。很难看到有人大声喧哗或者吵架，因此说话时应压低嗓门，无论发生了什么，不要当众发脾气。泰国人跟外人打交道时，喜欢面含微笑。在交谈时，总是低声细语。泰国人非常爱清洁，随地吐痰、扔东西被认为是非常缺乏教养的行为。并且还非常注重卫生间的整洁，因此无论是外出还是在酒店，都应该注意保持整洁。

泰国通常称呼人名时，在名字前加一个"坤"字，无论男女均可用，表示"先生"、"夫人"、"小姐"之意。在交际场合，习惯以"小姐"、"先生"等国际上流行的称呼彼此相称。在称呼交往对象的姓名时，为了表示友善和亲近，不惯于称呼其姓，而是惯于称呼其名。

在正式一些的场合，泰国人都讲究穿着自己本民族的传统服饰。服饰喜用鲜艳之色。在泰国，有用不同的色彩表示不同的日期的讲究。例如，黄色表示星期一，粉色表示星期二，绿色表示星期三，橙色表示星期四，淡蓝色表示星期五，紫色表示星期六，红色表示星期日。因此，泰国人常按不同的日期，穿着不同色彩的服装。由于天气炎热，泰国人平时多穿衬衫，长裤与裙子。在参观王宫、佛寺时，穿背心、短裤和超短裙是被禁止的。去泰国人家里做客，或是进入佛寺之前，务必要记住先在门口脱下鞋子。另外，在泰国人面前，不管是站是坐，忌讳把鞋底露出来，尤其不能以其朝向对方。

2) 饮食习惯

泰国是一个临海的热带国家，盛产大米、绿色蔬菜、甘蔗、椰子，渔业资源也很丰富。因此泰国菜用料以海鲜、水果、蔬菜为主。泰国人的主食是大米，副食是鱼和蔬菜。正餐大都以一碗大米饭为主食，佐以一道或两道咖喱料理、一条鱼、一份汤以及一份沙拉(生菜类)。泰国人的口味特点是爱辛辣，喜欢在菜肴里放鱼露和味精，但不喜欢酱油，不爱吃红烧食物，也不爱在菜肴里放糖。

民族风味是"咖喱饭"，是用大米、肉片(或鱼片)和青菜调以辣酱油做成的。爱吃鱼、虾、鸡、鸡蛋等，一般不爱吃牛肉，不喝酒。用餐顺序没有讲究，随个人喜好。餐后点心通常是时令水果或用面粉、鸡蛋、椰奶、棕榈糖做成的各式甜点。泰国菜色彩鲜艳，红绿相间，视感极佳，不管是新鲜蔬菜水果的艳丽清新，还是乌贼鱿鱼等海鲜的质感，都让人们大饱眼福。

3) 节庆习俗

泰历1月1日，是泰国人的元旦，这一天举国欢庆。泰历4月13日至15日为宋干节，即求雨节，俗称泼水节，也是泰国的新年。这一节日是泰国最隆重的节日，节日活动内容丰富，主要活动是泼水。此时正当干热时节，急需降雨，可以毫无顾忌地互相泼水。泰历5月9日是春耕节，这一天由国王主持典礼，农业大臣开犁试耕，祈求风调雨顺、五谷丰登。泰历12月15日为水灯节，也叫佛光节，人们用香蕉叶或香蕉树皮和蜡烛做成船形灯，放进河里，让其随波逐流，以感谢水神，祈求保佑。此期间的河岸也是男女青年追求爱情的场所。

4) 礼仪禁忌

泰国人视头部为神圣之地，因此不要随便触摸别人的头部。抚摸对方头颅或挥手越过别人的头顶，被视为有污蔑之意，是禁止的动作。忌讳用脚指物或人，即便是坐着时，也不允许将脚尖对着别人，特别是脚底不要直冲着佛像。此举被视为不礼貌的做法。也不要用脚开门关门。

泰国人认为右手是高贵，而左手只能做一些不干净的东西，因此，给别人递东西时都要用右手，以示敬意。在比较正式的场合还要双手奉上，用左手则被视为是鄙视他人。女士若想将东西奉给僧侣，宜托男士转交。如果亲手送赠，那僧侣便会张开一块黄袍或手巾，承接该女士交来的东西，因为僧侣是不允许触碰女性的。

尊重宗教。寺庙是泰国人公认的神圣的地方，因此凡入寺庙的人，衣着必须端庄整洁，不可穿短裤、迷你裙、袒胸露背或者其他不适宜的衣服。在寺庙内，可以穿鞋，但进入佛殿时，必须脱下鞋子，并注意不可脚踏门槛。每尊佛像，无论大小或是否损坏，都是神圣的，绝对不可爬上佛像拍照，或对佛像做出失敬的动作。

不要在公共场所做出伤风化的举动，例如在公共场合应避免和泰国人接吻、拥抱或握手。除在某些海滩允许裸体日光浴外，在其他地方，泰国人不喜欢这种行为，尽管未触犯法律，但是违背了泰国人的佛教理念。

应用案例 8-2

门童的失礼之举

张红是某旅行社的导游，在她刚参加工作的一段时间里，许多亲身经历让她深切体会到了解不同国家、民族礼仪习俗的重要性。让她记忆犹新的一次接待工作是这样的：这次张红被安排带领一个泰国旅行团游览。某天，张红带两名成员乘坐出租车外出购物回到入住的宾馆，门童看到出租车停靠在宾馆大门口，就首先打开后排右座的车门，然后一手做好护顶，请客人下车。此时，张红突然意识到没有跟门童解释，这两位是泰国客人，但是为时已晚。两名客人满面怒容，向张红大声抱怨着，而门童也是非常疑惑到底发生了什么。

8.1.4 新加坡

1. 基本情况

新加坡的正式名称是新加坡共和国，它位于东南亚马来半岛的南端，是一个由50多个大小岛屿组成的岛国，新加坡国土面积为712平方公里，全国总人口518万人(2010年)，由28个民族组成，其中华人所占比例最高，约为76%，因此除中国以外，它是世界上唯一一个以华人为主的国家。除华人外，新加坡人口较多的民族还有马来人和印度人，新加坡政府执行各民族一律平等的政策，同时又给予本土马来人某些特殊的优待。

新加坡的首都是新加坡，它是一个集国家、首都、城市、岛屿为一体的城市型岛国。由于它一年四季鲜花盛开，清洁美丽，故此有"花园之国"的美称。"新加"在马来语里的意思是"狮子"，所以新加坡又有"狮城"之称，在海外华人中，它被称为"星加坡"、"星岛"、"星洲"。坐落在鱼尾狮公园内的鱼尾狮像，是新加坡的标志和象征(图8.4)。

新加坡的主要宗教为伊斯兰教，除此之外，信徒较多的宗教还有佛教、印度教和基督教。

图 8.4　鱼尾狮塑像

在新加坡,马来语被定为国语,马来语、英语、华语和泰米尔语等 4 种语言同为官方语言,英语则为行政语言。

新加坡实行内阁制政体,它的国庆日是每年的 8 月 8 日。其主要节日有"元旦"等。

2. 风俗习惯

1) 社交礼仪

新加坡十分讲究礼貌礼节,以讲礼貌、讲卫生为其行为准则。在待人接物方面,特别强调笑脸迎客,彬彬有礼。见面礼节多为握手礼。华人见面以鞠躬为礼;马来人则大多采用其本民族传统的"摸手礼"。在新加坡,不讲礼貌不仅会让人瞧不起,而且还会寸步难行。对某些失礼之举,在新加坡也有明确的限制。比如,在许多公共场所,通常竖有"长发男子不受欢迎"的告示,以示对留长发的男子的反感和警告。对讲脏话的人深表厌恶。

新加坡人时间观念强,与人约会要事先约定,准时赴约。同时,与新加坡人打交道,以姓称其为"某先生"、"某太太"、"某小姐",无论对何种民族都是使用的。

新加坡的国服,是一种以胡姬花作为图案的服装。在国家庆典和其他一些隆重的场合,经常穿着自己的国服。在社交正式场合,男子一般要穿白色长袖衬衫和深色西裤,并且打上领带;女子则须穿套装或深色长裙。在日常生活里,不同民族的新加坡人的穿着打扮往往各具其民族特色。华人的日常着装多为长衫、长裙、连衣裙或旗袍;马来人最爱穿"巴汝"、纱笼;锡克人则是男子缠头,女子身披纱丽。在许多公共场所,穿着过分随便者,比如穿牛仔裤、运动装、沙滩装、低胸装的人,往往被禁止入内的。

2) 饮食习惯

中餐是新加坡华人的最佳选择。新加坡华人口味喜欢清淡,偏爱甜味,讲究营养,平日爱吃米饭和各种生猛海鲜,对于面食不太喜欢。粤菜、闽菜和上海菜,都是很受他们的欢迎。马来人忌食猪肉、狗肉、自死之物和动物的血,不吃贝壳类动物,不饮酒;印度人则绝对不吃牛肉。在用餐时,不论马来人还是印度人都不用刀叉、筷子,而惯于用右手直接抓取食物,绝对忌用左手取食物。新加坡人,特别是新加坡华人,大都喜欢饮茶,对客人通常喜欢以茶相待。

3) 节庆习俗

新加坡华人过春节相当隆重,也过元宵节、端午节、中秋节等。信奉印度教的人过"屠妖节"。马来人最重要的节日当属开斋节,每年回历九月,回教徒从日出到日落都要禁食,戒食一个月后见到新月才开斋。

4) 礼仪禁忌

新加坡人不喜欢"4",因为"4"的发音与"死"相似,而"7"则被视为一个消极的数字。

与新加坡人攀谈时,不能口吐脏字,且更多使用谦词、敬语。新加坡人对"恭喜发财"这句祝颂词极其反感。他们认为,这句话带有教唆别人去发不义之财、损人利己的意思。在商业活动中,宗教词句和如来佛的图像也被禁用。

在新加坡,人们不准嚼口香糖,过马路时不能闯红灯,"方便"之后必须拉水冲洗,在公共场合不准吸烟、吐痰和随地乱扔废弃物品。不然的话,就必受处罚,需要缴纳高额的罚金,搞不好还会吃官司,甚至被鞭打。

小贴士 8-1

新加坡的《礼仪手册》

新加坡文化部专门印发《礼仪手册》,对国民的礼仪修养加以指导。街头宣传品总是印着笑脸和一句口号,主张"处事待人,讲究礼貌"、"真诚微笑,处世之道"。新加坡的法律对非礼行为的处罚十分严厉,随地丢弃垃圾、损坏公务等不文明行为将被罚巨款,因此国民礼仪素质普遍很高,公共环境十分整洁,被称为花园式国度。

8.1.5 印度

1. 基本情况

印度的正式国名是印度共和国,它位于南亚次大陆,首都新德里,全国总面积为297.47万平方公里,印度各族人民称他们的国家为"婆罗多",意为月亮。在印度,月亮是一切美好事物的象征,所以亦成为"月亮之国"。印度现有11.6亿人口,居世界第二。有10个大民族和几十个小民族。其中印度斯坦族46.3%,泰卢固族8.6%,孟加拉族7.7%,马拉地族7.6%,泰米尔族7.4%,古吉拉特族4.6%,坎拿达族3.9%,马拉雅拉姆族3.9%,奥里雅族3.8%,旁遮普族2.3%。

印度约有80.5%的居民信奉印度教,其他宗教有伊斯兰教(13.4%)、基督教(2.3%)、锡克教(1.9%)、佛教(0.8%)和耆那教(0.4%)等。

印度的官方语言是英语,国语是印地语。

2. 风俗习惯

1) 社交礼仪

在印度,人们的交际应酬中最常见的见面礼节是合十礼和拥抱礼,其他还有3种较有特色的见面礼节：①贴面礼，流行于印度的东南地区；②摸脚礼，它是印度极高的见面礼遇，主要用于晚辈拜见长辈；③举手礼，是合十礼的一种变通。

印度是一个东西文化共存的国度，有的印度人见到外国人时，能用标准的牛津大学英语问候"你好"，有的则用传统的佛教手势——双手合十进行问候。目前，印度也流行握手，但男人不可与印度女子握手，即使在公共场所也不要和女子单独说话，妇女很少在公共场所露面。

在迎接嘉宾时，印度人要向对方敬献用鲜花编织而成的花环，花环的大小长度视客人的身份而定，献给贵宾的花环既粗又长，超过膝盖。

在印度的孟买，60%的人是素食主义者。因此，宴请印度商人时，事先必须确认对方的习俗，是否是素食主义者。

在印度，你若要进入印度教的寺庙，身上绝不可以穿牛皮制造的东西，穿上牛皮制造的东西，会被视为犯了禁戒，皮鞋、皮带表、皮带、手提包等牛皮制品，都不得入其寺门。印度人走进庙宇或到家庭做客，进门必须脱鞋。他们认为，若穿鞋进去，既不礼貌，也不圣洁。不论男女老幼，统统把鞋放在门口，赤脚进去。在一般场合，印度男子的着装往往是上身一件"吉尔达"，即一种宽松的圆领长衫，下身一条"陀地"，即一种以一块白布缠绕下身，垂至脚面的围裙，在极少数的活动中，会在"吉尔达"之外加上一件外套。印度女子的服装是纱丽，即将一大块丝质长巾披在内衣之外，好似一件长袍。纱丽非常漂亮，色彩鲜艳，图案优美(图 8.5)。印度人不喜欢露出头顶，出门或在正式场合，男子根据宗教信仰不同而戴不同的帽子或在头上包裹一块头巾，女子则要披纱巾。

图 8.5　印度纱丽

印度的女子习惯在自己的前额上以红色点上一个"吉祥痣"，过去用于表示已婚，而今则用于装扮。印度女子喜欢佩戴首饰，她们不仅将首饰视为装饰品，而且当做是趋吉避邪的象征物。

应用案例 8-3

更换牛皮镜框的原因

肯尼迪在访问印度前夕，美国白宫的礼宾官，为总统准备访问时送给印度高级官员的礼物，她选定了几张肯尼迪总统的照片，附有总统的亲笔签名，并配以刻有总统印章的镜框，这本是一个很好的礼物，但就是它差一点毁了美国总统为友好而进行的印度之行。这个照片的镜框是用高级牛皮做的。将这样的礼物送给奉牛为圣物的印度显然是不合适的，幸亏及时发现，更换才没有酿成大错。

2) 饮食习惯

印度人的主食既有大米，又有面食，依个人情况而定。他们烹调食物常用炒、煮、烩3种方法，以素食为主。由于印度南部气候炎热，当地人一般味重，嗜好辛辣性食品，北部印度人的口味相对就轻多了。印度是个香料之国。印度菜的烹调也极重视对香料的运用，主要调料就有十几种，几乎做每种菜肴都离不开。在印度社会地位越高的人越忌荤食，爱吃马铃薯。有很多印度人不吃蛇肉、竹笋、蘑菇、木耳和鸡蛋，绝大多数印度人不吸烟。"羊肉汁拌饭"、"烤饼"是印度的特色食物。他们一般都不爱喝汤，认为任何一种汤都无法与无色无味、冰凉爽口的白开水相比。他们喜欢吃中餐，喜欢分餐制，不习惯用刀叉和筷子，一般用手抓食。

印度人大都不饮酒，白开水和红茶是他们的常用饮料，饮茶常用"舔饮"，即把茶斟入盘中用舌头舔饮。

3) 节庆习俗

印度的节庆较多。国庆节是1月26日。独立日8月15日，为庆祝印度实现独立。酒红节，也称泼水节，在印历12月(公历2～3月)举行。十胜节是印度教三大节日之一，于每年9、10月举行。灯节在印历9月(公历10～11月)举行，富有浓厚的东方色彩，前后要庆祝3天。

4) 习惯禁忌

印度人忌讳白色，忌弯月图案，忌送百合花，"1"、"3"、"7"这3个数字被认为不吉祥。

印度人最崇拜蓝孔雀和黄牛，蓝孔雀为吉祥、如意的象征；印度人敬牛、爱牛、不打牛、不杀牛、不吃牛肉、不使用牛皮制品，印度人喜欢蛇、猫、狗等动物，但一般不喜欢龟、鹤以及其图案。

与印度人接触时，切忌用左手递东西给他。因为他们认为左手肮脏，右手干净。吃饭用右手抓取，不但吃米饭用手抓，就连稀粥也能用手抓入口中。在印度，除上洗手间外均不使用左手。伸左手就是对别人的侮辱，弄不好他们会把你用左手递的东西砸烂，盛怒之下，还可能臭骂你一通。

小贴士 8-2

什么是"迪勒格"

去过印度的人都会发现,印度妇女、不分老幼、都在前额正中点一个红点,称为吉祥痣,即"迪勒格",按照传统的方法,点吉祥痣时要用朱砂、糯米和玫瑰花瓣等材料捣成糊状,点在前额的眉心。据说这本来是一种宗教符号,可以消灾避邪。

印度古代的瑜伽行者认为,前额的眉心是人的生命力的源泉,必须涂药膏加以保护。至今仍有不少印度教苦行僧前额点上朱砂。在印度教的婚礼仪式上,点吉祥痣是不可缺少的部分,有的地方是在婚礼之前请婆罗门祭司为新娘点吉祥痣,有的地方则是在婚礼仪式最后,由新郎为新娘点上吉祥痣,预示着婚后生活的幸福美满。

8.2 欧洲主要国家和地区礼俗礼仪

欧洲国家众多,人口相当密集,民族多,语言按语系分类。习惯上,人们把欧洲细分为东、西、南、北、中5个区域,其中北欧的瑞典、芬兰、丹麦、挪威,西欧的英国、荷兰、法国、比利时,中欧的德国、奥地利、瑞士以及南欧的意大利、西班牙等国家不但自然环境优美、文化古迹多,而且工业相当发达,国民生活水平高。欧洲的礼仪习俗有较多的现代文明的内涵,封建色彩相对淡薄。欧洲人的文明程度较高,人际关系比较符合现代交际的需要,其衣食住行既有同一性,又有各国特色,生活禁忌相对比较一致。

应用案例 8-4

因价值观不同造成的语言冲突

由于西方人崇尚年轻而有活力,因此,在旅游服务中要尽量避免用"老"字。如一些导游员在导游八达岭长城时,常讲"右侧是老人路线,左侧是年轻人路线",听后许多上年纪的西方游客脸上总是挂满苦笑,有的西方老年游客往往半开玩笑地重复导游的话。后来一些导游发现了这个问题,改用右侧是"熟年路线"(指阅历丰富的人),他们看到外宾脸上立即露出了会心的微笑,事后他们了解到在西方文化中"老人"有粗俗、伤感之意,而"熟年"则有文雅、明快之意,可见价值观之差的分量。在旅游服务过程中,一些服务人员由于不了解西方游客"忌老"的人生观念,对一些年长的西方游客倍加呵护和关照,结果反而引起客人的不快,道理就在这里。

8.2.1 英国

1. 基本情况

英国的正式名称是大不列颠及北爱尔兰联合王国,有时它也被人们称为"联合王国"、"不列颠帝国"、"大英帝国"、"英吉利"或是"英伦三岛"。它位于欧洲西部,是由大不列颠岛、爱尔兰岛的东北部及其周围的一些小岛所组成的岛国。英国的国土总面积为24.48万平方公里,英国总人口为6 000万,居民主要有英格兰人、威尔士人、苏格兰人和爱尔兰人,此外还有少量的犹太人,其中英格兰人所占的比例最大,约占全国总人口的83%。

英国目前的行政区划是将全国分为英格兰、威尔士、苏格兰和北爱尔兰4个部分,首都是伦敦。

英国的主要宗教是基督教,英国国教会为英国的国教,亦称圣公会,其信徒占全国总人口的60%以上。严格地讲,英国国教会只是英格兰地区的国教,在威尔士、苏格兰、北爱尔兰地区,它并非国教。

英国的官方语言是英语,在威尔士北部,人们使用凯尔特语。而在英格兰西北高地与北爱尔兰,则通用盖尔语。英国目前实行君主立宪政体,英国的国庆日是现任英王的诞生日。

2.风俗习惯

1) 社交礼仪

一般而言,英国人比较矜持庄重,不少人追求绅士和淑女风范,衣着比较讲究。英国人很少在公共场合表露自己的情感,庄重、含蓄、自谦,富幽默感,视夸夸其谈为缺乏教养。与英国人谈话不能指手画脚,否则被视为不礼貌的举动。

英国民众时间观念很强,而且照章办事。若请英国人吃饭,必须提前通知,不可临时匆匆邀请。到英国人家里去赴宴,不能早到,以防主人还未准备好,导致失礼。

英国人,特别是年长的英国人,喜欢别人称他们的世袭头衔或荣誉头衔,至少要用"先生"、"夫人"、"阁下"等称呼。见面时对初次相识的人行握手礼,一般不像东欧人那样互相拥抱。"女士优先"在英国比其他国家都明显,如走路要让妇女走在前。

英国人服装的总趋向是舒适与多样化。男士在上班和出席社交场合,则多穿西服,系领带或领结;近年来双排扣式西服已让位给单排扣式西服。如果参加宴会、音乐会或看戏剧的时候,则打扮得更加考究,有时还要穿晚礼服。一些英国绅士仍然戴圆顶帽,而鸭舌帽在乡村很流行。英国年轻人的衣着则较随意,平时喜欢穿便装和牛仔裤。

英国的女士通常穿西装裙,但不少职业妇女穿工装裤上班。她们有的时候也穿潇洒的流行服饰,但观看歌剧的时候要穿长的晚礼服。大多数女士至今仍保持在公共场所戴帽子的传统习惯,戴着帽子参加婚礼、游园会和赛马会等。许多妇女讲究服装的个性化,除了大都束腰外,她们的衣服款式很少有一样的。

2) 饮食习惯

英式菜是世界公认的名流大菜,它历史悠久、工艺考究,很得世人青睐。与此相关,英国人在用餐上也是很讲究的。一般的英国家庭一天通常是4餐:早餐、午餐、午茶点和晚餐,有极个别地区的人还要在晚上9点钟以后再加一餐。

英国人的早餐通常在7点到9点之间,他们少不了喝麦片粥,此外还有咸肉、鸡蛋、面包、果酱等食品。午餐通常在下午1点左右,有各种熟肉、沙拉、面包、饼干、奶酪、黄油等食品。因为下午大多人还要工作，所以大多数人不在进餐时喝烈性酒。晚餐一般在晚上 7 点到 8 点之间，是一天中最丰盛的一餐。正规的晚餐至少上 3 道菜，最常见的主菜就是烤炙肉类、浇肉汁，以及牛排、火腿、鱼等，通常是每人一大块肉(鸡肉、羊肉、猪肉、牛肉等)，一盘拌了黄油的土豆泥，一盘青菜(沙拉等)。另外，饭前每人有一盘汤，饭后有点心和冰激凌以及水果。晚餐时一般要喝啤酒或葡萄酒，一些富人则喝烈性的蒸馏酒——威士忌。下午茶点一般都在下午 4 点左右，以喝茶(奶茶)为主，同时吃一块蛋糕或一些饼干等。英国人称此为"茶休"(Tea Break)，时间约 15～20 分钟。不少英国人还有喝上午茶的习惯。

中国茶从 17 世纪传入英国，当时的英国人不懂得饮茶，竟把茶叶当作好吃的菜。但当他们了解之后，便和茶结下了不解之缘，一改过去只喝咖啡、啤酒等饮料的习惯。如今，真正的英国人都有早上喝"被窝茶"，下午喝"下午茶"的习惯，并一般以红茶为主。

3) 节庆习俗

英国除了宗教节日外还有不少全国性和地方性的节日。在全国性的节日中，国庆和除夕之夜是最热闹的。英国国庆按历史惯例定在英王生日的那一天。除夕之夜全家团聚、举杯畅饮，欢快地唱着"辞岁歌"。除夕之夜必须瓶中有酒，盘中有肉，象征来年富裕有余。丈夫在除夕还赠给妻子一笔钱，作为新的一年缝制衣物的针线钱，以表示在新的一年里能得到家庭温暖。在苏格兰，人们提一块煤炭去拜年，把煤块放在亲友家的炉子里，并说一些吉利话。

4) 礼仪禁忌

当你去访问一个英国人时，得先在门口敲门，一直等到他说"请进"，才能进去。先生们进屋脱帽，而女士们则不必在室内脱帽。英国人在日常生活中经常谈论的话题是天气，往往也是第一个话题。英国人从不从梯子下走过，在屋里不撑伞，从不把鞋子放在桌子上。

去英国人家里做客，最好带点价值较低的礼品，因为花费不多就不会有行贿之嫌。菊花在任何欧洲国家都只用于万圣节或葬礼，一般不宜送人。白色的百合花在英国象征死亡，也不宜送人。其他的花都可送人。

在英国购物，最忌讳的是砍价。

英国人忌讳的数字是"13"与"星期五"，当二者恰巧碰在一起时，不少英国人都会有大难临头之感。英国人还忌讳"3"这个数字，特别忌讳用打火机和火柴为他们点第三支烟。

应用案例 8—5

对"时间观念"理解的偏差

李燕刚刚来到英国留学，这一天，她接到一位同学的邀请，去参加她的生日宴会。李燕非常高兴，准备了礼物和鲜花，前去赴宴。考虑到外国人的时间观念都很强，李燕提前 15min 就来到同学家门口，她觉得提前一点儿到，可以表示对主人的尊敬。但是，按了门铃好久，也没有人给她开门。她以为同学没有听到，就又一次按了门铃。过了一会，门打开了，同学出现在门口，但是接过李燕送上的礼物的同学显得不太高兴，她对李燕说："你这么早就到了？我还没有化好妆呢！"

8.2.2 法国

1. 基本情况

法国的正式名称是法兰西共和国，它位于欧洲西部，总面积为 54.39 万平方公里，人口大约是 6 544 万(2010 年)，其中法国的主体民族法兰西人约占 90%，另外还有布列塔尼人、巴斯克人、科西嘉人以及一些外籍人。

"法兰西"源于古代的法兰克王国的国名，"法兰西"一词的本意是"自由"或"自由人"。在历史上，法国还曾被人称为"高卢"、"艺术之邦"、"时装王国"、"葡萄之国"、"奶酪之国"、"名酒之国"、"美食之国"等，这些都是世人给予法国的美称。

法国的主要宗教是天主教，在全国总人口之中，约有 78%的人是天主教教徒，此外，还有约 20%人信奉基督教、犹太教或伊斯兰教。

法国的国语是法语。

法国目前实行的是总统共和政体。在 1789 年 7 月 14 日的法国大革命中，法国人民冲进并捣毁了巴士底狱，取得了巴黎武装起义的胜利。因此，法国把每年的 7 月 14 日定为国庆日。其他重要节日有"万灵节"等。

2. 风俗习惯

1) 社交礼仪

法国人性格比较乐观、热情，谈问题开门见山，爱滔滔不绝地讲话，讲话时喜欢用手势加强语气。法国人爱自由，纪律性差。法国人所采用的见面礼节，主要有握手礼、拥抱礼和吻面礼。吻面礼，使用最多、最广泛。法国人与交往对象行吻面礼，意在表示亲切友好。为了体现这一点，在行礼的具体过程中，他们往往要同交往对象彼此在对方的双颊上交替互吻三四次，而且还讲究亲吻时一定要连连发出声响。

法国人对礼物非常重视，一般初次见面不赠送礼品。送礼品时宜选择有艺术品位和纪念意义的物品，不宜送刀、剑、剪刀、餐具或是带有明显的广告标志的物品，忌给关系一般的女士赠送香水。接受法国人的礼品一定要当着送礼人的面打开礼品，否则认为是一种无礼的行为。

法国人常用的敬称主要有 3 种。其一，是对一般人称第二人称复数，其含意为"您"。其二，是对官员、贵族、有身份者称"阁下"、"殿下"或"陛下"。其三，是对陌生人称"先生"、"小姐"或"夫人"。"老人家"、"老先生"、"老太太"，都是法国人忌讳的称呼。

法国人十分重视服饰，把服饰看作身份的象征。在正式场合，法国人通常要穿西装、套裙或连衣裙。妇女在参加社交活动时，一定要化妆，并且要佩戴首饰。佩戴首饰的话，一定要选"真材实料"。男士对自己仪表的修饰相当看重，他们中的许多人经常出入美容院。在正式场合亮相时，剃须修面，头发"一丝不苟"，身上略洒一些香水。

2) 饮食习惯

法国是世界三大烹饪王国之一。他们是很讲究吃的，而且舍得花钱。在餐饮中，他们对于逊色的菜，是不愿意接受的。法国人同酒结下了不解之缘，据有关资料介绍，法国人

均每年要喝 75L 葡萄酒。

另外法国人对菜肴和酒的搭配也很有讲究,他们认为:饭前一般要喝度数不高的甜酒,习惯称之为"开胃酒";吃饭时要喝不带甜味的葡萄酒或玫瑰酒;吃肉时一般喝红葡萄酒;吃海味时喝白葡萄酒或玫瑰酒;饭后要喝一点儿带甜味的"消化酒";每逢宴请还要喝香槟酒,以增加席间欢乐的气氛。

法国人对烹饪技术极为重视。他们讲究菜肴的色、香、味、形,操作上很重视掌握火候。著名的美味佳肴有炸牛排、烤蜗牛、烤鹌鹑、葡萄酒煮虾和鲜鱼、鹅肝等。法国菜有口味突出的特点,尤为偏重于菜品的鲜嫩程度。因为他们一般都喜欢吃略带生口、极为鲜嫩的美味佳肴。法国人十分讲究佐料的搭配,并精于此道。大多数法国人喜欢吃奶酪,每人每年平均消费 18.6 公斤奶酪,居世界前列。

法国人喜欢喝咖啡,一日三餐都少不了。法国的大街小巷均设有咖啡馆,人们边喝咖啡边聊天,其乐融融。

3) 节庆习俗

1 月 1 日是元旦,这一天也是亲友聚会的日子,家中酒瓶里不能有隔年酒,否则被认为不吉利。元旦的天气还被认作新年光景的预兆。春分所在月份月圆后第一个星期天为复活节。复活节后 40 天为耶稣升天节,复活节后 50 天为圣灵降临节。4 月 1 日为愚人节,这一天人人都可骗人。11 月 1 日为万灵节,祭奠先人及为国捐躯者。12 月 25 日为圣诞节,是法国最重大的节日。

法国重要的世俗节日有:7 月 14 日为国庆节,全国放假一天,首都将举行阅兵式;5 月 30 日是民族英雄贞德就义纪念日;11 月 1 日是第一次世界大战停战日;5 月 8 日是反法西斯战争胜利日;3 月中旬第一个星期天是体育节,人们都自愿为心脏的健康而跑步。

4) 礼仪禁忌

法国人所忌讳的数字是"13"与"星期五"。给妇女送花时,宜送单数,但要记住避开"1"与"13"这两个数目。在一般情况下,法国人绝对不喜欢 13 日外出,不会住 13 号房、坐 13 号座位,或是 13 个人同桌进餐。

法国人忌讳黄色,对墨绿色也极为反感。他们视孔雀为祸鸟,认为仙鹤是蠢汉和淫妇的象征。还视菊花为丧花,认为核桃、杜鹃花、纸花也是不吉利的。同时,法国人对核桃十分厌恶,认定它代表着不吉利。以之招待法国人,将会令其极其不满,对黑桃图案,也深感厌恶。他们还把对老年妇女称呼"老太太"视为一种污辱的语言。他们忌讳男人向女人赠送香水。否则,就有过分亲热或有"不轨企图"之嫌。他们忌讳别人打听他们的政治倾向、工资待遇以及个人的私事。对法国人来说,初次见面就送礼,会被人认为是不善交际的,甚至还会认为你行为粗鲁。在饮食上,法国人不爱吃无鳞鱼;也不爱吃辣味重的菜肴。

应用案例 8-6

宴会上的黄菊花

时值隆冬,北京街头已是银装素裹,大风呼啸,行人甚是稀少。可是在市中心的某大酒店里却张灯结彩，充满热闹景象。今晚这里有一盛大宴会，各国在京的大商人将汇聚一堂，听取某大公司总经理关于寻找合作伙伴的讲话。

会后，客人被请到了大宴会厅。每张桌子上都放着一盆绣球似的黄澄澄的菊花插花，远远望去，甚是可爱。客人按指定的桌位一一坐定，原先拥塞的入口处在引座小姐来回穿梭的引领下，很快又恢复了常态。客人们开始了新一轮的谈话。

引座小姐发觉，左边有几张桌子前仍有数名客人站着，不知是对不上号还是有别的原因，于是她走上前去了解。原来，那些客人是法国人，由于不懂法语，只得把翻译请来，交谈获知后，法国人认为菊花是不吉利的，因此不肯入座。

引座小姐赶紧取走插花，换上红玫瑰花束，客人脸色顿时转愁为喜，乐滋滋地坐下了，引领小姐再三请翻译转达她真切的歉意。

8.2.3 德国

1. 基本情况

德国的正式名称是德意志联邦共和国，它位于欧洲中部，全国总面积为35.70万平方公里，当前全国的总人口约有8 211万，德国的主体民族是德意志人，约占全国居民总数的85%，此外，在德国还生活着少量的丹麦人、吉卜赛人、索布人，以及700多万的外籍人。

德国作为国家的名称，源于"德意志"一词，其含义为"人民的国家"或"人民的土地"。在世界上，德国人有"经济巨人"、"欧洲心脏"、"出口大国"、"运河之国"、"啤酒之国"等美称。

德国目前的行政区划，是将全国划分为16个州。德国的首都是柏林，德国的官方语言是德语。

德国的主要宗教是天主教和基督教，目前，在德国全国总人口中，信奉基督教者约占50%，信奉天主教者约占36%。

德国目前实行的是内阁制共和政体，东、西德国于1990年10月3日得以统一，因此德国就把每年的10月3日定为国庆日。其他主要节日有"元旦"、"啤酒节"、"狂欢节"等。

2. 风俗习惯

1) 社交礼仪

德国人在待人接物所表现出来的独特风格，往往会给人以深刻的印象。主要有：纪律严明，法制观念很强；讲究诚信，重视时间观念；极端自尊，重视传统习俗；热情好客，十分注重感情。

德国人在人际交往中对礼节非常重视，通常采用握手礼作为见面礼节，与德国人握手时，有必要特别注意下述两点：①握手时务必要坦然地注视对方；②握手的时间宜稍长一些，晃动的次数宜稍多一些，握手时所用的力量宜稍大一些。

由于德语语言自身的特点，在与德国人交往中还会遇到一个是用尊称还是用友称的问题。一般与陌生人、长者以及关系一般的人交往，通常用尊称"您"；而对私交较深、关系密切者，往往用友称"你"来称呼对方。称谓的交换，标志着两者之间关系的远近亲疏。

德国人在穿着打扮上的总体风格，是庄重、朴素、整洁。在一般情况之下，男士大多爱穿西装、夹克，并且喜欢戴呢帽。妇女们则大都爱穿翻领长衫和色彩、图案淡雅的长裙。在日常生活中，德国妇女的化妆以淡妆为主。对于浓妆艳抹者，德国人往往看不起的。在正式场合露面时，必须要穿戴得整整齐齐，衣着一般多为深色。在商务交往中，他们讲究男士穿三件套西装，女士穿裙式服装。

2) 饮食习惯

德国人以面包、土豆为主食，偶尔用大米、面条为主食。喜欢吃猪肉、牛肉、猪蹄膀和以猪肉制成的各种香肠，令德国人百吃不厌。通常，德国人不太爱吃羊肉，动物内脏只吃肝脏。除北部地区的少数居民之外，大都不爱吃鱼、虾。即使吃鱼的人，在吃鱼时也不准讲话。其原因恐怕主要是担心被鱼刺扎伤。德国人喜食油腻之物，所以德国的胖人极多。爱吃冷菜和偏甜、偏酸的菜肴，对于辣和过咸的菜肴则大多不太欣赏。在饮料方面，最爱啤酒，人人海量。对咖啡、红茶、矿泉水，也很喜欢。自助餐发明于德国。在外出用餐时，德国人很爱选择这一进餐方式。

在一日三餐之中，德国人最重视的是晚餐。用餐的时候，他们习惯于关闭电灯，点燃蜡烛，以朦胧的烛光烘托出优雅的气氛。

3) 节庆习俗

狂欢节(每年11月11日11时11分)要持续10天，到来年复活节前40天才算过完。

过完复活节前一周的星期四是妇女节，妇女们这一天不但可以坐市长的椅子，还可以拿着剪刀在大街上公然剪下男子的领带。

元旦，也是德国人的重大日子。除夕之夜，男子按传统习俗聚在屋里，喝酒打牌，将近零点时，大家纷纷跳到桌子上和椅子上，钟声一响，就意味着"跳迎"新年，接着就扔棍子，表示辞岁。

德国人是世界上最爱喝啤酒的，所以除传统宗教节日外，还有举世闻名的"慕尼黑啤酒节"。每年的"慕尼黑啤酒节"从9月最后一周到10月第一周持续要过半月，热闹非凡(图8.6)。

图8.6　慕尼黑啤酒节

4) 礼仪禁忌

吃鱼用的刀叉不得用来吃肉或奶酪。若同时饮用啤酒与葡萄酒，宜先饮啤酒后饮葡萄酒，否则被视为有损健康。食盘中不宜堆积过多的食物。不得用餐巾煽来煽去。

德国人在所有的花卉之中，对菊花最喜欢。不喜欢郁金香，忌讳用玫瑰或蔷薇送人，前者表示求爱，后者则专用于悼亡。送女士一枝花，一般不合适。德国人对黑色、灰色比较喜欢，对于红色以及渗有红色或红、黑相间之色，则不感兴趣。

德国人对于"13"与"星期五"极度厌恶。4个人交叉握手，或在交际场合进行交叉谈话，被他们看做是不礼貌的。德国人对纳粹党党徽的图案十分忌讳。

在德国，跟别人打招呼时，切勿身体立正，右手向上方伸直，掌心向外。这一姿势，过去是纳粹的行礼方式。向德国人送礼品时，不宜选择刀、剑、剪刀和餐叉。以褐色、白色、黑色的包装纸和彩带包装、捆扎礼品，也是不允许的。在公共场合窃窃私语是十分失礼的。

德国人对纳粹党党徽的图案"卐"十分忌讳，对其切勿滥用。

在德国，星期天商店一律停业休息。在这一天逛街，自然难有收获。

在德国，根据法律规定，同性恋婚姻是合法的。

小贴士 8-3

慕尼黑啤酒节

慕尼黑啤酒节可以追溯到1810年。当年巴伐利亚加冕王子路德维希和特蕾瑟公主10月完婚，官方的庆祝活动持续了5天。人们聚集在慕尼黑城外的大草坪上，唱歌、跳舞、观看赛马和痛饮啤酒。从此，这个深受欢迎的活动便被延续下来，流传至今，每年9月的第三个星期六至10月的第一个星期日就固定成为啤酒节。历史上，除因战争和霍乱中断外，慕尼黑啤酒节截至2011年已整整举办了177届了。

8.2.4 意大利

1. 基本情况

意大利的正式名称是意大利共和国，它位于欧洲南部，全国总面积大约为30.13万平方公里，人口约6 060万(2010年)，意大利的主体民族是意大利人，约占全国居民总数的88%，此外，在该国还生活着少量的费留利人、拉丁人、法兰西人和奥地利人。意大利作为国家的名称，译自英语，在意大利语里，它应为"意大利亚"，即"小牛生长的乐园"。意大利目前的行政区划是将全国划分为20个行政区，下设85个省，意大利的首都是罗马。意大利的官方语言是意大利语，在个别边境地区，也有一些人讲法语或德语。在世界上，意大利有着"欧洲花园"、"旅游之国"、"航海之国"、"欧洲炼油厂"等美称。

意大利的主要宗教是天主教。目前，意大利约有83%的人信奉天主教。

意大利目前实行的是内阁制共和政体，国庆节是每年的6月2日，其他主要的节日有"圣诞节"、"复活节"等。

2. 风俗习惯

1) 社交礼仪

意大利人的时间观念相对于德国这些国家来说会显得散漫一点。他们高级主管的上班时间是不规则的，而且午餐休息时间也很长。所以如果约访意大利人，一定要尽早联系，并且切忌将约会定在一大早或午餐后一两个小时内。并且7、8月份也是意大利的年假时间，这个时间段不要去联系客户。

日常生活的社交上，意大利习惯于身体上的接触，不过这并不代表你可以首先拥抱或亲吻对方，要等到对方首先表示拥抱或亲吻，然后做出回应，这样才比较合适。作为拉丁语系的人民，他们认为对于身体接触表示回避的人是冷酷的、不友好的、傲慢自大的。同样在意大利，无论是在社交还是商务场合，人与人的距离都是非常近的，他们认为近距离能更好地表示友好。所以在乘坐电梯时，即使只有两个人，他们之间的距离也是非常近。

在人际交往中，意大利人表情丰富，尤其喜欢用不同的手势来表达自己的思想感情。如竖起食指来回摆动表示"不"；一边伸出手掌，一边撇嘴，表示"不清楚"、"无可奉告"；伸出双手，手掌向上，并且耸动肩膀，表示"我不知道此事"等。

在正式场所，称呼以称全姓，在社交场合，称其姓氏，或与"先生"、"小姐"、"夫人"一起连称，对于关系密切者可直呼其名，意大利人往往称对方"您"，以示恭敬之意，切忌称"老人家"、"小鬼"。

在穿着打扮上，意大利人衣着考究，非常时髦，讲究个性。在日常生活里较少穿着其传统的民族服装。但是大都爱戴假发。平时，男士爱穿背心，戴鸭舌帽；妇女则爱穿长裙，有时则爱戴头巾。

2) 饮食习惯

意大利人喜爱面食，往往放在第一道。做法吃法甚多，制作面条有独到之处，各种形状、颜色、味道的面条至少有上百种，如字母形、贝壳形、实心面条、通心面条、菜汁面条等，还有意式馄饨，意式饺子等。吃意式西餐主要用刀叉，因此，意大利在餐桌上的习惯是吃要尽可能闭嘴，吃喝尽量不发出声音，吃面条要用叉子卷好送入口中，不可吸入发出声音。

意大利三面濒海，海鲜丰富，所以意大利人喜食海鲜，尤其是生的牡蛎和蜗牛。他们的口味上接近法式菜肴。注重浓、香、烂，偏爱酸、甜、辣。烹饪方法上，多采用焖、烩、煎、炸，不喜欢烧、烤。肉食与蔬菜、水果，是意大利人都非常喜欢的食品。意大利人大都嗜酒，他们之中不少人鼻子红红的，据说这与饮酒过量有关。

3) 节庆习俗

意大利的节日比较多，全国性节日有19个。1月1日是元旦，新年钟声敲响后，他们纷纷将家中旧物抛出窗外，以辞旧迎新。3月21日至4月25日春分月圆后第一个星期天为复活节，人们纷纷结伴去郊游、踏青、聚餐。复活节前40天为斋戒期，之前数天为狂欢节，一般在2月中旬，此时期有化装游行及盛大游艺活动。复活节后40天为圣灵降临节，这一天会举行各种纪念活动。12月25日为圣诞节，罗马教皇发表演说是这天最重要的节目。

小贴士 8-4

威尼斯狂欢节

意大利威尼斯狂欢节起源于公元 11 世纪，到 18 世纪时成为欧洲最著名的狂欢节，由于王孙贵族纷至沓来又不想暴露身份，戴面具和乔装改扮就成了传统。与巴西狂欢节及意大利其他地方的狂欢节相比，威尼斯狂欢节给人的感觉是欢而不是狂，人们更倾向于享受放松愉悦的生活。

4) 礼仪禁忌

在意大利，玫瑰一般用以示爱，菊花则专门用于丧葬之事，因此这两种花不可以用来送人。送给意大利女士的鲜花，通常以单数为宜。较为忌讳紫色、仕女图案、十字花图案等。

与其他欧美国家的人基本相似，意大利人最忌讳的数字与日期分别是"13"与"星期五"。除此之外，他们对于"3"这一数字也不太有好感。切勿将手帕、丝织品和亚麻织品送给意大利人。意大利人认为，手帕主要是擦眼泪的，象征情人离别，属于让人悲伤之物，不宜送人。他们在与客人闲谈中，不喜欢议论有关政治方面的问题，以及美国的橄榄球等话题。

8.2.5 俄罗斯

1. 基本情况

俄罗斯的正式名称是俄罗斯联邦，它位于欧洲东部和亚洲北部，但是在人们的习惯上，常把它看成是一个欧洲国家。俄罗斯国土面积 1 707.5 万平方公里，是世界上面积最大的国家。总人口约为 1.41 亿，有俄罗斯人、鞑靼人、乌克兰人、楚瓦什人等 130 多个民族所构成。主体民族是俄罗斯，约占全国总人口的 83%。

中国人曾把俄罗斯称为俄国。俄罗斯目前设有 16 个自治共和国，5 个自治州，10 个自治区，6 个边疆区，48 个州。首都为莫斯科。

俄罗斯的官方语言是俄语，许多少数民族都拥有各自的语言文字，懂英语的人不多，而德语、法语则较为普及。

俄罗斯人最主要的宗教是东正教，其信徒有 1 亿人以上。俄罗斯目前实行总统制共和政体，它是独联体成员国之一，它的国庆日，迄今尚未正式确定。重要节日有"圣诞节"等。

2. 风俗习惯

1) 社交礼仪

在人际交往中，俄罗斯人非常热情、豪放、勇敢和耿直。人们初次见面是先开口问好，

"早安"、"午安"、"晚安"或者"日安"是他们常用的问候之语。问好后再行握手礼,如果是非常熟悉的人,特别是在久别重逢时,大多会热情拥抱对方,有时还会与对方互吻双颊,这些对于俄罗斯人来说都是常规的见面礼节。对于非常尊贵的客人,他们通常会献上"面包和盐",这是一种极高的礼遇,来宾必须高兴地接受。在社交场所,俄罗斯人还讲究与人相约准时。同时他们尊重女性,男性有帮女性拉门、脱大衣等习惯。

在称呼方面,以前俄罗斯人习惯称呼"同志",而目前随着时间的推移和社会制度的变化,在正式场所他们也采用"先生"、"小姐"、"夫人"之类的称呼。另外,俄罗斯人非常看重社会地位,因此对有职务、学衔、军衔的人,最好称其职务、学衔、军衔。在俄语中"您"这个称呼多用于称呼女士、长辈、师长、上司或贵族,表示尊重与客气。

俄罗斯人的传统服装为:男人上穿粗麻布长袖斜襟衬衣,腰系软腰带,下穿瘦腿裤。外面常穿呢子外套,并且头套毡帽,脚穿皮靴。女人则爱穿粗麻质地的带有刺绣的长袖衬衫,并配以方格裙子。在俄罗斯民间,已婚妇女必须戴头巾,并以白色的为主;未婚姑娘则不戴头巾,但常带帽子。前去拜访俄罗斯人时,进门之后务请立即自觉地脱下外套、手套和帽子,并且摘下墨镜。前往公共场所时,则还须在进门后自觉将外套、帽子、围巾等衣物存放在专用的衣帽间里。

2) 饮食习惯

在饮食习惯上,俄罗斯人讲究量大实惠,油大味厚,制作上较为粗糙。他们喜欢酸、辣、咸的口味,偏爱炸、煎、烤、炒的食物。俄罗斯人日常以面食为主食,爱吃用黑麦烤制的黑面包。以鱼、肉、禽、蛋和蔬菜为副食。他们喜欢吃牛、羊肉,但大多不爱吃猪肉。另外,鱼子酱、红菜汤、酸黄瓜、酸牛奶等也是俄罗斯大名远扬的特色食品。欧洲人视鱼子酱为上等美食,其中又以俄罗斯产的为上品。鱼子酱有灰(明太鱼)、红(鲑鱼)和黑(鲟鱼)3种。灰的口味重,红的太腥,黑的最妙。即使在50年代,黑鱼子酱产量比现在高10倍的时候,对俄罗斯人来说,吃一片抹黑鱼子酱和黄油的面包也是难得的享受。俄罗斯人不吃海参、海蜇、乌贼、黄花菜和木耳。

在饮料方面,俄罗斯人很能喝冷饮。平时爱吃冰淇淋。大都很能喝烈性酒。具有该国特色的烈性酒伏特加,是他们最爱喝的酒。还喜欢喝一种叫"格瓦斯"的饮料。同时,俄罗斯人习惯用茶饮沏茶,喜喝红茶或加果酱、蜂蜜。

3) 节庆习俗

俄罗斯人除根据信仰过宗教节日,如俄罗斯人的圣诞节、洗礼节、谢肉节(送冬节)、清明节、旧历年等,还把圣诞节的传统习俗与过新年结合起来。如圣诞老人叫冬老人,代表旧岁,雪姑娘代表新年。冬老人和雪姑娘是迎新晚会的贵客,并负责分发礼物。大多数俄罗斯人喜欢在家过年,男人们通宵饮伏特加。当电视广播里传出克里姆林宫的钟响过12下后,男女老少互祝新年快乐。女主人则往往按照俄罗斯人的习惯,要大家说一个新年的心愿。

4) 礼仪禁忌

葵花是俄罗斯人的最爱，被视为光明的象征。他们普遍偏爱红色，不喜欢黑色。在数字方面偏爱"7"，认为是成功、美满的预兆，对于"13"、"666"与"星期五"和欧洲人一样则十分忌讳。俄罗斯人非常崇拜盐和马，认为盐有驱邪避灾的力量，马则会给人们带来好运。他们十分厌恶黑猫，极为讨厌兔子。

在俄罗斯，打碎镜子和打翻盐罐，都被认为是极为不吉利的预兆。俄罗斯人主张"左手凶，右手吉"，因此，他们也不允许以左手触碰别人，或以之递送物品。在俄罗斯，蹲在地上，卷起裤腿，撩起裙子，都是严重的失礼行为。俄罗斯人讲究"女士优先"，在公共场所里，男士们往往自觉地充当"护花使者"。不尊重妇女，到处都会被报以白眼。

小贴士 8-5

复 活 节

复活节是纪念耶稣复活的节日。复活节是根据月历计算的，因此每年庆祝的日子不相同，但总是在春分后第一次月圆的第一个星期日，大致在4月或5月底。俄罗斯复活节的日子和西方国家的往往不同。这时，俄罗斯中部大地春意正浓，积雪融化、树叶吐芽、春草萌发。因此，复活节是欢呼春回大地、期待谷物丰收的节日。节日前夕，即星期六晚上，人们要在耶稣像前点起油灯，供上圆柱形面包和彩蛋。教徒要手持蜡烛和彩蛋到教堂门口排队领圣餐。夜间12时整，教堂门大开，内有神父喊："耶稣复活了！"人们跟着喊"耶稣复活了！"并相互拥抱、亲吻、交换彩蛋。然后，神父把少量的面饼和葡萄酒分给众人吃。传说，面饼为"圣体"，葡萄酒为"圣血"，吃了"圣餐"的人会得到幸福。

8.3 美洲主要国家和地区礼俗礼仪

美洲位于西半球大陆，可分为北美洲和南美洲，北美洲面积约为2 422.8万平方公里，人口4.62亿；南美洲面积约为1 797万平方公里，人口约3.25亿。美洲地区的美国、加拿大、墨西哥、巴西、阿根廷等国家，大多信奉天主教或基督教，其饮食也以西餐为主，比较讲究食品的营养和卫生。

8.3.1 美国

1．基本情况

美国的正式名称是美利坚合众国，美国领土有其本土、位于北美洲西北部的阿拉斯加半岛和位于太平洋中部的夏威夷群岛等3个部分组成。美国的总面积为962.9万平方公里，美国的全国总人口约3.08亿。在全国居民之中，白人约占84.1%，黑人约占12.4%，此外

还有少量的土著居民以及亚洲人、南美人。

美国的行政区划，是将全国划分为50个州、1个特区。美国的首都是华盛顿。英语是其官方语言。

美国作为国家的名称，来自它所在的美洲洲名，在英语里，作为国名的"美利坚"与作为洲名的"亚美利加"，是一个相同的词，在中文里，人们习惯于用前者代表美国，而以后者泛指美洲。美国的绰号是"山姆大叔"，这也是它的一个象征。"世界霸主"、"超级大国"、"国际警察"、"金元帝国"、"电影王国"、"钢管王国"、"轮子上的国家"等，都是世人对于美国所常用的称谓。

美国的重要宗教是基督教和天主教。在美国，目前约有57%的居民信仰基督教，约有28%的居民信仰天主教。同时，还存在着多种其他宗教信仰。

美国现在实行总统制共和政体。1776年7月4日是美国发表《独立宣言》的日子，该"宣言"正式宣布美国脱离英国独立，成为美利坚合众国。之后，美国将每年的7月4日定为国庆日。其他主要节日有"感恩节"、"母亲节"、"父亲节"等。

2．风俗习惯

1) 社交礼仪

美国人给人的印象是性格开朗、乐观大方、不拘小节、讲究实际、直言不讳，所以他们乐于与人交际，而且不拘泥于正统礼节，没有过多的客套，与人相见不一定以握手为礼，笑一笑，说声"Hi(你好)"就算有礼，而不必加上各种头衔。还有，美国人在社交场合散席或者业务会议散会时，较少与人一个个地道别，而是向大家挥手，说一声"好啦，我们再见吧(Well, so long everybody)"，这样做并不表示人们相互间缺少敬意，而是人们长年累月的习惯使然。

美国人讲话中礼貌用语很多，"对不起"、"请原谅"、"谢谢"、"请"等礼貌用语不离口，显得很有教养。同时在交谈中喜欢夹带手势，有声有色，但他们不喜欢别人不礼貌地打断他们讲话，美国人崇尚自由，重视隐私权，忌讳被人问及个人的私事，交谈时与别人总是保持一定的距离，一般保持50cm到150cm的距离比较合适。

在称呼上，美国人很少用全称，他们喜欢直呼其名，以示双方关系密切，若非官方的正式交往，他们不喜欢称呼官衔，但乐于使用能反映其成就与地位的学衔、职称，如一位拥有博士学位的议员，称其"博士"比"议员"让他更乐于接受。

美国人穿着打扮的基本特征是崇尚自然，偏爱宽松，讲究着装体现个性。在日常生活之中，美国人大多是宽衣大裤，素面朝天，爱穿T恤衫、牛仔裤、运动装以及其他风格的休闲装。讲究服装的整洁。通常衬衣、袜子、领带要每天一换。穿肮脏、折皱、有异味的衣物是被人瞧不起的。

2) 饮食习惯

美国人的饮食习惯是一日三餐。他们讲究吃的是否科学、营养，讲求效率和方便，一般不在食物精美细致上下工夫。早餐时间，一般在8时，内容较为简单，烤面包、麦片及咖啡，或者还有牛奶、煎饼。午餐时间通常在中午 12 时至 1 时，有时还会再迟一点。午餐也比较简单。许多上班、上学人员从家中带饭菜，或是到快餐店买快餐，食物内容常常是三明治，汉堡包，再加一杯饮料。晚餐是美国人较为注重的一餐，在傍晚 6 时左右开始，常吃的主菜有牛排、炸鸡、火腿，再加蔬菜，主食有米饭或面条等。美国饮食努力的发展方向是向速食发展，他们的蔬菜大都生吃，营养不会损失，更主要的是省时间，现在他们还极力提倡把蔬菜挤成菜汁喝。爱喝的饮料有冰水、矿泉水、红茶、咖啡、可乐与葡萄酒。新鲜的牛奶、果汁，也是他们天天必饮之物。

美国人用餐时一般以刀叉取用。其用餐的戒条主要有下列 6 条。其一，不允许进餐时发出声响。其二，不允许替他人取菜。其三，不允许吸烟。其四，不允许向别人劝酒。其五，不允许当众宽衣解带。其六，不允许讨论令人作呕之事。

3) 节庆习俗

美国的节日比较多。7 月 4 日为美国独立日。美国的政治性节日还有国旗日、华盛顿诞辰纪念日、林肯诞辰纪念日、阵亡将士纪念日等。2 月 14 日为情人节，在这一天，恋人之间都要互赠卡片和鲜花。5 月第二个星期日为母亲节，6 月第三个星期日为父亲节，是美国的法定节日。11 月第四个星期四是感恩节，也叫火鸡节，是美洲特有的节日。这一天也是家人团聚、亲朋欢聚的日子，还要进行化装游行、劳作比赛、体育比赛、戏剧表演等活动，十分热闹；火鸡、红莓苔子果酱、甘薯、玉米汁、南瓜饼等节日佳肴让人大饱口福(图 8.7)。

12 月 25 日为圣诞节，是美国最盛大的节日。全城通宵欢庆，教徒们跟随教堂唱诗班挨户唱圣诞颂歌，装饰圣诞树，吃圣诞蛋糕。

图 8.7　感恩节食物

4) 礼仪禁忌

美国人忌讳"13"、"星期五"、"3"、"666"，认为这些数字和日期，都是厄运和灾难的象征。还忌讳有人在自己面前挖耳朵、抠鼻孔、打喷嚏、伸懒腰、咳嗽等，认为这些都是不文明的，是缺乏礼数的行为，若打喷嚏、咳嗽实在不能控制，则应将头部避开客人，用手帕掩嘴，尽量少发出声响，并要及时向在场的人表示歉意。

美国人最喜欢白色，认为白色是纯洁的象征，他们还喜欢蓝色和黄色，忌讳黑色，黑色只在丧葬活动时使用。美国人认为狗是人类最忠实的朋友，所以他们普遍喜欢狗、象、驴，秃鹰也是他们喜欢的动物，但厌恶蝙蝠，认为它是吸血鬼与凶神，对山楂花和玫瑰花非常偏爱。

美国是一个时间观念很强的国家，各种活动都按预定的时间开始，迟到是不礼貌的。美国人也有礼尚往来的习惯，但他们忌讳接受过重的礼物，一则是美国人不看重礼品自身的价值，二来法律禁止送礼过重，从家乡带去的工艺品、艺术品、名酒等是美国人喜欢的礼物。美国社会有付小费的习惯，凡是服务性项目均需付小费，旅馆门卫、客房服务等需付不低于1美元的小费，饭店吃饭在结账时收15%小费。

小贴士 8-6

感恩节的由来

11月的最后一个星期四是感恩节。感恩节是美国人民独创的一个古老节日，也是美国人合家欢聚的节日，因此美国人提起感恩节总是倍感亲切。

1962年9月，"五月花号"轮船载着102名清教徒及其家属离开英国驶向北美大陆，经过两个多月的艰苦航行，在马萨诸塞的普利茅斯登陆上岸，从此定居下来。第一个冬天，由于食物不足、天气寒冷、传染病肆虐和过度劳累，这批清教徒一下子死去了一半以上。第二年春天，当地印第安部落酋长马萨索德带领心地善良的印第安人，给了清教徒谷物种子，并教他们打猎、种植庄稼、捕鱼等。在印第安人的帮助下，清教徒们当年获得了大丰收。首任总督威廉·布莱德福为此建议设立一个节日，庆祝丰收，感谢上帝的恩赐。同时，还想借此节日加强白人与印第安人的和睦关系。1621年11月下旬的星期四，清教徒们和马萨索德带来的90名印第安人欢聚一堂，庆祝美国历史上第一个感恩节。男性清教徒外出打猎、捕捉火鸡，女人们则在家里用玉米、南瓜、红薯和果子等做成美味佳肴。就这样，白人和印第安人围着篝火，边吃边聊，还载歌载舞，整个庆祝活动持续了3天。

初时感恩节没有固定日期，由各州临时决定。直到美国独立后的1863年，林肯总统宣布感恩节为全国性节日。

每逢感恩节这一天，美国举国上下热闹非凡，人们按照习俗前往教堂做感恩祈祷，城乡市镇到处举行化装游行、戏剧表演和体育比赛等，学校和商店也都按规定放假休息。孩子们还模仿当年印第安人的模样穿上离奇古怪的服装，画上脸谱或戴上面具到街上唱歌、吹喇叭。散居在他乡外地的家人也会回家过节，一家人团团围坐在一起，大嚼美味火鸡。

8.3.2 加拿大

1．基本情况

加拿大的正式名称即加拿大，位于北美洲北部。加拿大国土面积居世界第二，总面积为 997.06 万平方公里，总人口为 3 361 万。作为一个"移民之国"，加拿大人来自世界各地，其中英裔居民约占 40%，法裔居民约占 27%，土著居民与仅占大约 5%。

加拿大现行的行政区别，是将全国分作 10 个省，2 个地区，加拿大的首都是渥太华。

加拿大的官方语言是英语和法语并用，实行的是"双语制"。

加拿大作为国家的名称，出自当地土著居民的语言。在世界上，加拿大有着"移民之国"、"枫叶之国"、"万湖之国"、"真诚的北疆"等多种美称。

加拿大的主要宗教是天主教和基督教。在加拿大，二者的影响不相上下。

加拿大目前实行君主立宪制政体。它是英联邦成员国之一，并且奉英国国王为本国国家元首。加拿大土著居民是印第安人和爱斯基摩人，从 16 世纪起被英、法瓜分建立了英、法殖民地，1867 年 7 月 1 日建立了加拿大联邦，从此，加拿大将每年的 7 月 1 日定为国庆日，其他主要节日有"元旦"等。

2．风俗习惯

1) 社交礼仪

加拿大人不像美国人那么随便，但他们喜欢无拘无束，同时也非常讲究礼貌，他们性格开朗热情，对人朴实友好，十分容易接近，所以与加拿大人相处非常容易。加拿大人相遇时会主动打招呼，人们相见和分别通常采用握手礼，拥抱或亲吻礼也仅仅适用于亲友、熟人、夫妻之间。在一般场所，加拿大人往往喜欢直呼其名，只有在非常正式的场合才会连姓带名地称呼，并且加上"先生"、"小姐"、"夫人"的尊称，对于对方的头衔、学位、职务只在官方场所使用。

加拿大人在正式场合要穿西服、套裙；参加社交活动要穿礼服和时装，日常生活着装以欧式为主，休闲场所着装比较自由，随自己的喜好。在加拿大参加社交应酬活动，一定要进行仪容修饰，男士理发、修面，女士化妆，选戴一些首饰都是非常必要的，否则会被认为对交往对象不尊重。在休闲场合则讲究自由穿着，只要自我感觉良好即可。

2) 饮食习惯

在饮食方面，由于英裔人和法裔人的缘故，加拿大人习惯上与英、法两国相似，面包、牛肉、鸡肉、鸡蛋、土豆、西红柿等是他们日常的食物，忌讳肥肉、动物内脏、虾酱、鱼露及一切带腥味的食品。口味方面比较清淡，爱吃酸甜、清淡的、不辣的食物，烹调中较少使用调料，各种调料放在餐桌上由用餐者随意选择，除炸烤的牛排、羊排、鸡排外，他们也爱吃野味。

在饮料的品种上与美国人的选择相仿，只是不像美国人那样强调"一定要冰镇"。加拿大人喜欢喝下午茶、喝咖啡时喜欢品尝苹果派等甜食。不少加拿大人嗜好饮酒、威士忌、白兰地等都很受欢迎。

3) 节庆习俗

加拿大的主要节日有：7 月 1 日的国庆日；元旦，人们将瑞雪作为吉祥的征兆，哈德逊湾的居民在新年期间，不但不铲平阻塞交通的积雪，还将雪堆积在住宅四周，筑成雪岭。他们认为，这样就可以防止妖魔鬼怪的侵入；枫糖节，加拿大盛产枫树，其中以东南部的魁北克和安大略两省枫叶最多最美。每年三四月间，一年一度的"枫糖节"就开始了。几千个生产枫糖的农场装饰一新，披上节日的盛装，吸引了无数的旅游者；冬季狂欢节，在加拿大东南部港口城市魁北克，每年从 2 月份的第一个周末起，都举行为期 10 天的冬季狂欢节。狂欢节规模盛大，活动内容丰富多彩。

4) 礼仪禁忌

加拿大人在数字方面，不喜欢"13"、"666"和"星期五"。他们非常喜欢枫叶，枫叶被他们视为国花，是加拿大的象征。枫树被定为国树，但不喜欢白色的百合花，百合花是用来悼念死者的。他们非常喜欢红色，忌讳黑色和褐色。

与加拿大人交谈时，不要插嘴打断对方的话，或是与对方强词夺理。在需要指示方向或介绍某人时，忌讳用食指指指点点，而是代指以五指并拢，掌心向上的手势。

他们不喜欢外来人把他们的国家和美国进行比较，尤其是拿美国的优越方面与他们相比，更是令人不能接受。

不要贸然造访加拿大人的家或办公室，即使你是他们的好友，也应打电话预约或通过其他方式提前约定。

8.4 大洋洲主要国家和地区礼俗礼仪

大洋洲位于太平洋西南部和南部的赤道南北广大海域中，介于亚洲和南极洲之间，陆地面积约为 897 万平方公里，人口约 2 900 万，由澳大利亚大陆、塔斯马尼亚岛、新西兰南北二岛、新几内亚岛以及太平洋上的三大岛群组成。大洋洲历史上曾长期是英国等欧洲发达国家的殖民地。现在这一地区大多数国家已摆脱殖民统治，其中澳大利亚和新西兰都是比较发达的国家。

8.4.1 澳大利亚

1. 基本情况

澳大利亚正式的名称是澳大利亚联邦，为英联邦成员国。它位于南半球，地处太平洋与印度洋之间，是由大陆部分与塔斯马尼亚等众多的岛屿所组成。全国总面积为 769.20 万平方公里，澳大利亚的全国总人口为 2 250 万人左右，其中当地土著居民仅占 0.88%，其余主要是外国移民的后裔，其中英国移民的后裔占总人口的 85%，华人则占全国总人口的 2%。

澳大利亚的行政区划，是将全国分为 6 个州和两个地区，澳大利亚的首都是堪培拉。澳大利亚的官方语言是英语。

澳大利亚作为国家的名称，来自于拉丁文，它的含意是"南方之地"。由于澳大利亚犹如一座大岛，故有"岛大陆"之称，因为它建国不久，又被称为"古老大陆上的年轻国家"。

此外，它因为畜牧业发达，矿产丰富被称为"牧羊之国"、"骑在羊背上的国家"、"淘金圣地"、"坐在矿车上的国家"。

澳大利亚的主要宗教是基督教，全国居民之中约88%的人是基督教教徒。

澳大利亚目前实行君主立宪政体，它是英联邦成员之一，奉英国国王为国家元首，国庆节是每年的1月26日。其他主要节日有"圣诞节"等。

2．风俗习惯

1) 社交礼仪

澳大利亚是一个由多国移民组成的国家，其中大部分人来自英国和欧洲各国，因而其风俗礼仪带有鲜明的西欧特征。澳大利亚人说话直截了当，见面时喜欢热烈握手，以名相称。路遇熟人时，除说"哈喽"以示礼节外，有时要行挤眼礼，即挤一下左眼，以示礼节性招呼。不过，有些女子之间不握手，女友相逢时常亲吻对方的脸。男人之间相处，大多数不喜欢紧紧拥抱或握住双肩之类的动作，使感情过于外露。但是，澳大利亚人喜欢与人交往，乐于与陌生人聊天，无论是在马路上还是在酒吧里，他们总是主动走到陌生人面前，打招呼问候，自我介绍一番，他们待人接物都很随和。

邀请澳大利亚人到家中做客，他们总是随身带一些礼物，如在自家花园摘几朵鲜花，或拿一些自家酿制的果酱等。到澳大利亚人家中做客最合适的礼物是给女主人送一束鲜花或给男主人送一瓶葡萄酒。

澳大利亚人在极为正式的场合要穿西装、套裙，平时穿的大都是T恤、短裤，或者是牛仔裤、夹克衫。由于阳光强烈，他们在出门之时，通常喜欢戴上一顶棒球帽来遮挡阳光。澳大利亚的土著居民平时习惯赤身露体，至多是在腰上扎上一块围布遮羞而已。

2) 饮食习惯

澳大利亚人在饮食习惯上与英国人相似，主食以面食为主。在口味上喜清淡，不油腻，忌食辣味菜肴，有的还不吃酸味食品，但是食肉很多，喜食牛肉、羊肉、瘦猪肉、鱼、虾、鸡蛋、海味品和乳制品。澳大利亚的海味品很多，包括在其他地方未曾碰到过的海味。他们的菜肴多采用烤、炸、焖、烩的烹制方法，如烤牛排、油炸虾等。

澳大利亚人爱喝啤酒和葡萄酒，对中国啤酒甚为称赞。此外澳大利亚人还爱喝咖啡、矿泉水等软饮料，对中国红茶、花茶感兴趣。也爱吃水果，主要是苹果、荔枝、香蕉等。

3) 节庆习俗

澳大利亚国庆日是1月26日。圣诞节时，澳大利亚正处盛夏，商店橱窗里特意装的冰雪及圣诞老人和满街的夏装形成鲜明的对照，成为澳大利亚圣诞节的特色。圣诞节夜晚，人们带着饮料到森林里举行野餐，吃饱喝足后，就跳起"迪斯科"或"袋鼠舞"直到深夜，然后在森林中露宿，迎接圣诞老人的到来。南太平洋艺术节(每隔4年举行一次)，是南太平洋地区的国家为"庆祝太平洋的觉醒"，"鼓励太平洋传统文化的保持和心声"，并在"整个太平洋地区加强团结"的口号下举行的具有浓厚地方色彩的节目。

4) 礼仪禁忌

在数字方面，澳大利亚跟所有信奉基督教国家一样，忌讳"13"、"666"和"星期五"，他们最喜欢的动物是袋鼠与琴鸟,他们认为兔子是不吉利的动物,碰到兔子是厄运来临的预兆。

澳大利亚人对自己独特的民族风格而感到自豪,因此谈话中忌拿澳大利亚与英、美进行比较,也忌谈工会、宗教、个人问题、袋鼠数量的控制等敏感话题。

澳大利亚人爱交朋友,他们非常喜欢邀请友人一同外出游玩,此类邀请千万不能拒绝,不然会被他们认为不给面子。与澳大利亚人打交道不要说"外国"和"外国人",一定要具体到某个国家,他们认为笼统的称呼会抹杀个性,是失敬的做法,还有不要在公共场所大声喧哗,尤其是在门外高声喊人。

8.4.2 新西兰

1. 基本情况

新西兰地处澳洲,位于太平洋西南部,是一个岛国。全国总面积 26.80 万平方公里,全国总人口现为 439 万,由欧洲移民后裔、毛利人、华人等民族组成,其中英国移民的后裔约占全国总人口的 84%,毛利人占 1%,华人有 2 万左右。

新西兰的行政区划,是将全国分作 14 个大区,58 个小区,14 个市,首都是惠灵顿。

新西兰的通用语为英语,但毛利人依然习惯于讲本民族的语言——毛利语。

新西兰国家的名称,来自于荷兰语,意即"新的海中陆地",由于新西兰距离其他大陆路途遥远,并且环境十分优美,故有"世界边缘的国家"、"绿色花园之国"和"白云之乡"的称号。新西兰的畜牧业发达,因此又有"畜牧之国"、"牧羊之国"之称。

新西兰的主要宗教是基督教和天主教,其信徒约占全国总人口的 70%以上。

新西兰目前实行君主立宪政体,以英国女王为自己的国家元首,它是英联邦成员国之一,新西兰的国庆节是每年的 2 月 6 日。

2. 风俗习惯

1) 社交礼仪

新西兰由于欧洲移民较多,所以他们主流社会的交际礼仪具有鲜明的欧洲特色,在多数情况下,新西兰人与朋友见面是行握手礼、鞠躬礼和面含微笑的注目礼。不过,新西兰人的鞠躬礼与我国的鞠躬礼稍有不同,他们鞠躬是抬着头的,而不是低头弯腰。在行握手礼时须要注意的是,与新西兰妇女握手必须由女方先伸出手方可。新西兰人奉行"平等主义",他们反对讲身份、摆架子,称呼新西兰人要特别注意,直呼其名备受欢迎,称呼官衔却令人反感。

新西兰人时间观念较强,约会须事先商定,准时赴约。客人可以提前几分钟到达,以示对主人的尊敬。交谈以气候、体育运动、国内外政治、旅游等为话题,避免谈个人私事、宗教、种族等问题。会客一般在办公室里进行。在接待新西兰人时,如果端上一盘猕猴桃,会令他们非常高兴而感到亲切,因为猕猴桃是他们的"国果",是新西兰人最爱吃的水果,也是他们待客和出口的主要水果。与新西兰人一起用餐时应注意的是,他们一般喜欢安静就餐,不愿意与共同进餐者边吃边聊。

新西兰人在服饰方面看重质量,讲究庄重,偏爱舒适,强调服装的 TPO 原则,日常生活中以欧式服装为主,新西兰妇女在外出参加交际应酬时一定会盛装,她们认为这是基本的礼貌修养。

2) 饮食习惯

新西兰人以英式西餐为主，由于盛产乳制品和牛羊肉，所以他们的饮食中少不了这些食物，他们还爱吃瘦肉、鸡肉、鱼肉，忌狗肉。新西兰是世界上最大的奶制品国之一，其奶酪、黄油、乳酪、冰激凌十分丰富。由于环海，水产品也很多，这些为新西兰的餐食提供了丰富的资源。在口味上，他们喜欢清淡、不油腻。菜肴的制作一般以烤、焖、烩的烹制方法居多。

新西兰人非常爱饮酒，很喜欢威士忌、葡萄酒和啤酒。他们也喜欢喝咖啡和红茶。他们受英国人习俗的影响，他们每天必饮红茶，甚至有"一天六饮"的习惯，分别是早茶、早餐茶、午餐茶、下午茶、晚餐茶和晚茶。

毛利人在一般情况下都爱吃一种叫做"夯吉"的食物，它是利用地热蒸熟的牛羊肉和土豆一类的东西。

3) 节庆习俗

新西兰主要节日有：国庆日(怀坦吉日)是2月6日，为纪念1840年签订怀坦吉条约。新年是1月1日。复活节是4月14—17日。澳新军团日是4月25日，为纪念澳新军团在加利波利登陆日。女王诞辰日是6月5日。劳动节是10月25日。圣诞节是12月25日。

4) 礼仪禁忌

受基督教、天主教的影响，新西兰人同样讨厌数字"13"、"666"和"星期五"，新西兰人非常喜爱动物，特别看重几维鸡和狗。新西兰的毛利人信奉原始宗教，相信灵魂不灭。所以非常忌讳拍照、摄影。

在与新西兰人聊天时，要避免涉及有关政治立场和宗教信仰以及职务方面的问题。

与新西兰人打交道，注意不要当众闲聊、剔牙、吃东西、喝饮料、嚼口香糖、紧腰带，他们认为这些都是不文明的行为。另外，新西兰人在男女交往方面较为拘谨保守，男女同场活动往往遭到禁止，即使是看电影也要分男女场。

8.5 非洲主要国家和地区礼俗礼仪

非洲位于东半球西南部，地跨赤道南北，非洲西北部的部分地区伸入西半球。非洲面积约3 020万平方公里，约占世界陆地面积的20.2%，为世界第二大洲。在地理上，习惯将非洲分为北非、东非、西非、中非和南非5个地区。非洲是世界上民族成分最复杂的地区，大多数属于黑种人。居民多信奉原始宗教和伊斯兰教。

历史上非洲各国的经济曾经长期遭受西方发达国家的控制，使得非洲是世界上经济发展水平最低的大洲，大多数国家经济落后。

8.5.1 埃及

1. 基本情况

埃及的正式名称叫做阿拉伯埃及共和国，它位于中东地区，地跨亚、非两大洲，大部分国土位于非洲的东北部,总面积约为 100.2 万平方公里,总人口约为 7 860 万,由阿拉伯人、科普特人、贝都因人、努比亚人等多个民族所构成。作为主体民族,阿拉伯人占全国总人口的 87%。

埃及目前的行政区划是将全国分为 26 个省。首都开罗是非洲第一大城市。

埃及的国语是阿拉伯语。

埃及之名来自英语。在阿拉伯语里,它的含意是"辽阔的国家",在世界上,埃及有着"文明古国"、"金字塔之国"、"棉花之国"等美称。

埃及的主要宗教是伊斯兰教。埃及宪法规定伊斯兰教为国教,并且声明伊斯兰教的教义是立法的主要依据。

埃及目前实行的是总统制共和政体,国庆日是每年的 7 月 23 日。其他节日有"惠风节"、"忠诚节"等。

2. 风俗习惯

1) 社交礼仪

阿拉伯人好客是有名的,埃及人也不例外,尤其是住在沙漠中的人,不论贫富,都有"客留三日"的习俗,即为过路人提供膳宿的习惯。埃及人好客、慷慨大方。他们在见面打招呼时,常称对方为"阿凡提",即阿拉伯语中的"先生"、"阁下"之意。到埃及人家中做客,如果您赞美主人家中的某样财物或衣服漂亮,主人就会把他送给您。所以,到埃及人家中要慎赞主人的东西。与埃及人交谈时,不要谈论宗教纠纷、中东政局和男女关系。

在人际交往中,埃及人见面的礼节主要是握手礼,埃及人在其他场合也会使用拥抱礼和亲吻礼。埃及人在初次见面时,喜欢双方互致问候,像"真主保佑你"、"祝你平安"、"早上好"、"晚上好"等都是他们常用的问候语,在埃及见面问候时,讲究年轻的先问候年长者,位低者先问候位高长者,单个人要先问候多数人。

埃及在人际交往中的称呼礼节非常有特色,为了表示尊敬或亲切,老年人将年轻人叫做"儿子"、"女儿",学生管老师叫"爸爸"、"妈妈",穆斯林之间互称"兄弟",当然国际上通行的称呼他们也采用,如果能够使用一些阿拉伯语的尊称会让他们更高兴,如"赛义德"即"先生"可称呼所有男性,"乌斯塔祖"即"教授"称呼有地位的人,"答额突拉"即"博士"称呼政府官员。

埃及人不忌讳外国人家访,甚至很欢迎外国人的访问,并引以为荣。但异性拜访是禁止的,即使在埃及人之间,男女同学、同事也不能互相拜访。除贫困户外,埃及人家里都有客厅,卧室作为私房是不欢迎外人入内的。家访时应主动问候老人并与之攀谈,埃及人乐于天南海北的神侃,一般应在聊完一个话题后告辞。

埃及人的穿着主要是长衣、长裤和长裙。又露又短的奇装异服,埃及人通常是不愿问津的。埃及城市里的下层平民,特别是乡村中的农民,平时主要还是穿着阿拉伯民族的传统服装——阿拉伯大袍。同时还要头缠长巾,或是罩上面纱。埃及的乡村妇女很喜爱佩戴首饰,尤其是讲究佩戴脚链。不穿绘有猩猩、猪、狗及熊猫图案的衣服。

2) 饮食习惯

埃及的主食为"耶素",即一种不用酵母制作的扁平圆形大饼。它同我国北方人爱吃的烙饼和馒头一样十分普遍,无论是寻常百姓家,还是高档酒店餐厅或者海鲜馆,大饼蘸酱都是头一道食品。埃及人爱吃羊肉、鸡肉、鸭肉、土豆、豌豆、南瓜、洋葱、胡萝卜等。忌食猪肉、狗肉、驴肉、龟、虾、蟹、鳝、整条和带刺的鱼、动物的血液和内脏、自死动物。埃及人口味偏淡,不喜欢油腻,他们特别爱吃甜食,其宴会和家庭正餐最后一道菜总是甜食。他们的甜食主要是用核桃仁、杏仁、葡萄干、甘蔗汁、石榴汁、柠檬汁和橄榄等做成的糯米团或油炸的馅饼。他们除了在一些正式场所用餐时使用刀叉和勺子,平时多用手取食,因此用餐前一定要洗手。

在饮料上,埃及人爱喝咖啡,它是埃及人每天不可或缺的饮料。他们有时一杯咖啡、加上几块点心,便是一顿简单的午餐。他们也喝茶,尤其爱喝一种加有薄荷、冰糖、柠檬的绿茶,认为它是解渴提神的佳品。埃及也生产红、白葡萄酒,质量都不错,但他们都信仰伊斯兰教规,忌讳饮酒。

埃及人办喜事是喜欢大摆宴席,除了邀请贵宾亲友外,有些平时与主人无甚交往者也可光临,同样也会受到热情款待。习惯上是先摆出巧克力和水果,然后诵"古兰经",吃肉汤泡馍、米饭和煮肉。最后上点心和小吃。埃及人请客,坐席也很讲究身份与等级,主人还习惯用发誓的方式劝客人多吃,自始至终非常热情。菜肴越多越好,哪怕是原封未动地端上来又端下去,宾主都十分高兴,因为这是慷慨好客的表现之一。

3) 节庆习俗

埃及的国庆节为7月23日。4月下旬(科普特历8月中旬)是埃及传统节日——惠风节,人人都要吃象征春风绿地的生菜,象征生命开始的鸡蛋和有关崇拜的腌鱼。8月,当尼罗河水漫过河堤时,举行泛滥节,欢庆尼罗河定期泛滥带来沃土。众人聚集在尼罗河边进行祷告,唱宗教赞歌,跳欢快的舞蹈。6月17日或18日是尼罗娶媳妇节,人们纷纷来到尼罗河边载歌载舞。穆斯林在斋月(伊斯兰教历9月)中实行斋戒,从日出到日落均不得进食。斋月结束后举行开斋节,连续3天,举行盛大庆祝活动,到清真寺做礼拜,亲友互相走访。这3天也是举行婚礼的吉祥日子。伊斯兰教历12月10日为宰牲节,也是盛大节日,各家各户根据经济实力,宰牛杀羊,馈赠亲友,招待宾客,送给穷人。

4) 礼仪禁忌

埃及人在数字方面没有特别的禁忌,少数信奉基督教的科普特人忌讳"13"这个数字,但都对"5"和"7"非常青睐,认为他们分别是吉祥和完美的代表。

埃及人非常喜爱莲花,将它定为国花,他们非常喜欢猫和仙鹤,猪和大熊猫则让他们非常厌恶。在颜色方面,他们非常喜欢绿色和白色,讨厌黑色和蓝色。他们在表示美好的一天时,称为"白色的一天",而不幸的一天,则称之为"黑色或蓝色的一天"。在埃及民间人们非常看重葱,认为它代表真理,而忌讳"针","针"在埃及是骂人的字。

与埃及人打交道时要注意:①不要主动与女子攀谈,并不能夸奖女子身材苗条,他们以丰满为美;②不称赞埃及人家中之物,他们会以为你想索要此物。

入乡要随俗

据报道，千禧年的时候凤凰卫视做了一期沿途重访世界文明古国的节目，凤凰卫视的多位著名女主持人随队采访。在进入一些信仰伊斯兰教的国家时，这些女主持人竟然被拒绝入境。经过询问，得到的答复是，她们没有戴面纱，脸都露在外面了，不得入境。

伊斯兰教认为，男子从肚脐至膝盖，妇女从头至脚都是羞体，外人禁止观看别人羞体，违者犯禁。因此，穆斯林妇女除了穿不露羞体的衣服外，还必须戴盖头和面纱，这项规定至今在有些伊斯兰教国家(如沙特阿拉伯、伊朗等)仍然施行。外国女记者虽然不是这些国家的人士，但是入乡随俗，否则将给自己的工作带来许多的不便。

8.5.2 南非

1. 基本情况

南非的正式名称是南非共和国，它位于非洲大陆的最南端，南非的全国总面积为122.103 7万平方公里，人口大约为4 910万，从人口构成上讲，南非人可分为黑人、白人、有色人和亚洲人四大种族。其中黑人是南非人的主体，它约占全国居民人数的76.7%。南非的亚洲人主要是印度人与华人。

从行政区划上讲，南非目前分为3个省与一个自由邦，与众不同的是，南非拥有3个首都，它们分别是行政首都比勒陀利亚，立法首都开普敦，司法首都布隆方舟。

南非的官方语言为英语。

南非作为国家之名，得名于它所处的地理位置。由于南非盛产钻石，它是举世闻名的"钻石之国"。

南非的主要宗教为基督教，白人、有色人的绝大多数和约60%的黑人都信仰基督教。

南非现今实行总统制共和政体，国庆日是每年的5月31日。

2. 风俗习惯

1) 社交礼仪

在南非与不同肤色的人打交道要区别对待，南非的黑人和白人所遵从的社交礼仪差别很大。南非黑人往往会感情外露，形体语言十分丰富，而南非白人则大多较为矜持，往往喜怒不形于色。

目前南非的社交礼仪讲究绅士风度、女士优先、守时践约等英式礼仪，见面时采用握手礼，称呼主要是"先生"、"小姐"、"夫人"。如果称呼南非黑人，在其姓氏之后加上相应的辈分，他们会非常高兴。

服饰方面，南非人在正式场所都讲究端庄、严谨，在公务活动和商务活动中着装遵从国际惯例，穿着深色的西装或裙装，在日常生活中大多爱穿休闲装。白衬衣、牛仔裤、短裤都是他们喜爱的，而且他们偏爱艳丽的颜色，还特别喜欢穿花衬衣。另外，南非人也有穿他们本民族服装的习惯。

2）饮食习惯

南非人在饮食方面也有黑白之分。白人主要以西餐为主，爱吃牛肉、鸡肉、鸡蛋和面包，爱喝咖啡和红茶；南非黑人主食是玉米、薯类、豆类，爱吃牛肉和羊肉，不吃猪肉和鱼，并且不爱吃生食。其餐食在烹调方面上基本是欧式的，主要受荷兰和英国的影响较大。

南非有一种名叫"南非国饮"的如宝茶，备受南非各界人士推崇，它与钻石，黄金一道称为"南非三宝"。

3）节庆习俗

南非节庆活动较多，新年是 1 月 1 日，人权日是 3 月 21 日，耶稣受难日为复活节前的星期五，家庭节为复活节后的第二天。自由日是 4 月 27 日，全国举行盛大的纪念活动，各种族人民都有不同的活动。劳动节是 5 月 1 日，举行传统仪式及活动，是典型的宗教节日，有宗教活动，和西方相似。青年节是 6 月 16 日，全国适龄青年欢庆活动，是青年迈向成年的仪式。南非的妇女节是 8 月 9 日。和解节是 12 月 16 日，举行大型纪念仪式及活动，忘怀种族之间的隔离政策。圣诞节是 12 月 25 日，友好节是 12 月 26 日。

4）礼仪禁忌

信仰基督教的南非人，最为忌讳"13"这一数字。对于"星期五"，特别是与"13 日"同为一天的"星期五"，他们更是忌言忌提，并且尽量避免外出。与南非人打交道一定要了解他们的宗教信仰，很多南非黑人都信仰本部族传承下来的原始宗教，南非女子地位非常低下，一些被视为神圣宝地的地方，如火堆、牲口棚等是绝对禁止女子靠近的。

本章小结

作为从事旅游业的人员来说，必须了解、熟悉主要客源国和地区的相关情况，特别要熟悉、掌握主要客源国家的文化、民俗风情、旅游业等方面的内容，这样才能理解客人、尊重客人，在工作中更好地为游客服务，提高服务质量，促进我国旅游业的进一步发展。本章详尽介绍了我国主要客源国的基本概况、风俗习惯、礼仪禁忌。通过学习能使学生基本掌握我国主要客源国的概况。

复习思考题

一、判断题

1. 在日本，菊花备受青睐，尤其是黄色的 16 瓣菊花，被视为"日本皇族的徽号"，很显尊贵；然而不少欧美国家，菊花是常用于丧葬仪式的"葬礼之花"。（　　）

2. 在泰国地位低或年纪较轻的人，应该主动向地位高和年纪大的人致合十礼，但双手可以不必举过前额。（　　）

3．向韩国人馈赠礼品时，宜选择鲜花、酒类、工艺品，但要注意不能是日本产。
（　　）
4．德国人注重服饰的庄重整洁，在观看演出时，男士穿礼服，女士也要穿长裙。
（　　）
5．德国人爱吃各种甜点和水果，他们更乐于在优雅、温馨的厅堂里用餐。（　　）
6．在俄罗斯最忌讳的就是打翻盐罐或将盐撒在地上，因为俄罗斯人认为盐具有驱邪除灾的力量。（　　）
7．美国人衣着比较随意，甚至可以穿着睡衣去迎客。（　　）
8．一名中国导游，看见本团队的一位美国客人买了一些中国工艺品，高兴地上前对其说："哇，您真有眼光，买的东西真漂亮，花了多少钱？"（　　）
9．在埃及，如果有穆斯林在宴席间因去祈祷而中途退席，客人则不需等待。（　　）

二、简答题

1．请对日本的饮食习惯进行归纳、总结，填写表格8.1。

表8.1　日本饮食习惯表

喜欢的食物	不喜欢的食物

2．韩国人为什么都忌讳数字"4"？
3．泰国人在行礼时，手的高度有什么讲究？
4．泰国人忌讳什么颜色？为什么不能摸小孩的脑袋？
5．法国人对花卉、图案、颜色有哪些忌讳？
6．美国的典型饮食文化是什么？谈谈自由的美国人有哪些禁忌？

案例分析

位于泰国中部的大城府是泰国著名的两大历史文化名城之一，以其悠久的历史和灿烂的古都文化闻名于世。近日，大城府历史园林局指出，由于许多外国游客在古城景区内参观时穿着过于暴露，与古城的佛教背景不相宜，因此有关部门将针对外国游客的衣着加强管理和约束。

据泰国媒体报道，大城府历史园林局表示，近日园林局多次接到投诉，称外国游客在景区内游玩时喜欢身穿短裤和无袖背心等暴露服装，与景区的气氛不相符合，因为景区内的佛塔对于泰国人来说都是非常神圣的场所。另外，一些游客还不顾警示，经常攀爬至佛塔遗址上拍照等，这些行为不仅触犯了泰国人的宗教信仰，同时也严重影响了景区的公共秩序。

鉴于此，园区管理局表示，由于泰国天气炎热，加上许多外国游客对泰国人的禁忌并不了解，如果对于着装问题管理过于严格的话，恐怕会引起负面影响。因此管理局计划效仿曼谷大皇宫和玉佛寺的游览管理法，在景区入口处为游客提供简裙、长裤和披肩等服装，以解决穿着不妥的问题。另外，针对违反规定攀爬佛塔的行为，园方将会加强与游客的沟通，对不经意违反规定的游客采取警告和罚款的措施。但是如果情节非常严重的话，园方也不排除对其追究法律责任。

(资料来源：中国广播网新闻中心，2011 年 03 月 18 日)

问题：1. 结合本案例回答泰国的宗教礼仪禁忌有哪些？
2. 作为一名文明的游客，在不同的国家游览时应注意哪些事项？

实训项目

一、主要客源国礼仪风情表演

1. 步骤和要求：
(1) 表演前分好小组抽签表演。各小组同学根据抽到的国家，首先介绍该国的基本概况、国家风俗，其次就拜访、见面礼仪进行表演。
(2) 教师先选择一个代表性的国家进行示范表演。
2. 训练目的是熟悉所学各主要客源国的礼仪风俗习惯，加强学生灵活运用所学知识的能力，提高学生的兴趣及检验教学成果。

二、主要客源国游客实训演练

1. 步骤和要求：
(1) 训练前老师把联系好的旅游团队介绍给各小组同学，并就客源情况进行简单介绍。
(2) 给同学们 2 天的时间陪同各国游客游览本城市有代表性的景点，品尝地方有特色的饮食，欣赏当地民俗表演。
(3) 游览结束后要求各位同学总结带团记录，进行小组讨论，分析不同客源国游客的旅游行为。
2. 训练目的是分析各主要客源国游客的旅游行为，注意不同客源国游客的差异，强化旅游服务工作的差异化，提高服务质量。

课后阅读

中西方餐桌礼仪的差异

中国餐桌上的礼仪

1. 入座的礼仪。先请主宾入座上席，再请长者入座，其他客人旁依次入座。入座后不要动筷子，更不要弄出什么响声来，也不要起身走动，如果有什么事要向主人打招呼。
2. 进餐礼仪。进餐时，先请客人，长者动筷子，夹菜时每次少一些，离自己远的菜就少吃一些，吃饭时不要出声音，喝汤时也不要出声响，喝汤用汤匙小口喝。不宜把碗端到嘴边喝，汤太热时凉了以后再喝，不要一边吹一边喝，有的人吃饭喜欢食用咀嚼食物，特别是使劲咀嚼干脆食物，发出很清晰的声音来。这种做法是不合礼仪要求的，特别是和众人一起进餐时，就要尽量防止出现这种现象。

3. 进餐时不要打嗝，也不要出现其他声音，如果出现打喷嚏，肠鸣等不由自主的声响时，就要说一声"真不好意思"、"请原谅"之类的话，以示歉意。

4. 如果要给客人或长辈布菜，最好用公筷，也可以把离客人或长辈远的菜肴送到他们跟前，按我们中华民族的习惯，菜是一个一个往上端的，如果同桌有领导，老人，客人的话，每当上来一个新菜时就请他们先动筷子，或者轮流请他们先动筷子，以表示对他们的重视。

5. 吃到鱼头，鱼刺，骨头等物时，不要往外面吐，也不要往地上扔。要慢慢用手拿到自己的碟子里，或放在紧靠自己餐桌边或放在事先准备好的纸上。

6. 要适时地抽空和左右的人聊几句风趣的话，以调和气氛，不要光顾着吃饭，不管别人，更不要贪杯。

7. 最好不要在餐桌上剔牙，如果要剔牙时，就要用餐巾或手挡住自己的嘴巴。

8. 最后离席时，必须向主人表示感谢，或者就此时邀请主人以后到自己家做客，以示回敬。

西餐餐桌礼仪

1. 西餐点菜及上菜顺序。西餐菜单上有四或五大分类，其分别是开胃菜、汤、沙拉、海鲜、肉类、点心等。应先决定主菜。主菜如果是鱼，开胃菜就选择肉类，在口味上就比较富有变化。除了食量特别大的外，其实不必从菜单上的单品菜内配出全餐，只要开胃菜和主菜各一道，再加一份甜点就够了。

2. 位次问题。即使来宾中有地位、身份、年纪高于主宾的，在排定位次时，仍要请主宾紧靠主人就座。男主人坐主位，右手是第一重要客人的夫人，左手是第二重要客人的夫人，女主人坐在男主人的对面。她的两边是最重要的第一、第二位男客人。现在，如果不是非常正规的午餐或晚餐，这样一男一女的间隔坐法就显得不重要了。

3. 刀叉的使用。使用刀叉时，从外侧往内侧取用刀叉，要左手持叉，右手持刀；切东西时左手拿叉按住食物，右手拿刀切成小块，用叉子往嘴里送。用刀的时候，刀刃不可以朝外。每吃完一道菜，将刀叉并排放在盘中，表示已经吃完了，可以将这道菜或盘子拿走。不要一手拿刀或叉，而另一只手拿餐巾擦嘴，也不要一手拿酒杯，另一只手拿叉取菜。任何时候，都不要将刀叉的一端放在盘上，另一端放在桌上。

4. 餐桌上的注意事项。不要在餐桌上化妆，用餐巾擦鼻涕。用餐时打嗝是大忌。取食时，拿不到的食物可以请别人传递，不要站起来。每次送到嘴里的食物别太多，在咀嚼时不要说话。就餐时不可以狼吞虎咽。对自己不愿吃的食物也应要一点放在盘中，以示礼貌。不应在进餐中途退席。确实须要离开，要向左右的客人小声打招呼。饮酒干杯时，即使不喝，也应该将杯口在唇上碰一碰，以示敬意。当别人为你斟酒时，如果不需要，可以简单地说一声"不，谢谢！"或用手稍盖酒杯，表示谢绝。

第9章 宗教礼仪

教学要点

知识要点	掌握程度	相关知识
宗教的起源、形成和发展	了解	了解宗教产生的原因及其发展概况
我国四大宗教的基本礼仪	掌握	掌握佛教、基督教、伊斯兰教、道教的经典、教义、偶像
四大宗教的习俗和禁忌	重点掌握	重点掌握佛教、基督教、伊斯兰教、道教的宗教信仰习惯及各个宗教的礼仪习俗及其禁忌

技能要点

技能要点	掌握程度	应用方向
不同宗教的礼俗要求和禁忌	掌握	旅游从业人员面对不同宗教信仰客人的对客服务

导入案例

宗教礼仪的无知

2000年5月东北某集团与新疆某著名企业要进行合作。一切准备就绪后,对方派来了全权代表。既是远道的客人,又是将来的合作者,礼遇可想而知。在欢迎晚宴上,某集团特别安排了东北名菜"猪肉炖粉条"和朝鲜族的特色菜狗肉来招待几位远道的客人。

本来气氛和谐而热烈的晚宴,在压轴菜"猪肉炖粉条"和狗肉上来后,客人们的脸色一下子变了,就用本民族语言叽叽咕咕地说了几句后,便气愤地甩袖而去。

两天后,他们发来一份声明,郑重地说,他们是伊斯兰人,居然用猪肉和狗肉来招待,这是对他们民族的不敬、对伊斯兰教的轻蔑、对神灵的亵渎!

就这样,这桩合作彻底泡了汤。

因为民族、宗教信仰的不同,往往有不同的习俗。交往中,熟悉并灵活运用宗教习俗礼仪,不仅是对交往对象的理解和尊重,更能使对方对你留下深刻的良好印象,使交往效果事半功倍。

宗教是一种社会意识形态,是人类社会发展到一定历史阶段的产物。旅游服务工作中要接待各种各样的客人,许多客人有不同的宗教信仰,这是客观现实。我国宪法明确规定:"中华人民共和国公民有宗教信仰的自由"、"国家保护正常的宗教活动"。旅游从业人员了解宗教礼仪和禁忌,能够更好地完成旅游接待,这是旅游服务工作得以顺利进行的必不可少的条件。

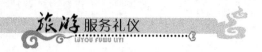

9.1 宗教的起源、形成和发展

　　各种宗教都相信现实世界之外，存在着超自然、超人间的神秘境界和力量，主宰着自然和社会，因而对之敬畏和崇拜，祈求神灵保佑自己。最早的宗教产生于原始社会，是原始人群的一种自发信仰。当时，由于社会生产力低下，人们对自然现象不理解，便产生了一种幻想，幻想有一个超人间的力量主宰一切，赐福于人类，于是产生了最原始的崇拜。随着社会和历史的发展，宗教不断演变，由对日、月、山、川等自然物的崇拜，发展为图腾崇拜、祖先崇拜和神灵崇拜，由多神崇拜发展为一神崇拜，由部落宗教(如中国赫哲族、鄂温克族的萨满教)发展为民族宗教(如印度教、犹太教)，由民族宗教发展为世界宗教(如佛教、基督教、伊斯兰教)。

　　当今世界上，信仰宗教的人占世界总人口的 1/2 以上，遍布世界上每一个国家和地区。一些著名的民族宗教，如犹太教、摩尼教、印度教、耆那教、锡克教、圆佛教、神道教、大本教、天理教、萨满教、道教、波斯教等。流传最广泛、影响最大的宗教，是佛教、基督教和伊斯兰教。

　　我国是一个多种宗教并存的国家，主要有佛教、基督教、伊斯兰教、道教等。另外，在我国黑龙江省和新疆维吾尔自治区，还有少量的东正教信徒。在我国，佛教已有 2 000 年左右的历史，在藏、蒙、傣等少数民族中几乎是全民族信佛教，在汉族中也有一定的影响；基督教在唐代就传入中国，直到鸦片战争后得到较大发展；伊斯兰教有 1 300 多年的历史；道教有 1 800 年的历史。在我国总人口中，宗教信徒约占 1/10，职业人员有 8 万余人，宗教活动场所共 4 万多座(所)。

9.2 佛　　教

　　在世界三大宗教中，佛教创立最早，传入中国也最早。佛教在长期的传播发展过程中，形成了各具地区和民族特色的教派，确立了佛教各派共同承认的基本教义和佛教徒共同遵守的礼仪习俗和节日。

9.2.1 佛教的起源和在中国的传播

　　佛教起源于公元前 6 世纪至公元前 5 世纪的古代印度，相当于我国的春秋时代，距今已有 2 500 年的历史，在世界各大宗教中，佛教创立的时间最早。佛教的创始人释迦牟尼，出生于北印度迦毗罗卫国(今尼泊尔南部提罗拉科特附近)，名悉达多，姓乔达摩(约公元前 565—前 485 年)，差不多与我国的孔子是同代人。释迦牟尼是佛教徒对他的尊称，意思是释迦族的"圣人"。释迦牟尼出生地蓝毗尼花园、成道地菩提伽耶、初转法轮地鹿野苑、涅槃地拘尸那迦现已是举世闻名的佛祖四大圣迹。

　　汉明帝永平七年(公元 64)派遣使者 12 人前往西域访求佛法。公元 67 年他们同两位印度的僧人迦叶摩腾和竺法兰回到洛阳，带回经书和佛像，开始翻译了一部分佛经，相传就是现存的《四十二章经》,是《阿含经》的节要译本。同时建造了中国第一个佛教寺院,就是今天还存在的洛阳白马寺(图9.1)。在以后很长时间中,佛教与我国儒家的封建宗法思想逐渐融合,因而得以广泛传播。隋朝以后,产生了天台宗、华严宗、净土宗、法相宗、律宗、禅宗、密宗、三论宗等许多宗派,形成了五台山、峨眉山、普陀山、九华山四大佛教圣地名山。

图9.1 中华第一寺——洛阳白马寺

佛教按照在中国的传播路线可以分为北传佛教、南传佛教。北传佛教为大乘教派,主要流行于印度、中国、日本、朝鲜、越南等国家。我国汉族地区大多信奉大乘教派,因而又称汉地佛教。传入西藏、内蒙古等西北地区的为喇嘛教。南传佛教为南传上座部佛教(俗称小乘佛教),主要流行于斯里兰卡、缅甸、泰国、柬埔寨、老挝、马来西亚等国以及我国云南省的一些少数民族地区。

应用案例 9-1

"僧人导游"受关注 推动佛寺换新颜

近日,登封禅宗少林寺为了提高寺区服务,提升景区形象,推出了"僧人导游"的新举措,免费为游客讲解。

据少林寺的外联主任郑书民介绍,这些僧人在上岗前都进行了两个星期的相关旅游知识和礼仪培训。他们中有的是佛学院的毕业生,在为游客讲解寺庙中的碑刻、字画、书法时,他们都非常有耐心。

接受采访的僧人延歆表示,"能为游客介绍少林寺的光辉历史,是我们极大的荣幸。"

过去只有重要客人到访或有重要佛教交流活动时,寺里才会要求僧人义务带领旅游团,现在一般游客也有机会享受这项服务。大多数游客表示赞赏。一位姓杨的大学生体验了这次免费导游服务,他称"讲解得非常透彻,听完后很受启发,僧人导游使他的旅游变得难忘而有意义。"

图 9.2 登封少林寺

也有游客对"僧人导游"免费服务持怀疑态度,担心僧人会不会以其他理由或方式向游客收费。但他们表示不会与僧人发生冲突。

自整改以来,加上景区"僧人导游"活动的推动,少林寺正呈现出崭新的面貌来迎接游客。

(资料来源:中国日报,2012/3/28)

9.2.2 佛教的经典、教义和偶像

佛教的经典包括经藏(释迦牟尼说法的言论汇集)、律藏(佛教戒律和规章制度的汇集)、论藏(释迦牟尼后来大弟子对其理论、思想的阐述汇集),故称三藏经,或称"大藏经"。

释迦牟尼悟出的"真理",即为佛教的基本教义,主要包括:"三法印"、"四圣谛"、"八正道"、"十二因缘"。

"三法印"是指佛教用以衡量天下事物是否合乎教义的3条标准,即"诸行无我"、"诸法无我"、"涅槃寂静"。

"四圣谛"即"苦谛、集谛、灭谛、道谛"。"谛"的意义就是真理。"苦谛"是佛教的出发点,认为人生多苦,"生"、"老"、"病"、"死"、"爱别离"、"怨憎会"、"求不得"乃是其中7种最主要的苦恼,此外还有四苦、八苦、一百零八苦之类的说法。认为众生只要身处轮回之中,必然逃脱不了痛苦。"集谛"说明产生苦的根源,认为苦是由于人有欲望,就会产生后果,而后果就是苦的根源,这就是因果学说。其理论在某种程度上可以认为是"十二因缘"的另一种意思完全相同的表述。"灭谛"说明如何消除苦,认为关键在于认识一切皆空,皆是虚妄。"道谛"则给出了修道的途径和方法,通过"八正道"的修行,达到不生、不灭,绝对清静、永远超脱的涅槃境界。

"八正道"是指佛教认为通向最高境界"涅槃"的8种正确途径:正见(正确的见解)、正思维(正确的思考)、正语(正确的语言)、正业(正确的行为)、正命(正确的生活)、正精进(正确的努力)、正念(正确的意念)、正定(正确的自我精神)。

"十二因缘",也称为"十二缘起",是:无明缘、行缘、识缘、名色缘、六入缘、触缘、

受缘、爱缘、取缘、有缘、生缘、老死缘。佛教认为,世上一切现象的存在都是依赖于某种条件,人的生命过程也依赖于条件,可以分为 12 个彼此成为因果联系的环节。任何一种有生命的个体,在未获得解脱前,都须依这种因果关系生死流超,永无终期。

佛教中崇拜的偶像主要有:佛、菩萨、罗汉、护法天神。

9.2.3 佛教的节日与习俗

1. 佛诞节

佛诞节,又称佛诞会、佛生会,时间是每年的农历四月初八,是中国佛教徒纪念教主释迦牟尼佛诞辰的一个重要节日。相传在 2600 多年前,释迦牟尼从摩耶夫人的肋下降生时,一手指天,一手指地,说"天上天下,惟我独尊。"于是大地为之震动,九龙吐水为之沐浴。因此各国各民族的佛教徒通常都以浴佛等方式纪念佛的诞辰。

法会中以浴佛为主要内容,故又称浴佛节、浴佛会、灌佛会。佛诞节这天,大街小巷张灯结彩,散花焚香,音乐弥空,百戏竞技,人潮涌动,充满了节日气氛。日本佛诞节时正值樱花盛开,以鲜花供佛,寺院内外,街市村野,花海一片,故又称"花节"。

2. 成道节

成道节,就是佛祖释迦牟尼在菩提树下修行成佛的日子。据佛经记载,释迦牟尼出家后,修习苦行,经常是日食一麻一米,乃至七日食一麻米,以至"身形消瘦,有若枯木"。幸得一牧羊女供奉乳糜,吃了之后体力有所恢复。后坐在菩提树下沉思,终于豁然大悟,认识了人生痛苦的原因以及灭除痛苦的方法等真谛,得到对宇宙人生真实的彻底觉悟,这就是我们通常所说的"成佛"或"成道"。后世把释迦牟尼成佛的这一天,称为"佛成道日",为了纪念这一天而举行庆祝活动,就称为"成道节"、"成道会"。

中国传统的成道节是在农历的十二月八日,也就是腊月初八,俗称"腊八节"。各大寺庙作浴佛会,并送七宝五味粥于门徒,谓之腊八粥。在佛成道日煮腊八粥供佛,取法于牧羊女向佛献乳糜的传说,在民间则有庆贺五谷丰登、驱逐鬼邪瘟疫的意义。

应用案例 9-2

西安各寺院热施"腊八粥"

2010 年 1 月 22 日,是中国一年一度的传统节日——腊八节。地处西北内陆的古城西安的大慈恩寺、大兴善寺、罔极寺等各大寺院均面向民众施舍"腊八粥"。其中卧龙寺外从凌晨五时起就有大量信众携带各种容器排队等候,蜿蜒队伍长达数百米。

大兴善寺的永春法师告诉记者,该寺今年提前一个月就开始准备施粥的事宜,包括花一万多元人民币购买糯米、黑米、大枣、芸豆、花生米、枸杞、桂圆、蕨麻、莲子、白果、百合等原料,加上香客捐赠的原料,规模大大超过以往。从早上 7 时起开始施粥,到中午已有近万信众领取。罔极寺因地处市中心,游客量较大,该寺主动前往火车站、社区免费为过往旅客及农民工施舍腊八粥(图 9.3)。

图 9.3 寺院向民众施舍"腊八粥"

西安大慈恩寺主持增勤法师认为,大规模施粥不仅仅是传承古老的民俗,为信众祈福送吉祥,同时也是想使更多的人体验到佛教的慈悲精神,增福增寿,吉祥如意。

(资料来源:中国新闻网)

3. 盂兰盆节

盂兰盆节,亦称盂兰盆斋、盂兰盆会,是每逢 7 月 15 日佛教徒举行的以供佛敬僧仪式及超度先亡为内容的佛教节日。

传说释迦牟尼的弟子目连之母生前不愿向僧尼施舍,死后沦为饿鬼,目连求佛拯救,佛要他在 7 月 15 僧众安居结束时供养僧众,使母得救。据此佛教有盂兰盆会,届时寺院举办水陆道场和施放焰火,意在对水陆鬼特别是饿鬼施食超度。

4. 佛涅槃日

即释迦牟尼逝世的日子。一般在农历 2 月 15 日。每年此日,各佛教寺院都要悬挂佛祖图像,举行涅槃法会,诵《遗教经》等。

5. 世界佛陀日

东南亚一些佛教国家把佛诞、成道、涅槃 3 个节日合并起来,称作"维莎迦节",时间是每年 5 月中旬的月圆日。在 1954 年的"世界佛教徒联谊会"上把这一天规定为"世界佛陀日"。

9.2.4 佛教礼仪

1. 法事礼仪

1) 剃度

剃度是出家人剃除须发接受戒条的仪式,含有超越生死之意。以前出家僧尼受戒时,要在头上烫香疤，由于佛制中没有这个规定，所以中国佛教协会决定僧人受戒的时候不必再烫香疤。

2) 布萨

布萨是"清净戒住、常增功德"。教规要求教徒每月1日、15日以及这两日后的8日共举行4次布萨仪式，仪式中教徒应去寺院参拜，检查戒律的执行情况，遵守八戒。

3) 戒律

佛教的戒律较多。在家修行的男女应终身遵守五戒，即：不杀生、不偷盗、不邪淫、不饮酒、不妄语。并在一定时期受八戒，即在上述五戒外，再加上不眠坐高广华丽大床、不服饰打扮及视听歌舞、不食非时食(过午不食)。但八戒不须要像五戒那样终身受持，而是临时奉行，多者几天、几周，最少者一昼夜。除此之外，还有十戒、比丘250戒、比丘尼348戒等。

4) 四威仪

四威仪是要求佛教徒的举止行动处处要端庄严肃，不允许有丝毫轻浮，对佛教徒的行、站、坐、卧都有一定的要求，即：行如风、站如松、坐如钟、卧如弓。

5) "合十"、"绕佛"、"顶礼"

"合十"亦称"合掌"，指十指并拢，两掌对合放于胸前，稍稍低头，一般是掌位越高，尊敬程度越深，但不可高过双眼。在参拜佛祖或拜见高僧时，要行跪合十礼，行礼时，右腿跪地，双手合十于两眉中间。

"绕佛"是指围绕佛而右转，即顺时针方向行走一圈、三圈或百圈、千圈，表示对佛的尊敬。

"顶礼"，俗称"五体投地"，是佛教徒拜佛、拜菩萨最尊敬的礼节。行顶礼时，双腿跪下，两肘、两膝和头着地，而后两手掌上翻乘尊者之足。

6) 功课

在寺庙里，僧尼每日早晚按时诵经念佛为做功课，又称早晚功课。一般寺庙早4时起床，僧尼齐集大雄宝殿，恭敬礼佛，念诵经文称为早课；下午4时左右念诵忏悔文等。因寺庙在做早晚功课时要撞钟敲鼓，由此产生"晨钟暮鼓"的说法。

小贴士 9-1

如何正确上香

现在信佛的人越来越多，每年春节及农历初一、十五等日期，广大民众有到寺院烧香礼佛、祈福求安的习惯。旅游途中参观名寺大刹，烧香拜佛也是很正常的，但是，很多人并不知道如何烧香拜佛，下面特将烧香祈福的正确方法简要地介绍给大家。

礼佛前，先要净(洗)手。香不能叫"买"而应该叫"请"。普通人敬香要用左手持(据说右手不净，普通人杀生大多用右手)，3炷为自己祈福，6炷为两辈人祈福，9炷为三代人祈福。而13是一个极致，13炷香就是功德圆满的高香。先烧香再叩头。烧香的话，应该是左手拿香，右手拿烛。烧香时，先用自己的火点燃香，要越旺越好，人们就常说香火旺盛嘛。左手在上，右手在下握住香，高举过头顶作揖。作揖后，把香插在香灰里，就可进门叩头了。叩头的话，要认准佛祖菩萨或罗汉。比如，你不能向地藏菩萨一阵猛叩头。上香以3支为宜，此表示"戒、定、慧"三无漏学；也表示供养佛、法、僧常住三宝。这是最圆满且文明的烧香供养。上香不在多少，贵在心诚，所谓"烧三支文明香，敬一片真诚心"。香入香炉时应呈水平角度，曰平平安安。

跪拜的姿势应是，双膝跪在蒲团上，双手合十，这个双掌合十要注意手心处呈空心状，高举过头顶，向下至嘴边停顿，可许愿，再向下至心口，默念，再摊开双掌，掌心向上，上身拜倒。

2. 称谓

佛教的称谓由于佛教的教制、教职在各国不尽相同而有所不同。在我国寺院中按职务称谓：寺院里最高领导为"方丈"、"长老"或"主持"，负责处理寺院内部事务的称为"监院"，负责对外联系的称为"知客"。按修行水平称谓：对水平较高的僧人称呼"法师"（通晓佛法的僧人）、"经师"（通晓经藏或善于诵经文的僧人）、"论师"（精通论藏的僧人）、"律师"（通晓律藏的僧人）、"三藏法师"（通晓经、律、论三藏的僧人）；对有高超造诣、崇高地位的著名僧人则称为"大师"，对德行高的僧人尊称为"高僧"。出家的佛教徒俗称"和尚"（僧）、"尼姑"（尼），也可尊称为"师父"、"师太"，不出家而遵守一定戒律的佛教徒称"居士"。藏传佛教中，能转世的高级僧尼称为"活佛"或"女活佛"，对一般僧人应尊称为"喇嘛"。小乘佛教的高级僧人，称为"佛爷"。

3. 饮食禁忌

1) 过午不食

按照佛教教制，比丘每日仅进一餐，后来也有进两餐的，但必须在午前用毕，过午则不能进食。在东南亚一带，僧尼和信徒一日两餐，过了中午不能吃东西，午后只能喝白开水。我国汉族地区因须要自己在田里耕作，体力消耗较大，晚上非吃东西不可，所以少数寺庙里开了"过午不食戒"，但晚上所吃的东西称为药食。

2) 不吃荤腥

荤食和腥食在佛门中是两个不同的概念。荤专指葱、蒜、辣椒等气味浓烈、刺激性强的东西。因为吃了这些东西不利于修行，所以为佛门所禁食。腥则指鱼、肉类食品。东南亚国家僧人多信仰小乘佛教，或者到别人家托钵乞食，或是由附近人家轮流送饭，无法挑食，所以无论素食、肉食，只能有什么吃什么。我国大乘佛教的经典中有反对食肉的条文，汉地僧人是信奉大乘佛教的，所以汉族僧人和很多在家的居士都不吃肉。在我国蒙藏地区，僧人虽然也信奉大乘佛教，但是由于气候和地理原因，缺乏蔬菜，所以食肉。但无论食肉与否，大小乘教派都禁忌荤食。

3) 不喝酒

佛教徒都不饮酒，因为酒会乱性，不利于修行，所以严格禁止。

应用案例 9-3

粗心触犯了客人禁忌

某饭店中餐会厅，饭店总经理宴请西藏一位高僧。中午 11 点，一群人簇拥着西藏高僧步入厅堂，两名服务员上前迎接，引领客人入席，并麻利地做好了餐前服务工作。点菜是预订好的，按照程序依次上菜，一切服务在紧张有序地进行。

食之过半，宾客要求上主食，三鲜水饺很快端上了桌面。在大家的建议下，高僧用筷子夹起一个水饺放入口中品尝，很快就吐了出来，面色仍旧温和地问："这是什么馅的？"服务员马上意识到问题的严重性，心里说坏了！事先忘了确认是否是素食。三鲜水饺虽是清真，但仍有虾仁等原料，高僧是不能食用的。忙向高僧道歉："实在对不起，这是我们工作的失误，马上给您换一盘素食水饺。"

服务员马上通知厨房上一盘素食水饺。由于是 VIP(重要客人)客人，部门经理也赶来道歉。高僧说："没关系，不知者不为怪。"这次失误虽然很严重，但由于高僧的宽容大度，最终得以顺利解决，但留给服务员的是一个深刻的教训。

4. 非佛教徒与佛教界人士交往礼仪

佛寺被佛教徒视为清净的圣地道场，非佛教徒进入寺庙烧香拜佛必须衣冠整洁，赤膊、穿背心或短裤都会被视为玷污圣堂、亵渎神灵。在寺庙内要肃静，不得喧哗吵闹、吐痰、吸烟，不能用手指指、戳佛像或摸弄佛像、法器，也不能在佛灯上取火。尊重佛教徒的宗教信仰和风俗习惯，严禁将一切荤腥及其制品带入寺院，以保持寺庙清净。为了尊重佛教徒不杀生的宗教信仰，不得在寺庙附近宰杀生灵。对寺庙的僧人应尊称为"师"或"法师"，对主持僧人称其为"长老"、"方丈"、"禅师"。喇嘛庙中的僧人称其"喇嘛"，即"上师"意，忌直称为"和尚"、"出家人"，甚至其他污辱性称呼。与佛教徒见面时，不能触摸佛教徒的头顶；不能主动与其握手；如果对方向你合十致意，你也要合十回敬。游历寺庙时如遇佛事活动应静立默视或悄然离开。同时，也要照看自己的孩子，以免因孩子无知而做出不礼貌的事。

应用案例 9-4

游客穿拖鞋游览被景区拒绝入内

"对不起，穿拖鞋不准入内。"中秋节当天，刘女士穿着时装拖鞋，到某著名佛教寺院游览时遇到了被景区人员拦下不让进殿上香的尴尬，之后她只好乘车去超市买了双鞋子，再折回景点游览。

刘女士说，中秋节当天，她和家人想到大殿上香拜佛，不料在大殿门口却被保安以"衣冠不整"为由拦下，在现场她注意到，还有不少和她一样的游客，尤其是女性游客夏季穿着时装拖鞋以及木屐，均被保安拦下了。

佛教寺院是宗教历史文化的集结地，是个非常严肃的地方，游客应该文明参观。穿拖鞋被拒入内的参观者，大都是因为在参观前没有考虑到这个问题，经过景区工作人员的提醒后，均都能配合，都会在换好鞋之后再入景区参观。除了穿拖鞋的不能入殿参观外，一些赤膊和穿睡衣等"衣冠不整"的游客也被拒绝入殿。

9.3 基 督 教

基督教为世界三大宗教之一，包括天主教、东正教、新教以及一些较小的派别。基督教的教义、礼仪习俗和节日，在今天的欧洲、美洲、大洋洲等地区和国家的人民生活与交往中，仍有着重要的影响。

9.3.1 基督教的起源和在中国的传播

基督教起源于公元 1 世纪初罗马帝国统治下的巴勒斯坦地区，它是这一地区犹太人民反抗罗马帝国奴役的政治斗争反映于宗教的产物。最初是犹太教的一个支源，于公元 135 年从犹太教分裂出来，成为一种独立的新宗教。相传，基督教的创始人是耶稣，奉圣父之命来到人世间拯救人类。后来，由于犹大的出卖，耶稣在耶路撒冷受难，被罗马总督钉死在十字架上。此后，人们把十字架作为信奉基督教的标志，耶路撒冷也成了基督教的圣地。3 世纪中期，基督教为罗马皇帝所镇压，直到公元 313 年罗马帝国君士坦丁大帝发布《米兰赦令》宣布它为合法宗教为止。公元 392 年，狄奥多西一世宣布基督教为罗马帝国的国教，并要求所有人都要信奉。公元 395 年，由于罗马帝国的分裂，基督教形成了东部的君士坦丁堡和西部的罗马两个中心。1045 年，东部教会称为正教会(东正教)，西部教会称为公教会(天主教)。到了 16 世纪，基督教中又产生了代表新兴资产阶级利益，脱离罗马教廷的"抗议派"——基督新教。从此，基督教分成了东正教、天主教和新教三大派别。

基督教于公元 635 年(唐太宗贞观九年)由波斯传入中国，后于 878 年绝迹。1502 年(明万历十年)天主教由耶稣会传教士利马窦传入中国，但因教会内部爆发"中国礼仪之争"，被康熙皇帝宣布禁教。鸦片战争后，西方基督教各派传教士蜂拥来华，在不平等条约保护下强行传教，并取得成功。新中国建立后，中国基督教会与罗马教廷没有往来，实行"自治、自传、自养"的三自爱国运动。

9.3.2 基督教的经典、教义和偶像

基督教基本经典是以《旧约全书》(与犹太教经典相同)和《新约全书》两大部分构成的《圣经》。

基督教教义的核心是"三位一体"论，即信仰"圣父"、"圣子"、"圣灵"三而一的上帝；认为上帝创造了宇宙(时间和空间)万物，包括人类的始祖；人类因始祖亚当与夏娃的堕落而犯有"原罪"，个人在世间同时又犯有"本罪"；人生的希望在于信奉耶稣基督为主，因他在十字架上的赎罪，并在 3 日后从死里复活，使悔改相信他的人的一切罪皆得赦免，

并得到能胜过魔鬼与死亡的永远生命；人有灵魂，依生前行为，死后受审判，生前信仰基督者，得靠基督进入永生，怙恶不悛者，将受公义的刑罚与灭亡。

基督教中崇拜的偶像是上帝(天主)。

9.3.3 基督教的节日与习俗

1．圣诞节

圣诞节是为纪念耶稣诞生的节日。亦称"耶稣圣诞瞻礼"、"主降生节"。《圣经》中并没有耶稣诞生日期的具体记载，但天主教和新教规定每年的 12 月 25 日守此节。东正教会和其他东方教会由于历法不同，其 12 月 25 日相当于公历 1 月 6 日或 7 日。随着基督教的广泛传播，圣诞节已成为各教派基督徒，甚至广大非基督徒群众的一个重要节日。在欧美许多国家，人们非常重视这个节日，把它和新年连在一起，而庆祝活动之热闹与隆重大大超过了新年，成为一个全民的节日。

2．受难节

基督教为纪念耶稣在十字架上受难的节日。《圣经》中对此并没有明确的日期，后来基督教徒声称，耶稣受难的日子是在犹太人"安息日"的前一天，因此，基督教规定每年复活节前的星期五为受难节。鉴于此，在西方，有些人很忌讳星期五，因为它象征不吉利。

3．复活节

复活节又称"主复活节"或"耶稣复活瞻礼"，是基督教为纪念耶稣"复活"而规定的重大节日。根据《圣经·新约》记载，耶稣被钉死在十字架后第三天"复活"。基督教徒认为该日为星期日(称"主日")。公元 325 年，基督教第一次主教会议上规定，每年春分月圆后第一个星期日(3 月 21 日至 4 月 25 日之间)为"复活节"。东正教由于历法不同，比天主教和新教晚两周。

4．圣灵降临节

圣灵降临节又称"圣神降临节"或"降灵节"，是基督教纪念所谓"耶稣门徒领受圣灵"的节日。根据《圣经·使徒行传》记载，耶稣"复活"后第 40 日"升天"，第 50 日差遣"圣灵"降临，门徒领受圣灵后开始传教。因此，基督教会规定，每年复活节后第 50 天为"圣灵降临节"。

9.3.4 基督教礼仪

1．法事礼仪

1) 洗礼

洗礼是入教者必须领受的第一件圣事，受了洗礼者才算是正式的教徒，受洗者一般须于受洗前接受一段时间的基本教义培训并经口试(称为"考信德")及格。

洗礼方式一般分作点水礼和浸礼两种。

前者由牧师用手沾"圣水"(经过祈祷祝圣的清水)点在受洗者额上，并念"奉圣父、圣子、圣灵的名，为你施洗"，有的还沾水在受洗者额上画一个十字架"圣号"(图9.4)。

浸礼多数在教堂特设的"浸礼池"中举行。牧师和受洗者都立在水中，由牧师扶住受洗人快速在水中浸一下全身，并说"奉圣父、圣子、圣灵的名，为你施浸"。洗礼表示受礼者"悔改信主"，并经圣水"洗净罪过"(图9.5)。

图9.4　新生儿洗礼

图9.5　深圳市基督教白石洲教会的浸礼

2) 礼拜

基督教最普遍的崇拜仪式，是在每周星期日举行的主日礼拜。一世纪时，基督徒相信耶稣被钉死后，在"七日的第一日"即星期日复活，便经常在这一天聚会重温耶稣的教诲，举行分食面饼和葡萄酒(圣餐和圣体圣事)等仪式以纪念他，并区别于犹太教徒于星期六守安息日的仪式。从初期教会开始，每次主日礼拜时都举行圣餐礼，后来发展为纪念耶稣的宗教仪式，即弥撒。主日礼拜一般都在教堂举行，由圣职人员主持，内容主要有唱赞美诗、祈祷、诵读《圣经》选段、讲道、祝福等。在礼拜时教堂内常置有奉献箱，或传递收捐袋，信徒可以将钱放入其内，作为对上帝的奉献。除每周一次的主日礼拜外，还有圣餐礼拜、追思礼拜、结婚礼拜、安葬礼拜、感恩礼拜等。

3) 守斋

天主教规定在复活节前40天为封斋期，教徒在此期间内的特定日期守大斋和小斋。大斋日为耶稣受难日和圣诞节前一天，只能吃一顿饱饭，其余两顿要吃半饱或更少。小斋为每星期五，不食肉类。

4) 圣事

基督教的某些重要礼仪被称为圣事，因教派不同而有所不同。天主教和东正教认为有7桩圣事：洗礼、坚振、告解、圣餐、终傅、圣职和婚配。基督教路德宗只承认洗礼和圣餐为圣事。

洗礼：基督教的入教仪式，分注水礼和浸礼两种。受洗后便皈依了基督教，可被赦免"原罪"和"本罪"，以后也有权领受其他圣事。

坚振：亦称"坚信礼"、"坚振礼"。入教者在领受洗礼一定时间后，再接受主教的按手礼，如此，可使"圣灵"降于其身，以坚定信仰，振奋心灵。

告解：是耶稣基督为赦免教徒在领洗后对上帝所犯各种罪，使他们重新获得上帝恩宠而定立的。举行告解时，由教徒向神甫告明对"上帝"所犯罪过，以示忏悔。神甫对教徒所告各种罪，应严守秘密，并指示今后应如何补赎。

圣餐：这是基督教新教的称谓，天主教称"圣体圣事"，其礼仪称"弥撒"。东正教称"圣体血"。指信徒食用葡萄酒和面饼，据说是吃耶稣的血和肉。

终傅：教徒临终时敷擦"圣油"。一般在教徒年迈或病危时，由神甫用经过主教祝圣过的橄榄油，抹在病人的耳、目、口、鼻、手、足，并念一段祈祷经文，认为这样可帮助受敷者缓解病痛，赦免一生的罪过，心安理得地去见上帝。

圣职：有人担任神职时，要举行祝圣礼。神甫或主教念一段祈祷经文，宣称担任神职者可以"圣化"，成为"圣者"，今后有资格主持"圣事"。

婚配：男女信徒成亲时，要到教堂举行结婚典礼，求得上帝的祝福。

5) 戒律

据《圣经》记载，由耶和华所授，并命摩西颁布实施了10条戒律。内容为：不许拜别神；不许制造和崇拜偶像；不许妄称耶和华的名；不许奸淫；不许偷窃；不许作伪证；不许贪恋他人财物；不许杀人；须守安息日为圣日；须孝敬父母。

2．称谓礼仪

基督教信徒之间可称平信徒，指平常、普通的信徒，我国平信徒之间，习惯称"教友"。新教的教徒，可称兄弟姐妹(意为同是上帝的儿女)，或称同道(意为共同信奉耶稣所传的道)。教会神职人员因其教派不同，称谓也不尽相同。天主教最高首领称教皇或教宗，最高级主教称红衣主教，管理一个教省的负责人被称大主教，管理一个教区的负责人称主教，管理一个堂区的负责人称神父；新教称教区负责人为主教，教堂负责人为牧师；东正教最高首领称牧首，重要城市的主教称都主教，地位低于都主教的称大主教，教堂负责人也有称主教或神父的。三大教派离家进修会的男教徒统称修士；离家进修会的女教徒统称修女。

3．饮食禁忌

基督教认为血代表上帝的生命，因此不吃一切动物的血，同时禁止酗酒(可以适度喝酒)，守斋期不食肉类，平日通常不食蛇、鳝。

4．非基督教徒与基督教人士交往礼仪

基督教的教堂允许非教徒参观，但首先应当尊重对方的意愿，并征得同意。进入教堂后，应当脱帽，并且不能大声喧哗，不得妨碍正当的宗教活动。当教徒祈祷或唱诗时，旁边的非教徒不可出声，当全体起立时，应随其他人一起起立。要尊重其宗教信仰自由，不可对其尊重的上帝、基督以及圣事和教义妄加评论。在交往时要分清其所属派别，根据不同教派的称谓及教义准确使用语言，不能将不同教派的称谓及教义混淆。在守斋时，他们

是不吃肉食、不饮酒的，因此设宴招待，应避开斋期，同时在安排菜肴时注意尊重基督教的饮食禁忌。向基督教徒赠送的礼品上，不应有其他宗教信仰崇拜的偶像。不是基督教徒，最好不要乱戴乱用基督教的标志十字架。相传耶稣的受难是由于12门徒中犹大的出卖造成的，受难日为星期五，最后的晚餐连耶稣总共13人，所以有些西方人忌讳数字"13"，并将13日与星期五视为凶日。

应用案例 9-5

东方饭店的贴心服务

一位纽约商人在周五住进曼谷东方饭店，发现饭店把他安排在二楼靠近楼梯的地方，因为基于宗教原因，他不能在周五乘电梯。曼谷东方饭店员工的服务可谓到家了，连客人的宗教习惯也一清二楚，这位商人往后成了该饭店常客。

信仰基督教国家的人，一般都视"星期五"为不吉利的日子。因为基督教传说耶稣钉死的这一天是星期五。又说星期五是亚当、夏娃违背上帝禁令偷吃伊甸园禁果，犯了原罪，被赶出天堂的一天，同时也是他们死亡的日子。如果不幸的象征"13"日与不吉利的"星期五"碰巧在同一天时，这一天被称为"黑色星期五"。因此，逢星期五许多人不出门、不接客。许多舰队不出航，新船不下水。

9.4 伊斯兰教

全世界有7~8亿伊斯兰教的信徒，他们主要分布在西亚、中亚、南亚、东南亚等地区。

我国信仰伊斯兰教的共有回族、维吾尔族、哈萨克族、东乡族、柯尔克孜族、撒拉族、塔吉克族、乌孜别克族、保安族、塔塔尔族等10个少数民族。

9.4.1 伊斯兰教的起源和在中国的传播

伊斯兰教于7世纪初产生于阿拉伯半岛。伊斯兰一词原意为"顺从"，指顺从安拉(中国穆斯林亦称真主)的意志。为穆罕默德所创。

穆罕默德出身于麦加古来什部落哈申家族的没落贵族家庭。自幼父母双亡。12岁时随叔父和商队到叙利亚、巴勒斯坦一带经商，接触了犹太教和基督教的教义，对当时的阿拉伯社会和国际环境也有所了解。穆罕默德在40岁时，经常到麦加附近的希拉山洞潜修冥想。在阿拉伯历9月的一天，他申述自己受安拉的启示，宣布自己是安拉的使者和先知，从而开始了传播伊斯兰教的活动。穆罕默德去世后，由于政治、宗教和社会主张的分歧，伊斯兰教分裂为逊尼派和什叶派两大派别。

伊斯兰教于唐高宗永徽二年(公元651年)传入中国，旧称回教、清真教或天方教等，广泛流传于回族、维吾尔族、哈萨克族、乌孜别克族等10多个民族，信徒达1400多万人。

第9章 宗教礼仪

应用案例

某旅行社的专线服务

伊斯兰教的信徒称为穆斯林,穆斯林在生活上的特殊习惯比较多,由于长期的传统及对宗教的虔诚与敬畏,他们不愿在旅游活动中因为条件的局限而改变日常习俗。所以,为了更好地为穆斯林旅游者提供满意的服务,某旅行社在设计旅游线路时就体现出以下几个特点。

1. 行:按照教规,伊斯兰教徒每周五中午都必须前往清真寺参加聚礼。这一天,在外的穆斯林一般不乘飞机。所以该旅行社在设计线路时,尽量将参观清真寺的活动安排在周五,使游客顺便在清真寺参加礼拜。此外,在伊斯兰教的斋月期间,穆斯林不会外出旅行,该旅行社的促销与宣传活动也尽量避开教历九月。

2. 住:穆斯林对饭店星级的要求并不高,一般三星级的饭店就已经可以满足他们的需求了。但是,饭店的卫生状况必须良好。另外,在旅游活动中,旅行社工作人员建议穆斯林可将祈祷改为每日早晚两次或每日一次,但朝向不能改变。在阿拉伯、东盟等国家,饭店客房的天花板上均设有一个指向圣地麦加的箭头,便于穆斯林辨认礼拜方向。

3. 食:关于穆斯林的饮食,除了清真菜以外,伊斯兰教徒普遍能接受西餐,特别是早餐。所以,该旅行社在饭店预定了美式自助餐以解决穆斯林的用餐问题。

4. 游:部分穆斯林游客来自阿拉伯国家和印尼等地,其母语并非英语,懂英语的也不多,而且我国少数民族地区的穆斯林旅游者也可能不懂汉语,所以该旅行社在组织穆斯林旅游时尽量安排具有相同信仰和民族语言的导游提供服务。

9.4.2 伊斯兰教的经典、教义和偶像

伊斯兰教的经典为《古兰经》和《圣训》。《古兰经》是伊斯兰教的根本经典,其信徒认为它是真主降示的天经,同时也是立法、道德规范、思想学说的基础。《圣训》是穆罕默德的言行录,被视为天启的第二来源,是《古兰经》的补充和阐释。

伊斯兰教的基本信条为"万物非主,唯有真主;穆罕默德是主的使者",在我国穆斯林中视其为"清真言",突出了伊斯兰教信仰的核心内容。具体而言又有"五大信仰"之说:信安拉(要相信除安拉之外别无神灵,安拉是宇宙间至高无上的主宰)、信使者(相信穆罕默德是最伟大的先知,是真主的使者,负有传达神意的重大使命)、信天使(认为天使是安拉创造的无形妙体,受安拉的差遣管理天国和地狱,并向人间传达安拉的旨意,记录人间的功过)、信经典(认为《古兰经》是安拉启示的一部天经,教徒必须信仰和遵奉,不得诋毁和篡改)、信末日("灵魂不死"、"死后复活"、"末日审判"等)。此外,有伊斯兰教徒还增加了一项——信前定(认为世间的一切都是由安拉预先安排好的,任何人都不能变更,唯有顺从和忍耐才符合真主的意愿)。

伊斯兰教的偶像为安拉(即真主)。

9.4.3 伊斯兰教的节日与习俗

1. 开斋节

开斋节,亦称"肉孜节"(波斯语音译,意为"斋戒"),时间在伊斯兰教历10月1日。教法规定,教历9月斋戒一月,斋月最后一天寻看新月,见月的次日开斋,即为开斋节,并举行会礼和庆祝活动。

中华人民共和国成立以后,每逢开斋节,政府规定信仰伊斯兰教的各民族职工放假一天。穆斯林在节日那天都要沐浴,穿上节日盛装,到各清真寺参加会礼,庆祝"斋功"胜利完成。各个清真寺也都打扫一新,准备鲜美的牛羊肉汤和油香、糕点、水果等食品,款待聚会的穆斯林。会礼之前,穆斯林要向清真寺交纳开斋捐(俗称麦子钱)。

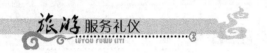

斋月期间到伊斯兰国家旅行怎样入乡随俗

国际著名旅行家杂志和网站《商旅计划》(Travel Planner)8月8日发出的通告,向爱好世界旅游的客人介绍斋月期间到伊斯兰国家旅行怎样入乡随俗,发布几条旅行须知。该杂志和网站选择了土耳其为伊斯兰国家"中性"代表,其他国家可以参照执行。

斋戒最基本的含义是,从日出到日落的全天停止一切入口物,如食物、饮料、口香糖、香烟,都不许入口,甚至用舌尖舔信封和邮票,都不允许。再深入一点的斋戒行为,是白天不许可夫妻性交,克制性欲。不论对伊斯兰的教规遵行是否严格,所有穆斯林都把这个月看做是神圣的月份,人人注意道德表现,禁止一切不正当的行为,如争吵、发怒、说谎、自私、贪污腐败,而鼓励人们多做善事和向穷人施舍。在一年一度的斋月期间,检讨个人行为,改过自新,对别人宽恕。

斋月期间,不要对着别人吃喝,是最基本的礼貌。如果想用餐,可以进入餐馆、咖啡厅、茶馆或快餐店,在室内享用,不要在外面吃喝。在中部地区,信仰虔诚的地方,很少有白天开张的餐馆。土耳其是全民信仰伊斯兰的国家,斋月期间,餐馆里的服务员和厨师大部分都守斋戒,不要劝他们品尝滋味。他们的服务很周到,但店里挂着窗帘,不让外面的人看见里面有人吃饭。

在土耳其,斋月期间除了白天看不见有人吃喝,其他没有什么异样,一切工作和活动都照常,但到了傍晚以后,全城活跃了起来,人人都兴高采烈。他们开斋了!仿佛天天都是重要的节日,到处都能看到丰盛的饮食。开斋的晚餐,从简单的传统饮食开始,如发面烤饼、菜肉稀粥、腌制的橄榄、酸菜和蜜枣。随后的正式晚餐,各色食品五彩缤纷,尽情享受。街道上、商店门外和路边的树木上都挂上了亮晶晶的串灯,清真寺里内外灯火通明,夜间礼拜的人很多。人多的地方都有生意兴隆的小摊位,出售各种传统美食、宗教书籍和儿童玩具。

当你夜间睡熟的时候,大约两三点钟,会听到外面的击鼓声,而且有人在呼喊"沙胡尔",叫人们夜间起床"用餐",直到天色微明。这后半夜,人声鼎沸,声音嘈杂,你可以

第9章 宗教礼仪

紧闭门和窗,继续睡觉,没有人来打搅你。如果你有兴趣,到大街上走走,许多餐馆开张在夜间营业,食客盈门,里边好像每晚有宴席。他们对非穆斯林不排斥,把你们当做外来的客人,许多活动都欢迎你们参加,甚至可以免费餐饮。

在斋月过后,是开斋节,机关学校公共事业都放假,全民欢腾,普天同庆,一连3天。

(资料来源:http://www.norislam.com/?viewnews-13557)

2. 宰牲节

宰牲节,亦称"古尔邦"节,是在伊斯兰教教历 12 月 10 日,即朝觐者在麦加活动的最后一天。相传先知易卜拉欣曾受安拉的"启示",要他宰杀亲生儿子易司马仪作为"牺牲",以考验他对安拉的忠诚。当易卜拉欣顺从执行"启示"的一刹那,安拉又差天使送来一只黑头白羊代作"牺牲"。伊斯兰教继承这一习俗,规定这天为"宰牲节"。穆斯林每逢这一节日,也是沐浴盛装,到各清真寺举行会礼,互相拜会,宰杀牛、羊、骆驼,除了自食以外,互相馈赠,或送给清真寺,以示纪念。

3. 圣纪节

圣纪节在伊斯兰教教历 3 月 12 日,是纪念伊斯兰教的使者穆罕默德的诞生纪念日。一般的纪念方式主要是举行各种形式的聚会,讲解穆罕默德的历史及其伟大功绩,宣扬穆罕默德高尚的品格等,同时为穆罕默德诵读《古兰经》及多种赞圣词。

9.4.4 伊斯兰教礼仪

1. 法事礼仪

1) 净礼

净礼是穆斯林在礼拜或斋戒前必须遵守的规定,具体指"大净"、"小净"和"土净"。每逢主麻日、宗教节日等活动,进行大净被认为是可嘉的行为。净法为:先冲洗身上污秽和两手,再漱口、净鼻孔、洗脸,而后冲洗周身,要求每根毛发均需洗到,最后冲洗双脚。非穆斯林入教必须履行大净仪式。人死后,遗体也必须经过大净方可入殓埋葬。在没有大净时,也可进行小净,净法与大净相似,但可以不洗下身。"土净"即在无水或因病不能用水的情况下,以"土净"代替"水净",即用双手拍打净土、净沙或净石一次,然后摸脸,再拍土用左手摸右手至胳膊,再重复拍土换右手摸左手,即完成"土净"仪式。

2) "五功"

"五功"是穆斯林的 5 项宗教功课,是每个教徒都应遵守的最基本的宗教义务,亦称五大天命。

一为念功,就是要念诵"清真言"(意为作证),其内容是用阿拉伯语念诵:"除真主外,再没有神,穆罕默德是真主的使者。"只要接受这一证言,并当众念诵,就可以成为正式的穆斯林。

二为礼功,即做礼拜(图 9.6)。一般认为这是接近真主的门路和阶梯。穆斯林教徒要履行每日 5 次的时礼,每周一次的聚礼,宗教节日的会礼。每日 5 次的时礼:第一次称晨礼,在拂晓举行；第二次称晌礼，在中午 1 时至 3 时举行；第三次称晡礼，在下午 4 时至日落前举行；第四次称昏礼，在日落后或太阳的白光消逝前举行；第五次称宵礼，在入夜至拂晓前进行。聚礼又称主麻日礼拜，是集体的公共祈祷，一般在星期五举行。会礼则在每年的开斋节和古尔邦节举行。礼拜的前提条件是身体清洁，礼拜前必须按规定作大净或小净。

图 9.6　穆斯林沿街进行礼拜

三为斋功，即斋戒。伊斯兰教历的 9 月为斋月，教徒要斋戒一个月。在斋月期间，每天黎明前吃"封斋饭"，直到日落"开斋饭"，从黎明到日落要禁绝所有食物和饮料，以清心寡欲，专事真主。

四为课功，是《古兰经》强调的自愿捐赠的慈善行为。穆斯林个人财产达到一定数量时，就应交纳一种名为"天课"的宗教税。教义认为，穷人是真主的眷属，把财产施舍给穷人，就等于纳入真主之库，故名为"天课"。

五为朝功(图 9.7)，就是每个穆斯林在身体健康、旅途安全、经济条件许可的条件下，一生至少要到麦加朝觐一次。"大朝"的朝觐是在教历 12 月 7 日至 13 日，除朝觐季节外，任何时候个人都可以单独去麦加朝觐，称为"小朝"。

图 9.7　穆斯林在麦加朝觐

3) 葬仪

按伊斯兰教义，穆斯林逝世后要实行土葬，并为亡人举行葬礼。这一葬制可以概括为3个字："土"、"速"、"俭"。人亡后要速葬，亡体停放一般不超过3天。土葬时不用棺木，而是将尸体用水洗净、包裹白布后直接埋入土中，尸位南北向，面朝麦加克尔白。还要俭葬或曰薄葬，即坟穴内不得有任何陪葬品。穆斯林去世，忌称"死亡"，而要称之为"归真"，意思说人去了天堂，"回归至真主"。

2. 称谓

伊斯兰教信徒称"穆斯林"，其阿拉伯原文的意思是"顺服者"，特指顺服真主旨意的人。伊斯兰教注重称谓，对宗教职业者和具有伊斯兰专业知识的人，尊称为"阿訇"。在我国新疆地区，称"阿訇"为"毛拉"，是阿拉伯语的音译。汉语地区称主持清真寺寺务的阿訇为"教长"或"伊玛目"，年龄大的可称呼"阿訇老人家"。一般信徒之间，无论在什么地方，不分职位高低互称兄弟。到麦加朝圣过的穆斯林，都在姓名前冠以"哈吉"的称号，享有较高的威望。

3. 饮食禁忌

穆斯林的饮食禁忌比较严格，这种禁忌均来自《古兰经》的规定。穆斯林禁吃自死物、血液、猪以及诵非安拉之名而宰的动物；禁饮酒；禁食猪和不反刍的猫、狗、马、驴、骡、鸟类、没有鳞的水生动物等；禁食生葱、生蒜等异味的东西。

4. 非伊斯兰教徒与伊斯兰教界人士交往礼仪

清真寺是穆斯林举行宗教仪式、传授宗教知识的地方，穆斯林视为圣洁之地，进入寺内，衣着整洁，不能袒胸露臂，不得短衣短裤。与其他宗教寺庙不同的是，非穆斯林不能随便进入清真寺，更不能进入礼拜大殿。不得在清真寺内抽烟、喧哗、歌舞，不得将伊斯兰教禁忌的食物或任何人与动物的偶像带进去。伊斯兰教是严格禁止偶像崇拜的，所以在赠送礼品时，不应送雕塑、画像之类的物品，也不要送洋娃娃给他们的孩子。穆斯林妇女地位较低，在许多国家，一般不外出参加社交活动。出入公共场合与人见面时必须戴上面纱，因此，在与穆斯林的交往中不能主动问候女主人，或向女主人赠送礼品。在穆斯林妇女面前，着装方面应该避免袒胸露臂，穿短衣短裤。伊斯兰教徒很讲究清洁，他们把住处打扫得非常干净，所以到伊斯兰教朋友家里做客，一定要注意整洁，不能将禁食的物品带进去。伊斯兰教禁止喝酒，所以同他们交往，不能以酒相待，也应避免在他们面前饮酒。伊斯兰教规视左手为不洁，宗教界人士尤为重视，切忌用左手给他们拿吃的东西或食具。与伊斯兰教徒交谈，忌用他们禁忌的东西打比喻，也切忌不要谈论他们憎恶的东西。对其禁忌的东西，不可出于好奇而寻根问底，应当充分尊重其风俗习惯。

应用案例 9-7

女排姑娘们的照片尴尬

20 世纪 80 年代，中国的女排三连冠。一家对外的画报用女排姑娘的照片作封面，照片上的女排姑娘都穿着运动短裤。阿拉伯文版也用了，结果有些阿拉伯国家不许进口。

伊斯兰教认为，男士从肚脐至膝盖，妇女从头至脚都是羞体，外人禁止观看别人羞体，违者犯禁。因此，穆斯林妇女除了穿不露羞体的衣服外，还必须带盖头和面纱，这项规定至今在有些伊斯兰教国家(如沙特阿拉伯、伊朗等)仍然实行。

9.5 道　教

道教是中国土生土长的宗教，创立于东汉。道教是以"道"作为最高信仰，奉老子为教主，以老子的《道德经》为主要经典，追求修炼成为神仙的一种宗教。

9.5.1 道教的起源与发展

道教形成于东汉时期，绵延至今已 2 000 多年。道教起源于民间，派系众多，按其渊源来说，是来自古代的巫术和秦汉时期的神仙方术，相传形成于东汉晚期为张道陵所创，号"五斗米道"。东汉末年，张角、张鲁分别以"太平道"、"五斗米道"为旗帜举行农民起义。经唐、宋两代发展，金元以来至今，全国道教形成"全真道"和"正一道"两大教派。它初创于四川，后来逐渐流行于大江南北、长城内外，不仅为广大民众所信奉，而且渗入统治阶层，一度为封建皇帝、达官贵人所器重。唐代以后，道教还远渡重洋，流传于朝鲜、日本、越南和东南亚一带，道教经籍也远传欧美，影响深远。

9.5.2 道教的经典、教义和偶像

道教的经典是《道藏》，道书之正式结集成"藏"，始于唐开元(713—741 年)。此后宋、金、元、明诸朝皆曾编修《道藏》。清代编有《道藏辑要》。当代编有《藏外道书》、《敦煌道藏》、《中华道藏》。

"道"是道教徒信仰的主体，道教的全部信仰和修行都是以"道"为核心的，概括起来，主要有 4 个方面：①"道"是宇宙万物的原动力，造化之根；②"道"是神明之本，由三元之气化为三清，聚形为太上老君；③"道"有最伟大的德行，它以虚无为体、清静为宗、柔弱为用，无为不争；④"道"真常永恒、无生无灭，无时不在，无处不有，长存于天地间。

道教的偶像为：尊神、神仙、护法神符将。

9.5.3 道教的节日与习俗

1. 老君圣诞

老君圣诞是纪念老子的诞生日。老子的生卒年月已不可考，后世道教关于老子传记的

书，如《犹龙传》、《混元》、《太上老君年谱要略》等，都说老子生于殷武丁九年二月十五日。后世道教就于每年此日做道场，诵《道德经》以示纪念。

2. 玉帝圣诞

玉皇圣诞是纪念道教所奉玉皇大帝的诞生日。据传玉皇生于丙午年正月初九日(见《道藏辑要》和《续道藏》)。后世道观于每年此日举行祭祀，以示纪念。

3. 蟠桃会

蟠桃为古代神话中的仙桃。相传夏历三月三日为西王母诞辰，此日西王母以蟠挑大开盛会，宴请诸仙，诸仙从四方赶来为她祝寿。后世道教于每年此日举行盛会，俗称蟠桃会。

4. 吕祖诞辰

吕祖诞辰是纪念八仙之一吕洞宾的诞生日。相传唐贞观十四年四月十四日巳时，众见一白鹤，自天而降，飞入吕母房中。时吕母正寐，亦梦此，惊觉，随即吕洞宾降生。后世道观于此日举行斋醮，以示纪念。

9.5.4 道教礼仪

1. 法事礼仪

1) 诵经

诵经是道教的主要宗教活动。道士每天在早晚各诵经一次，称早晚功课。早诵清净经，晚诵救苦经。

2) 道场

道场是一种为善男信女祈福、消灾、超度亡灵而设坛祭祷神灵的宗教活动，称为斋醮道场，即供斋醮神，借以求福免灾。道教的斋醮道场分为祈祥道场(图9.8)和度亡道场。

图9.8　2010年元旦武当山净乐宫祈福活动

3) 上殿

道士上殿，必须穿戴整洁、禁止谈笑，并要保持殿宇整洁。道士在道观内的饮食、起居和作息，均须按各道观内的清规执行。如饭前念"供养经"，吃饭时不准讲话，碗筷不要有响声，饭后念"结斋经"等。

4) 戒律

道教的戒律主要是"三皈五戒"。"三皈"即皈道、皈经、皈师，其作用是皈依道，常侍天尊，永脱轮回；皈依经，生生世世，得闻正法；皈依师，学以上乘，不入邪念。"五戒"是：一不杀生，二不偷盗，三不邪淫，四不妄语，五不酒肉。

2. 称谓

对道教教徒，一般可尊称为"道长"、"道人"，女道士则可称为"道姑"、"仙姑"。因道士所戴束发之冠，一般用金属或木类制成，其色尚黄，故道士又称"黄冠"，又因道士多有求飞升天成仙，而羽含有飞升之意，故道士又称为"羽士"、"羽客"、"羽衣"等。因唐代出家的女道士戴黄冠，而古代的女子不戴冠，戴冠者必为女道士，故女道士又称为"女冠"，偶有称"女黄冠"。此外，还可以根据其职务称其为法师、炼师、宗师、监院、知客等，也可在其职务前冠以姓氏。

3. 饮食禁忌

道教主要分为正一和全真两大派别。全真道士茹素吃斋，入全真道观决不能夹带荤菜。正一道士平日可以吃荤，惟逢斋日必须吃素，因此，在香期内入正一道观，也不能带放荤菜。

4. 非道教与道教界人士交往须注意的礼俗

道教中信奉全真派的道士必须出家，饮食禁荤；信奉正一派的道士一般不出家，如同常人一样吃荤娶妻，俗称"火居道士"或"俗家道士"。同道教界人士交往，先要弄清对方是哪一派，免得发生差错。

道士在与同道或与外客的接触中，习惯于双方擎拳胸前，以拱手作揖为礼，向对方问好致敬，这是道教相沿迄今的一种古朴、诚挚、相互尊重和表示友谊的礼节。与道教界人士交往时，也应双手擎拳于胸前，以拱手作揖为礼，向对方致意问好。

他处道观的道士来此道观时，必须先上殿进香和行礼，并且同知客道士对话。非道教徒参观道观时，礼拜上香可以随意。如果上香，礼节为双手持香，过顶，插入香炉，鞠躬后退。一般信徒上香，可以跪拜，通常是三叩首。

本章小结

佛教、基督教、伊斯兰教并称世界三大宗教与中国本土道教一起构成目前我国四大宗教体系。本章对上述四大宗教的产生和发展以及其教义、经典、供奉对象以及主要节日做了详尽的介绍。重点介绍了四大宗教的礼仪规范，尤其是非教徒在与信教人士交往时应注意的礼仪要求。通过对本章的学习将使学生们对宗教有更深一步的认识。

第9章 宗教礼仪

复习思考题

一、判断题

1. 我们可以将出家人一概称呼为"法师"或"师父"。（ ）
2. 在寺庙中见到僧尼，可以合十施礼，也可以行握手礼。（ ）
3. 游人、香客烧香，最好是在香炉里插3根香，所谓"烧三炷高香"。香要插端正。如果随缘插一炷香，可以随便插。（ ）
4. 如当面为信奉伊斯兰教的客人服务注意不要用右手递东西给客人，穆斯林认为右手不洁。（ ）
5. 在基督教的专项仪式上，讲究着装典雅、神态庄严，举止检点。服装"前卫"，神态失敬，举止随便者，均不受欢迎。（ ）
6. 就餐之前，基督徒多进行祈祷。非基督徒不必照此办理，所以可以在其前面抢先而食。（ ）

二、简答题

1. 佛教的称谓礼仪和饮食禁忌有哪些？
2. 游客在游览佛教寺院时应注意些什么？
3. 游客在上香的时候应该注意些什么？
4. 基督徒最不喜欢的数字有哪些？
5. 伊斯兰教的教徒必须坚持的"五大信仰"是什么？
6. 伊斯兰教都有哪些宗教禁忌？
7. 酒店客房部在接待信奉伊斯兰教的客人时应注意些什么？
8. 道教的基本教义是什么？道教有哪些主要礼仪？

案例分析

4月的一个周日，××海外旅游公司地陪李小姐接了一个台湾团。

该团刚从机场出口处出来，即引得众人纷纷围观，原因是他们每人胸前都挂着一个济公像，全为清一色的济公信徒。该团此番来杭州的目的是探寻南宋僧人济公的遗迹，主要游览点为与济公有关的飞来峰、灵隐寺、净慈寺、虎跑等地。

游客上车后，便直奔济公生前出家地——灵隐，并欲在该寺举行一个多小时的朝拜济公仪式。

可到了灵隐寺，当领队与李小姐为此事和寺庙有关负责人商量时，却遭到一口拒绝。原因是寺庙事先没有接到有关方面的通知，再加上灵隐寺游客众多，如许可将影响寺庙正常秩序。领队与李小姐跟寺庙负责人好说歹说，最后只是被允许把济公像摆上大雄宝殿释迦牟尼须弥座供香客朝拜。因为在旅游团计划上没有这方面的特殊要求，又因周日旅行社不上班，有关领导出差联系不上，地陪李小姐无法将这个情况向领导汇报，直到星期一游客离开杭州的那一天，朝拜仪式仍然没能如愿，游客们只好怏怏不乐地前往下一站。

问题：1. 接待有宗教信仰的特殊团队时，旅行社应提前做好哪些工作安排？
2. 结合本案例讨论，如何正确地带领游客在佛教寺院中完成游览任务？

实训项目

一、宗教礼仪知识实践

1. 步骤和要求：

(1) 将全班同学分 3 组，每组指定一名负责人，每组学生在负责人的带领下用半天的时间，分别选择本地区就近的佛教寺院、基督教教堂、伊斯兰教清真寺、道教宫观进行实地考察。

(2) 考察中可参观宗教建筑的建筑风格。关注其宗教文化标识，如果允许可用随身携带的数码相机、摄像机进行影像记录，可以礼貌地与寺庙工作人员或教徒交谈，了解更多的宗教知识。

2. 考察结束后，开展课堂交流，每组学生分别谈心得体会并展示所获得的资料。最后教师总结。

二、宗教礼仪知识情景模拟

1. 案例及要求。

在周恩来总理举行的一次宴会中，工作人员没有注意到客人中有穆斯林，将烤乳猪端上了餐桌，当时场面十分尴尬。此时周总理微笑着说："我们把这个叫鸭子"，顿时气氛缓和了许多。如果在团队用餐时出现类似"上错菜"的情况，作为饭店服务人员，你将如何应对？

2. 要求同学们根据此案例阐述各个不同宗教的礼仪禁忌，并说明在旅游服务活动中我们应该如何预防不愉快事件的发生。

课后阅读

圣诞节的宗教礼仪

中国的春节有祭祀祖先和拜年的各种礼仪，西方的圣诞节也有他们约定俗成的礼仪和程序。宗教礼仪一般是节日期间在宗教活动场所举行的纪念性仪式。对于基督教来说，圣诞节期间在教堂举行的纪念耶稣的仪式很多。但最普遍受到重视的仪式主要是圣诞弥撒。圣诞弥撒共有三台，分别是子夜弥撒、黎明弥撒、天明弥撒。三台弥撒暗示耶稣的三重诞生：第一重，耶稣诞生于圣父怀；第二重，耶稣由童贞女受孕诞生于伯利恒；第三重，耶稣以精神的方式诞生在善人的心灵中。这三台弥撒的礼仪基本代表了圣诞节宗教礼仪的全部。

子夜弥撒的主要仪式程序如下。

第一项，进堂咏。主教首先指出今夜弥撒的主题。其实这是一个固定不变的程序，每年的主题都一样，是歌颂主的诞生。接着就是吟唱圣诞颂歌："救世主为我们诞生了，他就是主基督……。"

第二项，迎圣婴。把圣婴像隆重地迎接到预先设置的马棚中。这一仪式的程序是：①在教堂中合适的地方放置"将临圈"，圈上点4支红蜡烛，圈中央置有遮以紫色布的圣婴雕像；②主礼人(一般是由资历高的主教或教宗担任)穿紫色的圆领大袍，到祭台前领唱"仰望救主歌"等将临期歌曲，并做祷词；③主礼人换穿白色圆领大袍与辅礼人来到"将临圈"跟前，再唱"天使赞美曲"，并在歌声中揭去遮盖圣婴像的紫色布，与此同时，打开圣堂的全部灯光，主礼人向圣婴像献香；④在圣诞歌声的伴随下，主礼人将圣婴像捧到祭台；⑤唱《福音路》，当唱到"用布包起来放到马槽里"这句时，主礼人就把圣婴像放在事先准备好的马槽里。

第三项，诵圣经。由主教或宗教选取《旧约》的有关耶稣诞生的章节领读，信徒们跟着诵读。

黎明弥撒和天明弥撒除了不举行"迎圣婴"的内容外，其他的仪式与子夜弥撒大同小异。只是弥撒因为是在太阳东升的时候举行，所诵经文更多地强调光的象征意义。

教堂的圣诞弥撒仪式一般是不限制教外人士参加的，假如有机会参加，一定要注意服饰和举止的郑重，脸上要最大限度地表现出虔诚。在正式仪式开始之后除唱圣歌外切不可发出别的声音，也不可随意走动。

以家庭为单位的圣诞仪式将在12月24日晚上举行。主要仪式程序大致如下。

第一项，全家合唱《祝你圣诞快乐》，有客人的话，宾主合唱。在这项仪式之前，有的信徒家庭还有一个类似于教堂弥撒中"迎圣婴"的仪式，但大多数家庭已省略。

第二项，吃圣诞大餐。所谓"大餐"也只是比平时略显丰盛，并能吃上平时不常吃的火鸡或猪肉。其他与平时用餐别无两样，用餐礼仪也就是西餐的一般礼仪。但餐前餐后的酒都必须是红酒，据说红酒代表基督的血。

第三项，发歌单，大家齐唱圣诞颂歌。大家围聚在圣诞树周围可以不加限制地唱，也可以一边唱歌一边跳舞。

第四项，互换礼物。送礼物的顺序一般先由长辈送晚辈，然后晚辈再回送长辈。在你收到礼物时，不论是何物，你是否真的喜欢，你都得表现出很惊喜的样子。

第五项，聆听圣诞祝辞。圣诞祝辞有总统的，有市长的，在意大利还有教皇的，子夜前他们都会通过电视向全市和教民祝福节日、祝福新年。

第六项，互致祝福并亲吻。

第七项，分头活动。小孩将事先买好的圣诞袜挂在壁炉旁，然后带着期待的心情入睡，他们希望在25日一大早就能看到圣诞老人装在袜子里的礼物；年轻人则开始进入狂欢夜，或去教堂广场观看圣诞剧，或去参加同龄人举行的圣诞晚会；而成年人们特别是基督徒和天主教的信徒则要去教堂参加子夜弥撒。

参 考 文 献

[1] 朱彩云. 旅游服务礼仪[M]. 郑州：郑州大学出版社，2012.
[2] 国家旅游局人事劳动教育司. 旅游服务礼貌礼节[M]. 北京：旅游教育出版社，1999.
[3] "会展策划与实务"岗位资格考试系列教材编委会. 会展礼仪[M]. 北京：旅游教育出版社，2007.
[4] 金正昆. 社交礼仪教程[M]. 北京：中国人民大学出版社，1998.
[5] 孙艳红. 旅游礼宾原理与实务[M]. 郑州：郑州大学出版社，2004.
[6] 胡静. 实用礼仪教程[M]. 武汉：武汉大学出版社，2003.
[7] 舒伯阳，刘名俭. 旅游实用礼貌礼仪[M]. 天津：南开大学出版社，1998.
[8] 钟敬文. 中国礼仪全书[M]. 合肥：安徽科学技术出版社，2000.
[9] 薛建红. 旅游服务礼仪[M]. 郑州：郑州大学出版社，2002.
[10] 胡锐. 现代礼仪教程[M]. 杭州：浙江大学出版社，1995.
[11] 邹昌林. 中国礼文化[M]. 北京：社会科学文献出版社，2000.
[12] 杨军，陶犁. 旅游公关礼仪[M]. 昆明：云南大学出版社，2000.
[13] 张四成. 现代饭店礼貌礼仪[M]. 广州：广东旅游出版社，1996.
[14] 李祝舜. 旅游服务礼仪技能实训[M]. 北京：机械工业出版社，2011.
[15] 滕新贤. 新编礼仪教程[M]. 北京：新华出版社，2009.
[16] 姜红，侯新冬. 商务礼仪[M]. 上海：复旦大学出版社，2011.
[17] 杨梅，牟红. 旅游服务礼仪[M]. 上海：格致出版社，2011.
[18] 李旭香，刘军华. 旅游服务礼仪[M]. 北京：北京师范大学出版社，2011.

北京大学出版社本科旅游管理系列规划教材

序号	书　名	标准书号	主编	定价	出版时间	配套情况
1	旅游学	7-301-22518-9	李　瑞	30	2013	课件
2	旅游学概论	7-301-21610-1	李玉华	42	2013	课件
3	旅游学导论	7-301-21325-4	张金霞	36	2012	课件
4	旅游策划理论与实务	7-301-22630-8	李锋 李萌	43	2013	课件
5	旅游资源开发与规划	7-301-22451-9	孟爱云	32	2013	课件
6	旅游规划原理与实务	7-301-21221-9	郭　伟	35	2012	课件
7	旅游地形象设计学	7-301-20946-2	凌善金	30	2012	课件
8	旅游英语教程	7-301-22042-9	于立新	38	2013	课件
9	英语导游实务	7-301-22986-6	唐　勇	33	2013	课件
10	导游实务	7-301-22045-0	易婷婷	29	2013	课件
11	导游实务	7-301-21638-5	朱　斌	32	2013	课件
12	旅游文化与传播	7-301-19349-5	潘文焰	38	2012	课件
13	旅游服务礼仪	7-301-22940-8	徐兆寿	29	2013	课件
14	休闲学导论	7-301-22654-4	李经龙	30	2013	课件
15	休闲学导论	7-301-21655-2	吴文新	49	2013	课件
16	休闲活动策划与服务	7-301-22113-6	杨　梅	32	2013	课件
17	旅游财务会计	7-301-20101-5	金莉芝	40	2012	课件
18	前厅客房服务与管理	7-301-22547-9	张青云	42	2013	课件
19	现代酒店管理与服务案例	7-301-17449-4	邢夫敏	29	2012	课件
20	餐饮运行与管理	7-301-21049-9	单铭磊	39	2012	课件
21	会展概论	7-301-21091-8	来逢波	33	2012	课件
22	旅行社门市管理实务	7-301-19339-6	梁雪松	39	2011	课件
23	餐饮经营管理	7-5038-5792-8	孙丽坤	30	2010	课件
24	现代旅行社管理	7-5038-5458-3	蒋长春	34	2010	课件
25	旅游学基础教程	7-5038-5363-0	王明星	43	2009	课件
26	民俗旅游学概论	7-5038-5373-9	梁福兴	34	2009	课件
27	旅游资源学	7-5038-5375-3	郑耀星	28	2009	课件
28	旅游信息系统	7-5038-5344-9	夏琛珍	18	2009	课件
29	旅游景观美学	7-5038-5345-6	祁　颖	22	2009	课件
30	前厅客房服务与管理	7-5038-5374-6	王　华	34	2009	课件
31	旅游市场营销学	7-5038-5443-9	程道品	30	2009	课件
32	中国人文旅游资源概论	7-5038-5601-3	朱桂凤	26	2009	课件
33	观光农业概论	7-5038-5661-7	潘贤丽	22	2009	课件
34	饭店管理概论	7-5038-4996-1	张利民	35	2008	课件
35	现代饭店管理	7-5038-5283-1	尹华光	36	2008	课件
36	旅游策划理论与实务	7-5038-5000-4	王衍用	20	2008	课件
37	中国旅游地理	7-5038-5006-6	周凤杰	28	2008	
38	旅游摄影	7-5038-5047-9	夏　峰	36	2008	
39	酒店人力资源管理	7-5038-5030-1	张玉改	28	2008	课件
40	旅游服务礼仪	7-5038-5040-0	胡碧芳	23	2008	课件
41	旅游经济学	7-5038-5036-3	王　梓	28	2008	课件
42	旅游文化学概论	7-5038-5008-0	曹诗图	23	2008	课件
43	旅游企业财务管理	7-5038-5302-9	周桂芳	32	2008	课件
44	旅游心理学	7-5038-5293-0	邹本涛	32	2008	课件
45	旅游政策与法规	7-5038-5306-7	袁正新	37	2008	课件
46	野外旅游探险考察教程	7-5038-5384-5	崔铁成	31	2008	课件

相关教学资源如电子课件、电子教材、习题答案等可以登录 www.pup6.com 下载或在线阅读。

扑六知识网(www.pup6.com)有海量的相关教学资源和电子教材供阅读及下载(包括北京大学出版社第六事业部的相关资源)，同时欢迎您将教学课件、视频、教案、素材、习题、试卷、辅导材料、课改成果、设计作品、论文等教学资源上传到 pup6.com，与全国高校师生分享您的教学成就与经验，并可自由设定价格，知识也能创造财富。具体情况请登录网站查询。

如您需要免费纸质样书用于教学，欢迎登陆第六事业部门户网(www.pup6.com)填表申请，并欢迎在线登记选题以到北京大学出版社来出版您的大作，也可下载相关表格填写后发到我们的邮箱，我们将及时与您取得联系并做好全方位的服务。

扑六知识网将打造成全国最大的教育资源共享平台，欢迎您的加入——让知识有价值，让教学无界限，让学习更轻松。

联系方式：010-62750267，liuhe_cn@163.com，moyu333333@163.com，lihu80@163.com，欢迎来电来信。